19745

LES ESSAIS

DE

MONTAIGNE

Il a été fait de cette édition un tirage spécial, ainsi composé :

30 exemplaires sur papier de Chine, à 30 fr. le volume.
100 exemplaires sur papier Whatman, à 20 fr. le volume.

130 exemplaires, numérotés.

LES ESSAIS

DE

MONTAIGNE

RÉIMPRIMÉS SUR L'ÉDITION ORIGINALE DE 1588
AVEC NOTES, GLOSSAIRE ET INDEX

PAR MM. H. MOTHEAU ET D. JOUAUST

ET PRÉCÉDÉS D'UNE

NOTE PAR M. S. DE SACY
de l'Académie française

Portrait gravé à l'eau-forte par Gaucherel

TOME TROISIÈME

PARIS

LIBRAIRIE DES BIBLIOPHILES
Rue Saint-Honoré, 338

—

M DCCC LXXV

ESSAIS

DE

MICHEL DE MONTAIGNE

LIVRE SECOND.

CHAPITRE XIII.

De juger de la mort d'autruy.

Q UAND nous jugeons de l'asseurance d'autruy en la mort, qui est sans doubte la plus remerquable action de la vie humaine, il se faut prendre garde d'une chose : que mal aisément on croit estre arrivé à ce point. Peu de gens meurent resolus que ce soit leur heure dernierè, et n'est endroit où la piperie de l'esperance nous amuse plus. Elle ne cesse de corner aux oreilles : « D'autres ont bien esté plus malades sans mourir ; l'affaire n'est pas si desesperé qu'on pense; et, au pis aller, Dieu a bien fait d'autres miracles. » Et advient cela (à mon advis) de ce que ayant raporté tout à nous, il semble que l'université des choses souffre aucunement interest à nostre aneantissement, et qu'elle soit compassionnée à nostre estat; d'autant que nostre veuë alterée se represente les choses de mesmes, et nous est advis qu'elles luy faillent à mesure qu'elle leur faut : comme ceux qui voyagent en mer, ausquels il semble que les montaignes, les campaignes, les villes, le ciel, et la terre aille mesme branle, et quant et quant eux :

> *Provehimur portu, terræque urbesque recedunt.*

Qui veit jamais vieillesse qui ne louast le temps passé et ne blasmast le present, chargeant le monde et les meurs des hommes de sa misere et de son chagrin?

> *Jamque caput quassans, grandis suspirat arator...*
> *Et cum tempora temporibus præsentia confert*
> *Præteritis, laudat fortunas sæpe parentis,*
> *Et crepat antiquum genus ut pietate repletum.*

Nous entrainons tout avec nous : d'où il s'ensuit que nous estimons grande chose nostre mort, et qui ne passe pas si aisément ny sans solenne consultation des astres; et le pensons d'autant plus que plus nous avons les esprits enlevés et courages hautains. De là viennent ces mots de Cæsar à son pilote, plus enflez que la mer qui le menassoit :

> *Italiam si, cœlo auctore, recusas,*
> *Me pete : sola tibi causa hæc est justa timoris,*

> *Vectorem non nosse tuum; perrumpe procellas,*
> *Tutela secure mei :*

et ceux cy :

> *Credit jam digna pericula Cæsar*
> *Fatis esse suis : Tantusque evertere, dixit,*
> *Me superis labor est, parva quem puppe sedentem*
> *Tam magno petiere mari?*

et cette resverie publique, que le soleil porta en son front, tout le long d'un an, le deuil de sa mort :

> *Ille etiam extincto miseratus Cæsare Romam,*
> *Cum caput obscura nitidum ferrugine texit :*

et mille semblables, dequoy le monde se laisse si ayséement piper, estimant que le pois de nos interests altere aussi le ciel, et qu'un grand roy luy couste plus à tuer qu'une puce.

Or, de juger la resolution et la constance en celuy qui ne croit pas encore certainement estre au danger, quoy qu'il y soit, ce n'est pas raison; et ne suffit pas qu'il soit mort en cette desmarche, s'il ne s'y estoit mis justement pour cet effect. Il advient à la pluspart de roidir leur contenance et leurs parolles pour en acquerir reputation, qu'ils esperent encore jouir vivans. Et de ceux mesmes qui se sont anciennement donnez la mort, il y a bien à choisir si c'est une mort soudaine ou mort qui ait du temps. Ce cruel empereur romain disoit de ses prisonniers qu'il leur vouloit faire sentir la mort, et si quelcun se deffaisoit en prison, « Celuy là m'est eschapé », disoit-il. Il vouloit estendre la mort et la faire gouster par les tourmens.

Vidimus et toto quamvis in corpore cæso
Nil animæ letale datum, moremque nefandæ
Durum sævitiæ pereuntis parcere morti.

De vray, ce n'est pas si grande chose d'establir, tout sain et tout rassis, de se tuer ; il est bien aisé de faire le mauvais avant que de venir aux prises : de maniere que le plus efféminé homme du monde, Heliogabalus, parmy ses plus lâches voluptez, desseignoit bien de se faire mourir où l'occasion l'en forceroit; et, afin que sa mort ne dementist point le reste de sa vie, avoit fait bastir exprés une tour somptueuse, le bas et le devant de laquelle estoit planché d'ais enrichis d'or et de pierrerie pour se precipiter; et aussi fait faire des cordes d'or et de soye cramoisie pour s'estrangler; et battre une espée d'or pour s'enferrer; et gardoit du venin dans des vaisseaux d'emeraude et de topaze pour s'empoisonner, selon que l'envie luy prendroit de choisir de toutes ces façons de mourir :

Impiger... et fortis virtute coacta.

Toutesfois, quant à cettuy-cy, la mollesse de ses aprets rend plus vray-semblable que le nez luy eust seigné, qui l'en eut mis au propre. Mais de ceux mesmes qui, plus vigoureux, se sont resolus à l'execution, il faut voir, dis-je, si ç'a esté d'un coup qui ostat le loisir d'en sentir l'effect : car c'est à deviner, à voir escouler la vie peu à peu, le sentiment du corps se meslant à celuy de l'ame, s'offrant le moyen de se repentir, si la constance s'y fust trouvée et l'obstination en une si dangereuse volonté.

Aux guerres civiles de Cæsar, Lucius Domitius, pris en la Brusse, s'estant empoisonné, s'en repantit aprés. Il est advenu de nostre temps que tel, resolu de mourir, et de son premier essay n'ayant donné assez avant, la demangeson de la chair luy repoussant le bras, se reblessa bien fort à deux ou trois fois aprés, mais ne peut jamais gaigner sur luy d'enfoncer le coup. Albucilla, du temps de Tibere, s'estant pour se tuer frappée trop mollement, donna encores à ses parties moyen de l'emprisonner et faire mourir à leur mode. Autant en fit le capitaine Demosthenes aprés sa route en la Sicile. C'est une viande, à la verité, qu'il faut avaller sans taster, qui n'a le gosier ferré à glace. Et pourtant l'empereur Adrianus feit que son medecin merquat et circonscript en son tetin justement l'endroit mortel où celuy eut à viser, à qui il donna la charge de le tuer. Voylà pourquoy Cæsar, quand on luy demandoit quelle mort il trouvoit la plus souhaitable : « La moins premeditée, respondit-il, et la plus courte. » Si Cæsar l'a osé dire, ce ne m'est plus lâcheté de le croire. « Une mort courte, dit Pline, est le souverain heur de la vie humaine. » Il leur fache de la reconnoistre. Nul ne se peut dire estre resolu à la mort qui craint à la marchander, qui ne peut la soustenir les yeux ouvers. Ceux qu'on voit aux supplices courir à leur fin, et haster l'execution et la presser, ils ne le font pas de vraye resolution, ils se veulent oster le temps de la considerer ; l'estre mort ne les fache pas, mais ouy bien le mourir,

Emori nolo, sed me esse mortuum nihili æstimo :

c'est un degré de fermeté auquel j'ay experimenté que

je pourrois arriver, comme ceux qui se jettent dans les dangers comme dans la mer, à yeux clos.

Ce Pomponius Atticus à qui Cicero escrit, estant malade, fit appeller Agrippa son gendre et deux ou trois autres de ses amys, et leur dit qu'ayant essayé qu'il ne gaignoit rien à se vouloir guerir, et que tout ce qu'il faisoit pour allonger sa vie allongeoit aussi et augmentoit sa douleur, il estoit deliberé de mettre fin à l'une et à l'autre, les priant de trouver bonne sa deliberation, et, au pis aller, de ne perdre point leur peine à l'en détourner. Or, ayant choisi de se tuer par abstinence, voylà sa maladie guerie par accident : ce remede qu'il avoit employé pour se deffaire le remet en santé. Les medecins et ses amis, faisans feste d'un si heureux evenement et s'en resjouyssans avec luy, se trouverent bien trompez ; car il ne leur fut possible pour cela de luy faire changer d'opinion, disant qu'ainsi comme ainsi luy failloit il un jour franchir ce pas, et qu'en estant si avant, il se vouloit oster la peine de recommancer un' autre fois. Cettuy-cy, ayant reconnu la mort tout à loisir, non seulement ne se descourage pas au joindre, mais il s'y acharne ; car, estant satis-fait en ce pourquoy il estoit entré en combat, il se picque par braverie d'en voir la fin. C'est bien loing au delà de ne craindre point la mort, que de la vouloir gouster et savourer.

Tullius Marcellinus, jeune homme romain, voulant anticiper l'heure de sa destinée pour se deffaire d'une maladie qui le gourmandoit plus qu'il ne vouloit souffrir, quoy que les medecins luy en promissent guerison certaine, sinon si soudaine, appella ses amis pour en deliberer. Les uns, dit Seneca, luy donnoyent le conseil que par lâcheté ils eussent prins pour eux mesmes; les autres, par flaterie, celuy qu'ils pensoyent luy devoir estre plus agreable; mais un stoïcien luy dit ainsi : « Ne te travaille pas, Marcellinus, comme si tu deliberois de chose d'importance : ce n'est pas grand chose que vivre, tes valets et les bestes vivent; mais c'est grand chose de mourir honestement, sagement et constamment. Songe combien il y a que tu fais mesme chose, manger, boire, dormir; boire, dormir et manger. Nous roüons sans cesse en ce cercle; non seulement les mauvais accidans et insupportables, mais la satieté mesme de vivre donne envie de la mort. » Marcellinus n'avoit besoing d'homme qui le conseillat, mais d'homme qui le secourut. Les serviteurs craignoyent de s'en mesler, mais ce stoïcien leur fit entendre que les domestiques sont soupçonnez, lors seulement qu'il est en doubte si la mort du maistre a esté volontaire; autrement, qu'il seroit d'aussi mauvais exemple de l'empescher que de le tuer, d'autant que

Invitum qui servat idem facit occidenti.

Aprés il advertit Marcellinus qu'il ne seroit pas messeant, comme le dessert des tables se donne aux assistans, nos repas faicts, aussi la vie finie, de distribuer quelque chose à ceux qui en ont esté les ministres. Or estoit Marcellinus de courage franc et liberal : il fit départir quelque somme à ses serviteurs, et les consola. Au reste, il n'y eust besoing de fer ny de sang : il entreprit de s'en aller de cette vie, non de s'en fuir; non d'eschapper à la mort, mais de l'essayer. Et, pour se donner loisir de la marchander, ayant quitté toute nourriture, le troisiesme jour aprés, s'estant faict arroser d'eau tiede, il defaillit peu à peu et non sans quelque volupté, à ce qu'il disoit.

De vray, ceux qui ont essayé ces defaillances de cœur, qui prennent par foiblesse, disent n'y sentir aucune douleur, voire plustost quelque plaisir, comme d'un passage au sommeil et au repos. Voylà des morts estudiées et digerées.

Mais, afin que le seul Caton peut fournir de tout exemple de vertu, il semble que son bon destin luy fit avoir mal en la main dequoy il se donna le coup, pour qu'il eust loisir d'affronter la mort et de la coleter, renforceant le courage au dangier, au lieu de l'amollir. Et si c'eust esté à moy à le representer en sa plus superbe assiete, c'eust esté deschirant tout ensanglanté ses entrailles, plustost que l'espée au poing, comme firent les statueres de son temps; car ce second meurtre fut bien plus furieux que le premier.

CHAPITRE XIV.

Comme nostre esprit s'empesche soy-mesmes.

C'EST une plaisante imagination de concevoir un esprit balancé justement entre deux pareilles envyes. Car il est indubitable qu'il ne prendra jamais party, d'autant que l'inclination et le chois porte inequalité de pris; et qui nous logeroit entre la bouteille et le jambon, avec pareille envie de boire et de menger, il n'y auroit sans doute remede que de mourir de soif et de fain. Pour pourvoir à cet inconvenient, les stoïciens, quand on leur demande d'où vient en nostre ame le chois de deux choses indifferentes, et qui faict que d'un grand nombre d'escus nous en prenions plustost l'un que l'autre, estans tous pareils, et n'y ayans aucune raison qui nous pousse au chois, respondent que ce mouvement de l'ame est extraordinaire et déréglé, venant en nous d'une impulsion estrangiere, accidentale et fortuite. Il se pourroit dire, ce me semble, plustost, que aucune chose ne se presente à nous où il n'y ait quelque difference, pour legiere qu'elle soit; et que, ou à la veuë ou à l'atouchement, il y a tousjours quelque chois qui nous touche et attire, quoy que ce soit imperceptiblement.

Pareillement qui presupposera une fisselle egalement forte par tout, il est impossible de toute impossibilité qu'elle rompe; car par où voulez vous que la faucée commence? et de rompre par tout ensemble, il n'est pas en nature.

Qui joindroit encore à cecy les propositions geometriques qui concluent par la certitude de leurs demonstrations le contenu plus grand que le contenant, le centre aussi grand que sa circonference, et qui trouvent deux lignes s'approchant sans cesse l'une de l'autre et ne se pouvant jamais joindre, et la pierre philosophale, et quadrature du cercle, où la raison et l'effect sont si opposites, en tireroit à l'adventure quelque argument pour secourir ce mot hardy de Pline, *solum certum nihil esse certi, et homine nihil miserius aut superbius*, qu'il n'est rien certain que l'incertitude, et rien plus miserable et plus fier que l'homme.

CHAPITRE XV.

Que nostre desir s'accroit par la malaisance.

Il n'y a raison qui n'en aye une contraire, dict le plus sage party des philosophes. Je remachois tantost ce trés-beau mot et trésveritable qu'un ancien allegue pour le mespris de la vie : « Nul bien nous peut apporter plaisir, si ce n'est celuy à la perte duquel nous sommes preparez; » voulant gaigner par là que la fruition de la vie ne nous peut estre vrayement plaisante, si nous sommes en crainte de la perdre. Il se pourroit toutes-fois dire, au rebours, que nous serrons et embrassons ce bien, d'autant plus ferme et avecques plus d'affection que nous le voyons nous estre moins seur et que nous le craignons nous estre osté. Car il se sent evidemment, comme le feu se picque à l'assistance du froid, que nostre volonté s'esguise aussi par le contraste :

Si nunquam Danaen habuisset ahenea turris,
Non esset Danae de Jove facta parens;

et qu'il n'est rien naturellement si contraire à nostre goust que la satieté qui vient de l'aisance, ny rien qui l'éguise tant que la rareté et difficulté : *omnium rerum voluptas ipso, quo debet fugare, periculo crescit.*

Galla, nega : satiatur amor, nisi gaudia torquent.

Pour tenir l'amour en haleine, Licurgue ordonna que les mariez de Lacedemone ne se pourroient prattiquer qu'à la desrobée, et que ce seroit pareille honte de les rencontrer couchés ensemble qu'avecques d'autres. La difficulté des assignations, le dangier des surprises, la honte du lendemain,

Et languor, et silentium,
... et latere
Petitus imo spiritus.

c'est ce qui donne pointe à la sauce. La volupté mesme cerche à s'irriter par la douleur : elle est bien plus sucrée quand elle cuit et quand elle escorche. La courtisane Flora disoit n'avoir jamais couché avecques

Pompeius, qu'elle ne luy fit porter les merques de ses morsures.

> *Quod petiere premunt arcte, faciuntque dolorem*
> *Corporis, et dentes inlidunt sæpe labellis...*
> *Et stimuli subsunt, qui instigant lædere id ipsum,*
> *Quodcunque est, rabies unde illæ germina surgunt.*

Il en va ainsi par tout ; la difficulté donne pris aux choses. Ceux de la Marque d'Ancone font plus volontiers leurs veuz à saint Jaques, et ceux de Galice à Nostre dame de Lorete ; on faict au Liege grande feste des bains de Luques, et en la Toscane de ceux d'Aspa ; il ne se voit guiere de Romains en l'escole de l'escrime à Romme, qui est plaine de François. Ce grand Caton se trouva, aussi bien que nous, desgousté de sa femme tant qu'elle fut siene, et la desira quand elle fut à un autre. Nostre appetit mesprise et outrepasse ce qui luy est en main, pour courir aprés ce qu'il n'a pas :

> *Transvolat in medio posita, et fugientia captat.*

Nous defendre quelque chose, c'est nous en donner envie :

> *Nisi tu servare puellam*
> *Incipis, incipiet desinere esse mea ;*

nous l'abandonner tout à faict, c'est nous en engendrer mespris : la faute et l'abondance retombent en mesme inconvenient :

> *Tibi quod superest, mihi quod defit, dolet.*

Le desir et la jouyssance nous mettent en peine pareille. La rigueur des maistresses est ennuyeuse, mais l'aisance et la facilité l'est, à dire verité, encores plus : d'autant que le mescontentement et la cholere naissent de l'estimation en quoy nous avons la chose desirée, éguisent l'amour, le picquent et le reschauffent; mais la satieté engendre le dégoust : c'est une passion mousse, hebetée, lasse et endormie.

Si qua volet regnare diu, contemnat amantem.

Contemnite, amantes :
Sic hodie veniet si qua negavit heri.

Pourquoy a l'on voilé jusques au dessoubs des talons ces beautez que chacune desire monstrer, que chacun desire voir? Pourquoy couvrent elles de tant d'empeschemens, les uns sur les autres, les parties où loge principallement nostre desir et le leur? et à quoy servent ces gros bastions dequoy les nostres viennent d'armer leurs flancs, qu'à lurrer nostre appetit par la difficulté et nous attirer à elles en nous esloignant?

Et fugit ad salices, et se cupit ante videri.

Interdum tunica duxit operta moram.

A quoy sert l'art de cette honte virginalle, cette froideur rassise, cette contenance pleine de severité, cette profession d'ignorance des choses qu'elles sçavent mille fois mieux que nous qui les en instruisons, qu'à nous accroistre le desir de vaincre, gourmander et fouler à nostre appetit toute cette ceremonie et tous ces respects? car il y a non seulement du plaisir, mais de la gloire encore d'affolir et desbaucher cette molle douceur et cette pudeur enfantine, et de ranger à la mercy de nostre ardeur une severité fiere et magistrale : c'est gloire, disent-ils, de triompher de la rigueur, de la modestie, de la chasteté et de la temperance; et qui desconseille aux dames ces parties là, il les trahit et soy-mesmes. Il faut croire que le cœur leur fremit d'effroy, que le son de nos mots blesse la pureté de leurs oreilles, qu'elles nous en haïssent mortellement, et s'accordent à nostre importunité d'une force forcée. La beauté, toute puissante qu'elle est, n'a pas dequoy se faire savourer et gouster sans cette entremise. Voyez en Italie, où il y a plus de beauté à vendre, et de la plus parfaite qu'en aucune autre nation, comment il faut qu'elle cherche d'autres moyens estrangers et d'autres arts pour se rendre aggreable ; et si, à la verité, quoy qu'elle face, estant venale et publique, elle demeure foible et languissante : tout ainsi que, mesme en la vertu, de deux effets pareils, nous tenons ce neantmoins celuy-là le plus beau et plus digne auquel il y a plus d'empeschement et de hazard proposé.

C'est un effect de la Providence divine de permettre sa saincte Eglise estre agitée, comme nous la voyons, de tant de troubles et d'orages, pour esveiller par ce contraste les ames pies, et les r'avoir de l'oisiveté et du sommeil où les avoit plongez une si longue tranquillité. Si nous contrepoisons la perte que nous avons faicte par le nombre de ceux qui se sont desvoyez, au gain qui nous vient pour nous estre remis en haleine, resuscité nostre zele et nos forces à l'occasion de ce combat, je ne sçay si l'utilité ne surmonte point le dommage.

Nous avons pensé attacher plus ferme le neud de nos mariages, pour avoir osté tout moyen de les dissoudre; mais d'autant s'est dépris et relâché le neud de la volonté et de l'affection, que celuy de la contrainte s'est estroicy. Et, au rebours, ce qui tint les mariages à Rome si long temps en honneur et en seurté fut la liberté de les rompre qui voudroit. Ils aymoient mieux leurs femmes d'autant qu'ils les pouvoient perdre; et, en pleine licence de divorces, il se passa cinq cens ans et plus, avant que nul s'en servist.

Quod licet ingratum est; quod non licet acrius urit.

A ce propos se pourroit joindre l'opinion d'un ancien, que les supplices aiguisent les vices plustost qu'ils ne les amortissent; qu'ils n'engendrent point le soing de bien faire, c'est l'ouvrage de la raison et de la discipline, mais plustost un soing de n'estre surpris en faisant mal :

Latius excisæ pestis contagia serpunt.

Je ne sçay pas qu'elle soit vraye; mais cecy sçay-je par experience, que jamais police ne se trouva reformée par là : l'ordre et le reglement des meurs dépend de quelque autre moyen. Il y a nation où la closture des jardins et des champs qu'on veut conserver se faict d'un filet de coton, et se trouve bien plus seure et plus ferme que nos fossez et nos hayes.

CHAPITRE XVI.

De la Gloire.

Il y a le nom et la chose : le nom, c'est une voix qui remerque et signifie la chose; le nom, ce n'est pas une partie de la chose ny de la substance, c'est une piece estrangere joincte à la chose, et hors d'elle.

Dieu, qui est en soy toute plenitude et le comble de toute perfection, il ne peut s'augmenter et accroistre au dedans; mais son nom se peut augmenter et accroistre par la benediction et louange que nous donnons à ses ouvrages exterieurs; laquelle louange, puis que nous ne la pouvons incorporer en luy, d'autant qu'il n'y peut avoir accession de bien, nous l'attribuons à son nom, qui est la piece hors de luy la plus voisine. Voilà comment c'est à Dieu seul à qui gloire et honneur appartient; et il n'est rien si vain ne si esloigné de raison que de nous en mettre en queste pour nous : car, estans indigens et necessiteux au dedans, nostre essence estant imparfaicte et ayant continuellement besoing d'amelioration, c'est là à quoy nous nous devons travailler. Nous sommes tous creux et vuides : ce n'est pas de vent et de voix que nous avons à nous remplir; il nous faut de la substance plus solide à nous reparer. Un homme affamé seroit bien simple de chercher à se garnir plustost d'un beau vestement que d'un bon repas : il faut courir au plus pressé. Comme disent nos ordinaires prieres, *Gloria in excelsis Deo, et in terra pax hominibus.* Nous sommes en disette de beauté, santé, sagesse, vertu, et telles parties essentieles : les ornemens externes se chercheront aprés que nous aurons proveu aux choses plus necessaires. La theologie traicte plus amplement et plus pertinemment ce subject, mais je n'y suis guiere versé.

Chrysippus et Diogenes ont esté les premiers autheurs et les plus fermes du mespris de la gloire; et, entre toutes les voluptez, ils disoient qu'il n'y en avoit point de plus dangereuse ny plus à fuir que celle qui nous vient de l'approbation d'autruy. De vray, l'experience nous en faict sentir plusieurs trahisons bien dommageables. Il n'est chose qui empoisonne tant les princes que la flatterie, ny rien par où les meschans gaignent plus aiséement credit autour d'eux; ny maquerelage si propre et si ordinaire à corrompre la chasteté des femmes que de les paistre et entretenir de leurs louanges. Le premier enchantement que les sirenes employent à piper Ulisses est de cette nature :

> Deçà vers nous, deçà, ô treslouable Ulisse,
> Et le plus grand honneur dont la Grece fleurisse.

Ces philosophes là disoient que toute la gloire du monde ne meritoit pas qu'un homme d'entendement estandit seulement le doigt pour l'acquerir :

> *Gloria quantalibet quid erit, si gloria tantum est?*

je dis pour elle seule, car elle tire souvent à sa suite plusieurs commoditez pour lesquelles elle se peut rendre desirable : elle nous acquiert de la bienveillance; elle nous rend moins en bute aux injures et offences d'autruy, et choses semblables.

C'estoit aussi des principaux dogmes d'Epicurus : car ce precepte de sa secte, CACHE TA VIE, qui deffend aux hommes de s'empescher des charges et negotiations publiques, presuppose aussi necessairement qu'on mesprise la gloire, qui est une approbation que le monde fait des actions que nous mettons en evidence. Celuy qui nous ordonne de nous cacher et de n'avoir soing que de nous, et qui ne veut pas que nous soyons connus d'autruy, il veut encores moins que nous en soyons honorez et glorifiez. Aussi conseille il luy mesmes à Idomeneus de ne regler aucunement ses actions par l'opinion ou reputation commune, si ce n'est pour éviter les autres incommoditez accidentales que le mespris des hommes luy pourroit apporter.

Ces discours là sont infiniment vrais, à mon advis, et raisonnables; mais nous sommes, je ne sçay comment, doubles en nous mesmes, qui faict que ce que nous croyons, nous ne le croyons pas, et ne nous pouvons deffaire de ce que nous condamnons. Voyons les dernieres paroles d'Epicurus, et qu'il dict en mourant : elles sont grandes et dignes d'un tel philosophe, mais si ont elles quelque goust de la recommendation de son nom, et de cette humeur qu'il avoit décriée par ses preceptes. Voicy une lettre qu'il dicta un peu avant son dernier souspir :

CHAPITRE XVI

Epicurus a Hermachus, salut.

« Ce pendant que je passois l'heureux et celuy-là mesmes le dernier jour de ma vie, j'escrivois cecy, accompaigné toutefois de telle douleur en la vessie et aux intestins qu'il ne peut rien estre adjousté à sa grandeur. Mais elle estoit compensée par le plaisir qu'apportoit à mon ame la souvenance de mes inventions et de mes discours. Or toy, comme requiert l'affection que tu as eu dés ton enfance envers moy et la philosophie, embrasse la protection des enfans de Metrodorus. »

Voilà sa lettre. Et ce qui me faict interpreter que ce plaisir qu'il dit sentir en son ame de ses inventions regarde aucunement la reputation qu'il en esperoit acquerir aprés sa mort, c'est l'ordonnance de son testament, par lequel il veut que « Aminomachus et Thimocrates, ses heritiers, fournissent, pour la celebration de son jour natal, tous les mois de janvier, les frais que Hermachus ordonneroit, et aussi pour la despence qui se feroit, le vingtiesme jour de chasque lune, au traitement des philosophes ses familiers, qui s'assembleroient à l'honneur de la memoire de luy et de Metrodorus. »

Carneades a esté chef de l'opinion contraire, et a maintenu que la gloire estoit pour elle mesme desirable : tout ainsi que nous ambrassons nos posthumes pour eux-mesmes, n'en ayans aucune connoissance ny jouissance. Cette opinion n'a pas failly d'estre plus communement suyvie, comme sont volontiers les pires et qui s'accommodent le plus à nos vitieuses inclinations. Je croy que si nous avions les livres que Cicero avoit escrit de la gloire, il nous en conteroit de belles ; car cet homme là fut si pipé et forcené de cette passion que, s'il eust osé, il fust, ce crois-je, volontiers tombé en l'excés où tombarent d'autres : Que la vertu mesme n'estoit desirable que pour l'honneur qui se tenoit tousjours à sa suitte :

*Paulum sepultæ distat inertiæ
Celata virtus :*

qui est un' opinion si fauce et si vaine que je suis dépit qu'elle ait jamais peu entrer en l'entendement d'homme qui eust cet honneur de porter le nom de philosophe. Si cela estoit vray, il ne faudroit estre vertueux qu'en public ; et les operations de l'ame, où est le vray siege de la vertu, nous n'aurions que faire de les tenir en regle et en ordre, sinon autant qu'elles debvroient venir à la connoissance d'autruy.

La vertu est chose bien vaine et frivole si elle tire sa recommendation de la gloire. Pour neant entreprendrions nous de luy faire tenir son rang à part et la déjoindrions de la fortune ; car qu'est-il plus fortuite que la reputation ? De faire que les actions soient connuës et veuës, c'est le pur ouvrage de la fortune. Ceux qui apprennent à nos gens de guerre d'avoir l'honneur pour leur but et de ne chercher en la vaillance que la reputation, que gaignent-ils par là que de les instruire de ne se hazarder jamais qu'ils ne soient à la veue de leurs compaignons, et de prendre bien garde s'il y a des tesmoins avec eux qui puissent rapporter nouvelles de leur vaillance, là où il se presente mille occasions de bien faire sans qu'on en puisse estre remarqué ? Combien de belles actions particulieres s'ensevelissent dans la foule d'une bataille? Quiconque s'amuse à contreroller autruy pendant une telle meslée, il n'y est guiere embesoigné, et produit contre soy mesmes le tesmoignage qu'il rend des deportemens de ses compaignons. A qui doivent Cæsar et Alexandre cette grandeur infinie de leur renommée qu'à la fortune? Combien d'hommes a elle esteint sur le commencement de leur progrés, desquels nous n'avons aucune connoissance, qui y apportoient mesme courage que le leur, si le malheur de leur sort ne les eut arrestez tout court sur la naissance mesme de leurs entreprinses? Au travers de tant et si extremes dangers, il ne me souvient point avoir leu que Cæsar ait esté jamais blessé; mais d'Hannibal, je sçay bien qu'on le dit, et de Scanderberc : mille et mille sont morts de moindres perils que ceux qu'ils franchirent. Infinies belles actions se doivent perdre sans tesmoignage, avant qu'il en vienne une à profit. On n'est pas tousjours sur le haut d'une bresche ou à la teste d'une armée, à la veuë de son general, comme sur un eschaffaut. On est surpris entre la haye et le fossé; il faut tenter fortune contre un poullaillier; il faut dénicher quatre chetifs harquebousiers d'une grange; il faut seul s'escarter de la trouppe et entreprendre seul, selon la necessité qui s'offre. Et si on prend garde, on trouvera, à mon advis, qu'il advient par experience que les moins esclattantes occasions sont les plus dangereuses, et qu'aux guerres qui se sont passées de nostre temps, il s'est perdu plus de gens de bien aux occasions legeres et peu importantes, et à la contestation de quelque bicoque, qu'és lieux dignes et honnorables.

Qui n'est homme de bien que par ce qu'on le sçaura et par ce qu'on l'en estimera mieux aprés l'avoir sceu, qui ne veut bien faire qu'en condition que sa vertu vienne à la connoissance des hommes, celuy-là n'est pas homme de qui on puisse tirer beaucoup de service.

> Credo ch'el resto di quel verno cose
> Facesse degne di tenerne conto;
> Ma fur fin a quel tempo si nascose,
> Che non è colpa mia s'hor non le conto:
> Perche Orlando a far l'opre virtuose,
> Piu ch' a narrarle poi, sempre era pronto,
> Ne mai fu alcun' de li suoi fatti espresso,
> Se non quando hebbe i testimonij apresso.

Il faut aller à la guerre pour son devoir, et en attendre cette recompense, qui ne peut faillir à toutes belles actions, pour occultes qu'elles soient, non pas mesmes aux vertueuses pensées : c'est le contentement qu'une conscience bien reglée reçoit en soy de bien faire. Il faut estre vaillant pour soy-mesmes, et pour l'avantage que c'est d'avoir son courage logé en une assiette ferme et asseurée contre les assauts de la fortune :

> *Virtus, repulsæ nescia sordidæ,*
> *Intaminatis fulget honoribus;*
> *Nec sumit aut ponit secures*
> *Arbitrio popularis auræ.*

Ce n'est pas pour la montre que nostre ame doit jouer son rolle, c'est chez nous au dedans, où nuls yeux ne donnent que les nostres : là elle nous couvre de la crainte de la mort, des douleurs et de la honte mesme; elle nous asseure là de la perte de nos enfans, de nos amis et de nos fortunes ; et quand l'opportunité s'y presente, elle nous conduit aussi aux hazards de la guerre. Ce profit est bien plus grand et bien plus digne d'estre souhaité et esperé que l'honneur et la gloire, qui n'est autre chose qu'un favorable jugement que les autres font de nous.

Il nous faut tirer de toute une nation une douzaine d'hommes pour juger d'un arpent de terre ; et le jugement de nos inclinations et de nos actions, la plus difficile matiere et la plus importante qui soit, nous la remettons à la voix du peuple et de la tourbe, mere d'ignorance, d'injustice et d'inconstance. Quiconque vise à luy plaire, il n'a jamais faict ; c'est une bute qui n'a ny forme ny prise. Null' art, nulle souplesse d'esprit pourroit conduire nos pas à la suitte d'un guide si desvoyé et si desreiglé. En cette confusion venteuse de bruits, de raports et opinions publiques qui nous poussent, il ne se peut establir aucune route qui vaille. Ne nous proposons point une fin si flotante et volage, allons constamment aprés la raison : que l'approbation publique nous suyve par là, si elle veut ; et, comme elle despend toute de la fortune, nous n'avons point loy de l'esperer plustost par autre voye que par celle là. Quand pour sa droiture je ne suyverois le droit chemin, je le suyvrois pour avoir trouvé par experience qu'au bout du conte, c'est communement le plus heureux et le plus utile. Le marinier ancien disoit ainsin à Neptune en une grande tempeste : « O dieu, tu me sauveras si tu veux, tu me perderas si tu veux ; mais si tienderai je tousjours droit mon timon. » J'ay veu de mon temps mill' hommes soupples, mestis, ambigus, et que nul ne doubtoit plus prudans mondains que moy, se perdre où je me suis sauvé :

> *Risi successu posse carere dolos.*

Il y a je ne sçay quelle douceur naturelle à se sentir louer, mais nous luy prestons trop de beaucoup:

> *Laudari haud metuam, neque enim mihi cornea fibra est;*
> *Sed recti finemque extremumque esse recuso*
> *Euge tuum, et belle.*

Je ne me soucie pas tant quel je sois chez autruy, comme je me soucie quel je sois en moy mesme. Je veux estre riche de mes propres richesses, non des richesses empruntées. Les estrangers ne voyent que les evenemens et apparences externes : chacun peut faire bonne mine par le dehors, plein au dedans de fiebvre et d'effroy. Ils ne voyent pas mon cœur, ils ne voyent que mes contenances. On a raison de descrier l'hipocrisie qui se trouve en la guerre : car qu'est il plus aisé à un homme un peu pratic que de sçavoir gauchir aux dangers et de contrefaire le mauvais, ayant le cœur plein de mollesse? Il y a tant de moyens d'eviter les occasions de se hazarder que nous aurons trompé mille fois le monde avant que de nous engager à un dangereux pas; et lors mesme, nous y trouvant empétrez, nous sçaurons bien pour ce coup couvrir nostre jeu d'un bon visage et d'une parolle asseurée, quoy que l'ame nous tremble au dedans :

> *Falsus honor juvat, et mendax infamia terret*
> *Quem, nisi mendosum et mendacem?*

Voylà comment tous ces jugemens qui se font des apparences externes sont merveilleusement incertains et douteux; et n'est nul asseuré tesmoing que chacun à soy-mesme. En celles là combien avons nous de goujats, compaignons de nostre gloire ? Celuy qui se tient ferme dans une tranchée descouverte, que faict il en cela que ne facent devant luy cinquante pauvres pioniers qui luy ouvrent le pas et le couvrent de leurs corps pour cinq sous de païe par jour?

> *Non, quicquid turbida Roma*
> *Elevet, accedas, examenque improbum in illa*
> *Castiges trutina : nec te quæsiveris extra.*

Nous appellons agrandir nostre nom, l'estandre et semer en plusieurs bouches; nous voulons qu'il y soit receu en bonne part et que cette sienne accroissance luy vienne à profit : voylà ce qu'il y peut avoir de plus excusable en ce dessein. Mais l'excés de cette maladie en va jusques là, que plusieurs cerchent de faire parler d'eux en quelque façon que ce soit. Trogus Pompeius dict de Herostratus, et Titus Livius de Manlius Capitolinus, qu'ils estoyent plus desireux de grande que de bonne reputation. Ce vice est fort ordinaire : nous nous soignons plus qu'on parle de nous que comment on en parle, et nous est assez que nostre nom coure par la bouche des hommes, de quelque goust qu'il y soit receu; il semble que l'estre conneu, ce soit aucunement avoir sa vie et sa durée en la garde d'autruy. Moy, je sçay bien que je ne suis que chez moy; et de cette autre mienne vie qui loge en la connoissance de mes amis, je sçay bien que je n'en sens fruict ny jouyssance que par la vanité d'une opinion fantastique. Et quand je seray mort, je m'en resentiray encores beaucoup moins ; je n'auray plus de prise par où saisir la reputation : je ne vois pas par où elle puisse me toucher ny arriver à moy. Et de m'attendre que mon nom la reçoive, premierement je n'ay point de nom qui soit assez mien : car, de deux que j'en ay, l'un est commun à toute ma race, voire encore à d'autres. Il y a une famille à Paris et à Montpelier qui se surnomme Montaigne ; une autre en Bretaigne et en Xaintonge, de la Montaigne. Le remuement d'une seule syllabe meslera nos fusées, de façon que j'auray part à leur gloire, et eux, à l'adventure, à ma honte ; et si les miens se sont autresfois surnommez Eyquem, surnom qui touche encore une maison cogneuë en Angleterre. Quant à mon autre nom, il est à quiconque aura envie de le prendre ; ainsi j'honoreray peut estre un crocheteur en ma place. Et puis, quand j'aurois une marque particuliere pour moy, que peut elle marquer quand je n'y suis plus ? Peut elle designer l'inanité ? Quel proufit m'en revient il ?

> *Nunc levior cippus non imprimit ossa.*
> *Laudat posteritas ; nunc non e manibus illis,*
> *Nunc non e tumulo, fortunataque favilla*
> *Nascuntur violæ.*

Mais de cecy j'en ay parlé ailleurs. Au demeurant, en toute une bataille où dix mill' hommes sont estropiez ou tuez, il n'en est pas quinze dequoy on parle. Il faut que ce soit quelque grandeur bien eminente, ou quelque consequence d'importance que la fortune y ait jointe, qui face valoir un' action privée, non d'un harquebousier seulement, mais d'un capitaine : car de tuer un homme, ou deux, ou dix, de se presenter courageusement à la mort, c'est à la verité quelque chose à chacun de nous, car il y va de tout ; mais pour le monde ce sont choses si ordinaires, il s'en voit tant tous les jours, et en faut tant de pareilles pour produire un effect notable, que nous n'en pouvons attendre aucune particuliere recommandation.

*Casus multis hic cognitus, ac jam
Tritus, et e medio fortunæ ductus acervo.*

De tant de miliasses de vaillans hommes qui sont morts depuis quinze cens ans en France, les armes en la main, il n'y en a pas cent qui soyent venus à nostre cognoissance : la memoire non des chefs seulement, mais des batailles et victoires, est ensevelie. Quoy, que des Romains mesmes et des Grecs, parmy tant d'escrivains et de tesmoins et tant de rares et nobles exploits, il en est venu si peu jusques à nous !

Ad nos vix tenuis famæ perlabitur aura.

Ce sera beaucoup si d'icy à cent ans on se souvient en gros que, de nostre temps, il y a eu des guerres civiles en France. Les Lacedemoniens sacrifioient aux Muses, entrant en bataille, afin que leurs gestes fussent bien et dignement escris, estimant que ce fut une faveur divine et non commune que les belles actions trouvassent des tesmoings qui leur sceussent donner vie et memoire. Pensons nous qu'à chaque arquebousade qui nous touche, et à chaque hazard que nous courons, il y ayt quant et quant un greffier qui l'enrolle ? et cent greffiers outre cela le pourront escrire, desquels les registres ne dureront que trois jours et ne viendront à la cognoissance de personne. Nous n'avons pas la millieme partie des escrits anciens : c'est la fortune qui leur donne vie, ou plus courte, ou plus longue, selon sa faveur. On ne faict pas des histoires de choses de si peu : il faut avoir esté chef à conquerir un empire ou un royaume, il faut avoir gaigné cinquante deux batailles assignées, tousjours plus foible en nombre d'hommes, comme Cæsar. Dix mille bons hommes et plusieurs grands capitaines moururent à sa suite vaillamment et courageusement, desquels les noms n'ont duré qu'autant que leurs femmes et leurs enfans vesquirent :

Quos fama obscura recondit.

De ceux mesme que nous voyons bien faire, trois mois ou trois ans aprés qu'ils y sont demeurez, il ne s'en parle non plus que s'ils n'eussent jamais esté. Quiconque considerera avec juste mesure et proportion de quelles gens et de quels faits la gloire se maintient en la memoire des hommes, il trouvera qu'il y a de nostre siecle fort peu d'actions et fort peu de personnes qui y puissent pretendre part. Combien avons nous veu d'hommes vertueux survivre à leur propre reputation, qui ont veu et souffert esteindre en leur presence l'honneur et la gloire trés-justement acquise en leurs jeunes ans ? Et pour trois ans de cette vie fantastique et imaginere, allons nous perdant nostre vraye vie et essentielle, et nous engager à une mort perpetuelle ? Les sages se proposent une plus belle et plus juste fin à une si importante entreprise. Il seroit à l'advanture excusable à un peintre ou autre artisan, ou encores à un rhetoricien ou grammairien, de se travailler pour acquerir nom par ses ouvrages; mais les actions de la vertu, elles sont trop nobles d'elles mesmes pour rechercher autre loyer ou recompense que de leur propre valeur, et notamment pour la chercher en la vanité des jugemens humains.

Si toute-fois cette fauce opinion sert au public à contenir les hommes en leur devoir, si le peuple en est esveillé à la vertu, si les princes sont touchez de voir le monde benir la memoire de Trajan et abominer celle de Neron; si cela les esmeut de voir le nom de ce grand voleur, autresfois si effroyable et si redoubté, maudit et outragé si librement par le premier escolier qui l'entreprend, qu'elle accroisse hardiment et qu'on la nourrisse entre nous le plus qu'on pourra. Puis que les hommes, par leur insuffisance, ne se peuvent assez payer d'une bonne monnoye, qu'on y employe encore la fauce. Ce moyen a esté practiqué par tous les legislateurs, et n'est police où il n'y ait quelque meslange ou de vanité ceremonieuse ou d'opinion mensongere qui serve de bride à tenir le peuple en office. C'est pour cela que la pluspart ont leurs origines et commencemens fabuleux et enrichis de mysteres supernaturels. C'est cela qui a donné credit aux religions bastardes et les a faites favorir aux gens d'entendement; et pour cela que Numa et Sertorius, pour rendre leurs hommes de meilleure creance, les paissoyent de cette sottise, l'un que la nymphe Egeria, l'autre que sa biche blanche luy apportoit de la part des dieux tous les conseils qu'il prenoit. La religion des Bedoins, comme dit le sire de

Jouinville, portoit, entre autres choses, que l'ame de celuy d'entre eux qui mouroit pour son prince s'en alloit en un autre corps plus heureux, plus beau et plus fort que le premier : au moyen dequoy ils en hazardoient beaucoup plus volontiers leur vie,

> *In ferrum mens prona viris, animæque capaces*
> *Mortis, et ignavum est rediturae parcere vitæ.*

Voylà une creance tressalutaire, toute vaine qu'elle soit. Chaque nation a plusieurs tels exemples chez soy; mais ce subjet meriteroit un discours à part.

Pour dire encore un mot sur mon premier propos, je ne conseille non plus aux dames d'appeller honneur leur devoir, ny de nous donner cette excuse en payement de leur refus : car je presuppose que leurs intentions, leur desir et leur volonté, qui sont pieces où l'honneur n'a que voir, d'autant qu'il n'en paroit rien au dehors, soyent encore plus reglées que les effects :

> *Quæ, quia non liceat, non facit, illa facit.*

L'offence et envers Dieu et en la conscience seroit aussi grande de le desirer que de l'effectuer. Et puis ce sont actions d'elles mesmes cachées et occultes; il seroit bien-aysé qu'elles en desrobassent quelcune à la connoissance d'autruy, d'où l'honneur despend, si elles n'avoyent autre respect à leur devoir, et à l'affection qu'elles portent à la chasteté, pour elle mesme.

CHAPITRE XVII.

De la Præsumption.

Il y a une autre sorte de gloire, qui est une trop bonne opinion que nous concevons de nostre valeur. C'est un' affection inconsiderée, dequoy nous nous cherissons, qui nous represente à nous mesmes autres que nous ne sommes : comme la passion amoureuse preste des beautez et des graces au subjet qu'elle embrasse, et fait que ceux qui en sont espris trouvent, d'un jugement trouble et alteré, ce qu'ils ayment autre et plus parfaict qu'il n'est.

Je ne veux pas que, de peur de faillir de ce costé là, un homme se mesconnoisse pourtant, ny qu'il pense estre moins que ce qu'il est; le jugement doit tout par tout maintenir son avantage : c'est raison qu'il voye en ce subject, comme ailleurs, ce que la verité luy presente; si c'est Cæsar, qu'il se treuve hardiment le plus grand capitaine du monde. Nous ne sommes que ceremonie : la ceremonie nous emporte, et laissons la substance des choses; nous nous tenons aux branches et abandonnons le tronc et le corps. Nous avons apris aux dames de rougir oyant seulement nommer ce qu'elles ne craignent aucunement à faire; nous n'osons appeller à droict nos propres parties et nos membres, et ne craignons pas de les employer à toute sorte de desbauches. La ceremonie nous defend d'exprimer par parolles les choses licites et naturelles, et nous l'en croyons; la raison nous defend de n'en faire point d'illicites et illegitimes, et personne ne l'en croit. Je me trouve icy empestré és loix de la ceremonie, car elle ne permet ny qu'on parle bien de soy, ny qu'on en parle mal. Nous la lairrons là pour ce coup.

Ceux que la fortune (bonne ou mauvaise qu'on la doive appeller) a faict passer la vie en quelque eminent degré, ils peuvent par leurs actions publiques tesmoigner quels ils sont; mais ceux qu'elle n'a employez qu'en foule, ils sont excusables s'ils prennent la hardiesse de parler d'eux mesmes à ceux qui ont interest de les connoistre, à l'exemple de Lucilius :

> *Ille velut fidis arcana sodalibus olim*
> *Credebat libris, neque si male cesserat, usquam*
> *Decurrens alio, neque si bene : quo fit ut omnis*
> *Votiva pateat veluti descripta tabella*
> *Vita senis.*

Celuy là commettoit à ses papiers ses actions et ses pensées par escrit, et s'y peignoit tel qu'il se sentoit estre.

Il me souvient donc que, dés ma plus tendre enfance, on remerquoit en moy je ne sçay quel port de corps et des gestes tesmoignants quelque vaine et sotte fierté. J'en veux dire premierement cecy, qu'il n'est pas inconvenient d'avoir des conditions et des propensions si propres et si incorporées en nous que nous n'ayons pas moyen de les sentir et reconnoistre. Et de telles inclinations naturelles, le corps en retient volontiers quelque pli sans nostre sceu et consentement. C'estoit une certaine mollesse affetée qui faisoit un peu pancher la

teste d'Alexandre sur un costé et qui rendoit le parler
d'Alcibiades mol et gras : estans douez d'une extreme
beauté, ils s'y aidoyent un peu sans y penser, par mignardise. Julius Cæsar se gratoit la teste d'un doigt,
qui est la contenance d'un homme remply de pensemens penibles ; et Cicero, ce me semble, avoit accoustumé de rincer le nez, qui signifie un naturel moqueur.
Tels mouvemens peuvent arriver imperceptiblement en
nous. Il y en a d'autres artificiels, dequoy je ne parle
point, comme les bonnettades et reverences, par où on
acquiert, le plus souvent à tort, l'honneur d'estre bien
humble et courtois. Je suis assez prodigue de bonnettades, notamment en esté, et n'en reçoys jamais sans
revenche, de quelque qualité d'homme que ce soit, s'il
n'est à mes gages. Je desirasse d'aucuns princes que je
connois, qu'ils en fussent plus espargnans et justes dis-
pensateurs : car, ainsin indiscrettement espanduës, elles
ne portent plus de coup ; si elles sont sans regard, elles
sont sans effect. Entre les contenances desreglées,
n'oublions pas la morgue de Constantius l'empereur,
qui en publicq tenoit tousjours la teste droite, sans la
contourner ou flechir ny çà ny là, non pas seulement
pour regarder ceux qui le saluoient à costé, ayant le
corps planté et immobile, sans se laisser aller au branle
de son coche, sans oser ny cracher, ny se moucher, ny
essuyer le visage devant les gens. Je ne sçay si ces gestes
qu'on remerquoit en moy estoient de cette premiere
condition, et si à la verité j'avoy quelque occulte propension à ce vice, comme il peut bien estre, et ne puis
pas respondre des bransles du corps ; mais quant aux
bransles de l'ame, je veux icy confesser ce que j'en sens.

Il y a, ce me semble, deux parties en cette gloire : sçavoir est de s'estimer trop, et n'estimer pas assez autruy. Quant au premier, j'ay en general cett' humeur que de toutes les opinions que l'ancienneté a eües de l'homme, celles que j'embrasse plus volontiers et auxquelles je m'attache le plus, ce sont celles qui nous mesprisent, avilissent et aneantissent le plus. La philosophie ne me semble jamais avoir si beau jeu que quand elle combat nostre presomption et vanité, quand elle reconnoit de bonne foy son irresolution, sa foiblesse et son ignorance. Il me semble que la mere nourrisse des plus fauces opinions que nous ayons, et publiques et particulieres, c'est la trop bonne opinion que nous avons de nous. Ces gens qui se logent à chevauchons sur l'epicycle de Mercure, il me semble qu'ils m'arrachent les dens : car en l'estude que je fay, duquel le subject c'est l'homme, trouvant une si extreme varieté de jugemens, un si profond labyrinthe de difficultez les unes sur les autres, tant de diversité et incertitude en l'eschole mesme de la sapience, vous pouvez penser, puis que ces gens là n'ont peu se resoudre de la connoissance d'eux mesmes et de leur propre condition, qui est continuellement presente à leurs yeux, qui est dans eux, puis qu'ils ne sçavent comment branle ce qu'eux mesmes font branler, ny comment nous peindre et deschiffrer les ressorts qu'ils tiennent et manient eux mesmes, comment je les croirois de la cause du mouvement de la huictiesme sphere, et du flux et reflux de la riviere du Nil. La curiosité de connoistre les choses a esté donnée aux hommes pour fleau, dit la sacrosaincte parole.

Mais pour venir à mon particulier, il est bien difficile, ce me semble, que aucun autre s'estime moins, voire que aucun autre m'estime moins, que ce que je m'estime. Car, à la verité, quand aux effects de l'esprit, en quelque façon que ce soit, il n'est jamais party de moy chose qui me contentast; et l'approbation d'autruy ne m'a pas payé. J'ay le goust tendre et difficile, et notamment en mon endroit : je me sens flotter et fleschir de foiblesse. Je me connoy tant que, s'il estoit party de moy chose qui me pleut, je le devroy sans doubte à la fortune : je n'ay rien du mien dequoy contenter mon jugement. J'ay la veue assez claire et reglée, mais à l'ouvrer elle se trouble : comme j'essaye plus evidemment en la poesie; je l'ayme infiniment, j'y voy assez cler aux ouvrages d'autruy; mais je fay, à la verité, l'enfant quand j'y veux mettre la main, je ne me puis souffrir. On peut faire le sot par tout ailleurs, mais non en la poesie.

Mediocribus esse poetis
Non dii, non homines, non concessere columnæ.

Pleust à Dieu que cette sentence se trouvat au front des boutiques de tous nos imprimeurs, pour en deffendre l'entrée à tant de versificateurs!

Verum
Nil securius est malo poeta.

Ce que je treuve passable du mien, ce n'est pas de soy et à la verité, mais c'est à la comparaison d'autres choses pires, ausquelles je voy qu'on donne credit. Je suis envieux du bon-heur de ceux qui se sçavent resjouir et gratifier en leurs ouvrages, car c'est un moyen aisé de se donner du plaisir, puis qu'on le tire de soy-mesmes. Les miens, il s'en faut tant qu'ils me plaisent, qu'autant de fois que je les retaste, autant de fois j'en reçois un nouveau mescontentement.

> *Cum relego, scripsisse pudet, quia plurima cerno,*
> *Me quoque, qui feci, judice, digna lini.*

J'ay tousjours une idée en l'ame, qui me presente une meilleure forme que celle que j'ay mis en besongne, mais je ne la puis exploiter. Et en mon imagination mesmes, je ne conçoy pas les choses en leur plus grande perfection : ce que je connoy par là, que ce que je voy produit par ces riches et grandes ames du temps passé, je le treuve bien loing au delà de l'extreme estendue de mon imagination. Leurs ouvrages ne me satisfont pas seulement et me remplissent, mais ils m'estonnent et transissent d'admiration. Je juge tresbien leur beauté; je la voy, mais il m'est impossible de la representer. Quoy que j'entreprenne, je doy un sacrifice aux Graces, comme dict Plutarque de quelqu'un, pour pratiquer leur faveur :

> *Si quid enim placet,*
> *Si quid dulce hominum sensibus influit,*
> *Debentur lepidis omnia Gratiis.*

Or elles m'abandonnent par tout; tout est grossier chez moy, il y a faute de garbe et de polissure : je ne sçay faire valoir les choses pour le plus que ce qu'elles valent, ma façon n'ayde de rien à la matiere. Voilà

CHAPITRE XVII

pourquoy il me la faut forte, qui aye beaucoup de prise et qui luise d'elle mesme. Je ne sçay ny plaire, ny rejouyr, ny chatouiller : le meilleur conte du monde se seche entre mes mains et se ternit. Je ne sçay parler qu'en bon escient, et suis du tout abandonné de cette facilité, que je voy en plusieurs de mes compaignons, d'entretenir les premiers venus et tenir en haleine toute une trouppe, ou amuser sans se lasser l'oreille d'un prince de toute sorte de propos, la matiere ne leur faillant jamais, pour cette grace qu'ils ont de sçavoir employer la premiere qui leur tombe en main, et l'accommoder à l'humeur et portée de ceux à qui ils ont affaire. Les princes n'ayment guere les discours fermes, ny moy à faire des contes. Ce que j'ay à dire, je le dis tousjours de toute ma force ; les raisons premieres et plus aisées, qui sont communément les mieux receues, je ne sçay pas les employer. Si faut-il sçavoir relâcher la corde à toute sorte de tons, et le plus aigu c'est celuy qui vient le moins souvent en usage. Il y a pour le moins autant de perfection à relever une chose vuide qu'à en soustenir une poisante : tantost il faut superficiellement manier les choses, tantost les profonder. Je sçay bien que la pluspart des hommes se tiennent en ce bas estage, pour ne concevoir les choses que par cette premiere escorse ; mais si est-ce que les plus grands maistres, et sur tout Platon, on les void souvent, où l'occasion se presente, se relascher à cette molle et basse façon, et populaire, de dire et traiter les choses, la soustenans des graces qui ne leur manquent jamais.

Au demeurant, mon langage n'a rien de facile et

fluide : il est aspre, ayant ses dispositions libres et desreglées, et me plaist ainsi; mais je sens bien que par fois je m'y laisse trop aller, et qu'à force de vouloir eviter l'art et l'affectation, j'y retombe d'une autre part,

> Brevis esse laboro,
> Obscurus fio.

Quand je voudroy suyvre cet autre stile æquable, uny et ordonné, je n'y sçaurois advenir; et encore que les coupures et cadences de Saluste reviennent plus à mon humeur, si est-ce que je treuve Cæsar et plus admirable et moins aisé à imiter; et si mon inclination me porte plus à l'imitation du parler de Seneque, je ne laisse pas d'estimer autant pour le moins celuy de Plutarque. Je suy la forme de dire qui est née avecques moy, simple et naïfve autant que je puis : d'où c'est à l'adventure que j'ay plus d'avantage à parler qu'à escrire; mais ce peut aussi estre que le mouvement et action animent les parolles, notamment à ceux qui se remuent brusquement, comme je fay, et qui s'eschauffent. Le port, le visage, la voix, la robbe, l'assiette, peuvent donner quelque pris aux choses qui d'elles mesmes n'en ont guere, comme le babil. Messala se pleint en Tacitus de quelques accoustrements estroits de son temps, et de la façon des bancs où les orateurs avoient à parler, qui affoiblissoient leur eloquence.

Mon langage françois est alteré, et en la prononciation et ailleurs, par la barbarie de mon creu : car je ne vis jamais homme des contrées de deçà qui ne sentit bien evidemment son ramage et qui ne blessast les oreilles qui sont pures françoises. Si n'est-ce pas pour estre fort entendu en mon perigordin, car je n'en ay non plus d'usage que de l'alemand, et ne m'en chaut guere. Il y a bien au dessus de nous, vers les montaignes, un gascon pur, que je treuve singulierement beau, et desirerois le sçavoir : car c'est un langage bref, signifiant et pressé, et à la verité un langage masle et militaire plus que aucun autre que j'entende.

Quant au latin, qui m'a esté donné pour maternel, j'ay perdu par des-accoustumance la promptitude de m'en pouvoir servir à parler. Voylà combien peu je vaux de ce costé là.

La beauté est une piece de grande recommandation au commerce des hommes ; c'est le premier moyen de conciliation des uns aux autres, et n'est homme si barbare et si rechigné qui ne se sente aucunement frappé de sa douceur. Le corps a une grand' part à nostre estre, il y tient un grand rang ; ainsin sa structure et composition sont de bien juste consideration. Ceux qui veulent desprendre nos deux pieces principales et les sequestrer l'une de l'autre, ils ont tort : au rebours, il les faut rejoindre et ratacher ; il faut ordonner à l'ame non de se tirer à quartier, de s'entretenir à part, de mespriser et abandonner le corps (aussi ne le sçauroit elle faire que par quelque singerie contrefaicte), mais de se r'allier à luy, de l'embrasser, le cherir, luy assister, le contreroller, le conseiller, le redresser et ramener quand il se fourvoye, l'espouser en somme et luy servir de vray mary ; à ce que leurs effects ne paroissent pas divers et contraires, ains accordans et uniformes. Les chrestiens ont une particuliere instruction de cette liaison : car ils sçavent que la justice divine embrasse cette societé et jointure du corps et de l'ame, jusques à rendre le corps capable des recompenses eternelles; et que Dieu regarde agir tout l'homme, et veut que l'homme entier reçoive le chastiement, ou le loyer, selon ses demerites. La premiere distinction qui aye esté entre les hommes, et la premiere consideration qui donna les præeminences aux uns sur les autres, il est vray-semblable que ce fut l'advantage de la beauté :

> *Agros divisere atque dedere*
> *Pro facie cujusque et viribus ingenioque :*
> *Nam facies multum valuit viresque vigebant.*

Or je suis d'une taille un peu au dessoubs de la moyenne : ce defaut n'a pas seulement de la laideur, mais encore de l'incommodité, à ceux mesmement qui ont des commandements et des charges : car l'authorité que donne une belle presence et majesté corporelle en est à dire. Les Æthiopes et les Indiens, dit Aristote, elisants leurs roys et magistrats, avoient esgard à la beauté et procerité des personnes. Ils avoient raison, car il y a du respect pour ceux qui le suyvent, et pour l'ennemy de l'effroy, de voir à la teste d'une trouppe marcher un chef de belle et riche taille :

> *Ipse inter primos præstanti corpore Turnus*
> *Vertitur, arma tenens, et toto vertice supra est.*

Nostre grand roy divin et celeste, duquel toutes les circonstances doivent estre remarquées avec soing et religion et reverence, n'a pas refusé la recommandation corporelle, *speciosus forma præ filiis hominum*. C'est un grand despit, qu'on s'adresse à vous parmy vos gens pour vous demander où est monsieur, et que vous n'ayez que le reste de la bonnetade qu'on fait à vostre barbier ou secretaire, comme il advint au pauvre Philopœmen. Estant arrivé le premier de sa troupe en un logis où on l'attendoit, son hostesse, qui ne le connoissoit pas et le voyoit d'assez mauvaise mine, l'employa d'aller un peu aider à ses femmes à puiser de l'eau, ou attiser du feu, pour le service de Philopœmen. Les gentils-hommes de sa suitte estans arrivez et l'ayant surpris embesongné à cette belle vacation, car il n'avoit pas failly d'obeyr au commandement qu'on luy avoit faict, luy demanderent ce qu'il faisoit là : « Je paie, leur respondit-il, la penitence de ma laideur. » Les autres beautez sont pour les femmes : la beauté de la taille est la seule beauté des hommes. Où est la petitesse, ny la largeur et rondeur du front, ny la blancheur et douceur des yeux, ny la mediocre forme du nez, ny la petitesse de l'oreille et de la bouche, ny l'ordre et blancheur des dents, ny l'épesseur bien unie d'une barbe brune à escorce de chataigne, ny le poil relevé, ny la juste proportion de teste, ny la frécheur du teint, ny l'air du visage agreable, ny un corps sans senteur, ou legitime proportion de membres, peuvent rendre un homme avenant.

J'ay au demeurant la taille forte et ramassée, le visage non pas gras, mais plein, la complexion entre le jovial et le melancholique, moiennement sanguine et chaude,

Unde rigent setis mihi crura, et pectora villis,

la santé forte et allegre, jusques bien avant en mon aage, rarement troublée par les maladies. J'estois tel, car je ne me considere pas à cette heure que je suis engagé dans les avenuës de la vieillesse, ayant pieça franchy les quarante ans:

Minutatim vires et robur adultum
Frangit, et in partem pejorem liquitur ætas.

Ce que je seray doresenavant, ce ne sera plus qu'un demy estre; ce ne sera plus moy, je m'eschape tous les jours et me desrobe à moymesme :

Singula de nobis anni prædantur euntes.

D'adresse et de disposition, je n'en ay point eu; et si suis fils d'un pere le plus dispost qui se vid de son temps, et d'une allegresse qui luy dura jusques à son extreme vieillesse. Il ne trouva guere homme de sa condition qui s'egalast à luy en tout exercice de corps : comme je n'en ay trouvé guiere aucun qui ne me surmontat, sauf qu'au courir, en quoy j'estoy des mediocres. De la musique, ny pour la voix que j'y ay tresinepte, ny pour les instrumens, on ne m'y a jamais sceu rien apprendre. A la danse, à la paume, à la luite, je n'y ay peu acquerir qu'une bien fort legere et vulgaire suffisance ; à nager, à escrimer, à voltiger et à sauter, nulle du tout. Les mains, je les ay si gourdes que je ne sçay pas escrire seulement pour moy, de façon que ce que j'ay barbouillé, j'ayme mieux le refaire que de me donner la peine de le démesler et relire. Je ne sçay pas clorre à droit une lettre, ny ne sceuz jamais tailler de plume, ny trancher à table, qui vaille.

Mes conditions corporelles sont en somme tresbien accordantes à celles de l'ame : il n'y a rien d'allegre et de soupple ; il y a seulement une vigueur pleine, ferme et rassise. Je dure bien à la peine ; mais j'y dure, si je m'y porte moy-mesme, et autant que mon desir m'y conduit,

> *Molliter austerum studio fallente laborem :*

autrement, si je n'y suis alleché par quelque plaisir, et si j'ay autre guide que ma pure et libre volonté, je n'y vaux rien : car j'en suis là, que, sauf la santé et la vie, il n'est chose que je veuille acheter au pris du tourment d'esprit et de la contrainte :

> *Tanti mihi non sit opaci*
> *Omnis arena Tagi, quodque in mare volvitur aurum.*

J'ay une ame libre et toute sienne, accoustumée à se conduire à sa poste, et n'ay eu jusques à cett' heure ny commandant ny maistre forcé ; j'ay marché aussi avant et le pas qu'il m'a pleu. Cela m'a amolli et rendu inutile au service d'autruy, et ne m'a faict bon qu'à moy, estant d'ailleurs d'un naturel poisant, paresseux et fay neant : car, m'estant trouvé en tel degré de fortune dés ma naissance, que j'ay eu occasion de m'y arrester, je n'ay rien cerché et n'ay aussi rien pris :

> *Non agimur tumidis velis Aquilone secundo ;*
> *Non tamen adversis ætatem ducimus Austris :*
> *Viribus, ingenio, specie, virtute, loco, re,*
> *Extremi primorum, extremis usque priores.*

Estant né tel qu'il ne m'a fallu mettre en queste d'autres commoditez, je n'ay eu besoin que de la suffisance de me contenter, et sçavoir jouir doucement des biens que Dieu par sa liberalité m'avoit mis entre mains. Je n'ay gousté aucune sorte de travail, et suis tresmal instruit à me sçavoir contraindre, incommode à toute sorte d'affaires et negotiations penibles, n'ayant jamais guieres eu en maniement que moy. Eslevé en mon enfance d'une façon molle et libre, et lors mesme exempte de subjection rigoureuse, je suis devenu par là incapable de sollicitude, jusques là que j'ayme qu'on me cache mes pertes et les desordres qui me touchent : au chapitre de mes mises, je loge ce que me couste à nourrir et entretenir ma nonchalance :

Hæc nempe supersunt,
Quæ dominum fallant, quæ prosint furibus.

J'ayme à ne sçavoir pas le conte de ce que j'ay, pour sentir moins exactement ma perte. Je prie ceux qui vivent avec moy, où l'affection leur manque et les bons effects, de me piper et payer de bonnes apparences. A faute d'avoir assez de fermeté pour soufrir l'importunité des accidens contraires ausquels nous sommes subjects, et pour ne me pouvoir tenir tendu à regler et ordonner les affaires, je nourris autant que je puis en moy cett' opinion, m'abandonnant du tout à la fortune, de prendre toutes choses au pis, et ce pis là, me resoudre à le porter doucement et patiemment. C'est à cela seul que je travaille et le but auquel j'achemine tous mes discours. A un danger, je ne songe pas tant comment j'en eschapperay que combien peu il importe que j'en eschappe :

quand j'y demeurerois, que seroit ce? Ne pouvant reigler les evenemens, je me reigle moy-mesme; et m'applique à eux, s'ils ne s'appliquent à moy. Je n'ay guiere d'art pour sçavoir gauchir la fortune et luy eschapper ou la forcer, et pour dresser et conduire par prudence les choses à mon point. J'ay encore moins de patience pour supporter le soing aspre et penible qu'il faut à cela; et la plus penible assiete pour moy, c'est estre suspens és choses qui pressent, et agité entre la crainte et l'esperance.

Le deliberer, voire és choses plus legieres, m'importune; et sens mon esprit plus empesché à souffrir le branle et les secousses diverses du doute et de la consultation, qu'à se rassoir et resoudre à quelque party que ce soit, aprés que la chance est livrée. Peu de passions m'ont troublé le sommeil; mais, des deliberations, la moindre me le trouble. Tout ainsi que des chemins, j'en evite volontiers les costez pandans et glissans, et me jette dans le battu le plus boueux et enfondrant, d'où je ne puisse aller plus bas, et y cherche seurté: aussi j'ayme les malheurs tous purs, qui ne m'exercent et tracassent plus aprés l'incertitude de leur rabillage, et qui du premier saut me jettent droictement en la souffrance. Aux evenemens je me porte virilement, en la conduicte puerillement: l'horreur de la cheute me donne plus de fiebvre que le coup. Le jeu ne vaut pas la chandelle: l'avaritieux a plus mauvais conte de sa passion que n'a le pauvre, et le jaloux que le cocu; et y a moins de mal souvant à perdre sa vigne qu'à la plaider. La plus basse marche est la plus ferme: c'est le siege de la constance; vous n'y avez besoing que de vous; elle se fonde là, et appuye toute en soy. Cet exemple d'un gentil'homme que plusieurs ont cogneu a il pas quelque air philosophique? Il se maria bien avant en l'aage, ayant passé en bon compaignon sa jeunesse, grand diseur, grand gaudisseur. Se souvenant combien la matiere de cornardise luy avoit donné dequoy parler et se moquer des autres, pour se mettre à couvert, il espousa une femme qu'il print au lieu où chacun en trouve pour son argent, et dressa avec elle ses alliances : « Bon jour, putain;—Bon jour, cocu »; et n'est chose dequoy plus souvent et ouvertement il entretint chez luy les survenans que de ce sien dessein : par où il bridoit les occultes caquets des moqueurs, et esmoussoit la pointe de ce reproche.

Quant à l'ambition, qui est voisine de la presumption, ou fille plustost, il eut fallu, pour m'advancer, que la fortune me fut venu querir par le poing; car de me mettre en peine pour un' esperance incertaine, et me soubmettre à toutes les difficultez qui accompaignent ceux qui cerchent à se pousser en credit sur le commencement de leur progrez, je ne l'eusse sceu faire :

Spem pretio non emo.

Je m'atache à ce que je voy et que je tiens, et ne m'eslongne guiere du port :

Alter remus aquas, alter tibi radat arenas.

Et puis on n'arrive guiere à ces avancements qu'en hazardant premierement le sien; et je suis d'advis que, si ce qu'on a suffit à maintenir la condition en laquelle on est nay et dressé, c'est folie d'en lâcher la prise sur l'incertitude de l'augmenter. Celuy à qui la fortune refuse dequoy planter son pied et establir un estre tranquille et reposé, il est pardonnable s'il jette au hazard ce qu'il a, puis qu'ainsi comme ainsi la necessité l'envoye à la queste. Et j'excuse plustost un cabdet de mettre sa legitime au vent, que celuy à qui l'honneur de la maison est en charge, qu'on ne peut voir necessiteux qu'à sa faute. J'ay bien trouvé le chemin plus court et plus aisé, avec le conseil de mes bons amis du temps passé, de me défaire de ce desir et de me tenir coy ;

Cui sit conditio dulcis sine pulvere palmæ :

jugeant aussi bien sainement de mes forces, qu'elles n'estoient pas capables de grandes choses, et me souvenant de ce mot du feu chancelier Olivier, « que les François sembloient des guenons qui vont grimpant contremont un arbre, de branche en branche, et ne cessent d'aller jusques à ce qu'elles sont arrivées à la plus haute branche, et y monstrent le cul quand elles y sont. »

Turpe est, quod nequeas, capiti committere pondus,
Et pressum inflexo mox dare terga genu.

Les qualitez mesmes qui sont en moy non reprochables, je les trouvois inutiles en ce siecle. La facilité de mes meurs, on l'eut nommée lâcheté et foiblesse ; la foy et la conscience s'y fussent trouvées scrupuleuses et superstitieuses ; la franchise et la liberté, importune, inconsiderée et temeraire. A quelque chose sert le mal'heur. Il fait bon naistre en un siecle fort depravé ; car, par comparaison d'autruy, vous estes estimé vertueux à bon marché. Qui n'est que parricide en mon temps et sacrilege, il est homme de bien et d'honneur :

> *Nunc, si depositum non inficiatur amicus,*
> *Si reddat veterem cum tota ærugine follem,*
> *Prodigiosa fides et Tuscis digna libellis,*
> *Quæque coronata lustrari debeat agna*

et ne fut jamais temps et lieu où il y eust pour les princes loyer plus certain et plus grand proposé à la bonté et à la justice. Le premier qui s'avisera de se pousser en faveur et en credit par cette voye là, je suis bien deceu si à bon conte il ne devance ses compaignons. La force, la violance, peuvent quelque chose, mais non pas tousjours tout.

Par cette proportion, j'eusse esté moderé en mes vengeances, mol au resentiment des offences, trés-constant et religieux en l'observance de ma parolle, ny double, ny souple, ny accommodant ma foy à la volonté d'autruy et aux occasions : j'eusse plustost laissé rompre le col aux affaires que de plier ma foy et ma conscience à leur service. Car, quant à cette nouvelle vertu de faintise et de dissimulation qui est à cest' heure si fort en credit, je la hay capitallement ; et, de tous les vices, je n'en trouve aucun qui tesmoigne tant de lâcheté et bassesse de cœur.

C'est un' humeur couarde et servile de s'aller desguiser et cacher sous un masque, de n'oser se faire veoir tel qu'on est, et de n'oser montrer en publicq son visage. C'est par là que nos hommes se dressent à la perfidie : estants duicts à produire des parolles fauces, ils ne font pas conscience d'y manquer. Un cœur genereux et noble ne doit point desmentir ses pensées; il se veut faire voir jusques au dedans tel qu'il est, car il n'y a rien qui ne soit digne d'estre veu. Apollonius disoit que c'estoit aux serfs de mantir, et aux libres de dire verité. Il ne faut pas tousjours dire tout, car ce seroit sottise; mais ce qu'on dit, il faut qu'il soit tel qu'on le pense, autrement c'est meschanceté. Je ne sçay quelle commodité ils attendent de se faindre et contrefaire sans cesse, si ce n'est de n'en estre pas creus lors même qu'ils disent verité, cela peut tromper une fois ou deux les hommes; mais de faire profession de se tenir couvert, et se vanter, comme ont faict aucuns de nos princes, qu'« ils jetteroient leur chemise au feu si elle estoit participante de leurs vrayes intentions », qui est un mot de l'ancien Metellus Macedonicus, et que « qui ne sçait se faindre ne sçait pas regner », c'est tenir advertis ceux qui ont à les praticquer que ce n'est que piperie et mensonge qu'ils disent. Ce seroit une grande simplesse à qui se lairroit amuser ny au visage ny aux parolles de celuy qui faict estat d'estre tousjours autre au dehors qu'il n'est au dedans, comme faisoit Tibere; et ne sçay quelle part telles gens peuvent avoir au commerce des hommes, ne produisans rien qui soit receu pour argent contant. Qui est desloyal envers la verité l'est aussi envers le mensonge.

Or, de ma part, j'ayme mieux estre importun et indiscret que flateur et dissimulé. J'advoue qu'il se peut mesler quelque pointe de fierté et d'opiniastreté à se tenir ainsin entier et ouvert sans consideration d'autruy; et me semble que je deviens un peu plus libre où il le faudroit moins estre, et que je m'eschaufe par l'opposition du respect. Il peut estre aussi que je me laisse aller aprés ma nature à faute d'art. Presentant aux grands cette mesme licence de langue et de contenance que j'apporte de ma maison, je sens combien elle decline vers l'indiscretion et incivilité; mais, outre ce que je suis ainsi faict, je n'ay pas l'esprit assez souple pour gauchir à une prompte demande et pour en eschaper par quelque destour, ny pour feindre une verité, ny assez de memoire pour la retenir ainsi feinte, ny certes assez d'asseurance pour la maintenir, et fois le brave par foiblesse. Parquoy je m'abandonne à la nayfveté et à tousjours dire ce que je pense, et par complexion, et par discours, laissant à la fortune d'en conduire l'evenement.

C'est un outil de merveilleux service que la memoire, et sans lequel le jugement faict bien à peine son office; elle me manque du tout. Ce qu'on me voudroit proposer, il faudroit que ce fust à parcelles, car de respondre à un propos où il y eut plusieurs divers chefs, il n'est pas en ma puissance. Je ne sçaurois recevoir une charge sans tablettes; et quand j'ay un propos de consequence à tenir, s'il est de longue haleine, je suis reduit à cette vile necessité d'apprendre par cœur ce que j'ay à dire; autrement je n'auroy ny façon ny asseurance, estant en crainte que ma memoire vint à me faire un mauvais tour. Or, plus je m'en defie, plus elle se trouble; elle me sert mieux par rencontre. Il faut que je la solicite nonchalamment : car si je la presse elle s'estonne; et depuis qu'ell' a commencé à chanceler, plus je la presse plus elle s'empestre et embarrasse : elle me sert à son heure, non pas à la mienne.

Ce que je sens en la memoire, je le sens en plusieurs autres parties. Je fuis le commandement, l'obligation et la contrainte. Ce que je fais ayséement et naturellement, si je m'ordonne de le faire par une expresse et prescrite ordonnance, je ne le sçay plus faire. Au corps mesme, les membres qui ont quelque liberté et jurisdiction plus particuliere sur eux me refusent leur obeyssance, quand je les destine et attache à certain point et heure de service necessaire. Cette preordonnance contrainte et tyrannique les rebute; ils se croupissent d'effroy ou de despit, et se transissent. Autresfois, estant en lieu où c'est discourtoisie barbaresque de ne respondre à ceux qui vous convient à boire, quoi qu'on m'y traitast avec toute liberté, j'essaiay de faire le bon compaignon en faveur des dames qui estoient de la partie, selon l'usage du pays; mais il y eust du plaisir, car cette menasse et preparation d'avoir à m'efforcer outre ma coustume et mon naturel m'estoupa de maniere le gosier que je ne sceuz avaller une seule goute, et fus privé de boire pour le besoing mesme de mon repas : je me trouvay saoul et desalteré par tant de brevage que mon imagination avoit preoccupé. Cet effaict est plus apparent en ceux qui ont l'imagination plus vehemente et puissante; mais il est pourtant naturel, et n'est nul qui ne s'en ressante aucunement. On offroit à un excellant archer condamné à la mort de luy sauver la vie, s'il vouloit faire voir quelque notable preuve de son art : il refusa de s'en essayer, craignant que la trop grande contention de sa volonté luy fit fourvoier la main, et qu'au lieu de sauver sa vie, il perdit encore la reputation qu'il avoit acquise au tirer de l'arc. Un homme qui pense ailleurs ne faudra point, à un pousse prés, de refaire tousjours un mesme nombre et mesure de pas au lieu où il se promene; mais s'il y est avec intention de les mesurer et conter, il trouvera que ce qu'il faisoit par nature et par hazard, il ne le faira pas si exactement par dessein.

Ma librerie, qui est des belles entre les libreries de village, est assise à un coin de ma maison. S'il me tombe en fantasie chose que j'y veuille aller cercher ou escrire, de peur qu'elle ne m'eschappe en traversant seulement ma court, il faut que je la donne en garde à quelqu'autre. Si je m'enhardis, en parlant, à me destourner tant soit peu de mon fil, je ne faux jamais de le perdre : qui faict que je me tiens, en mes discours, contraint, sec et resserré. Les gens qui me servent, il faut que je les appelle par le nom de leurs charges ou de leur pays, car il m'est trés-malaisé de retenir des noms. Je diray bien qu'il a trois syllabes, que le son en est rude, qu'il commence ou termine par telle lettre; et si je durois à vivre long temps, je ne croy pas que je n'oubliasse mon nom propre, comme ont faict d'autres. Messala Corvinus fut deux ans n'ayant trace aucune de memoire; et pour mon interest, je rumine souvent quelle vie c'estoit que la sienne, et si sans cette piece il me restera assez pour me soustenir avec quelque aisance; et, y regardant de prés, je crains que ce defaut, s'il est parfaict, perde quasi toutes les functions de l'ame :

Plenus rimarum sum, hac atque illac effluo.

Il m'est advenu plus d'une fois d'oublier le mot que j'avois donné, ou receu d'un autre. C'est le receptacle et l'estuy de la science que la memoire : l'ayant si deffaillante, je n'ay pas fort à me plaindre si je ne sçay guere. Je sçay en general le nom des arts et ce dequoy elles traictent, mais rien au delà. Je feuillette les livres, je ne les estudie pas : ce qui m'en demeure, c'est chose que je reconnois plus estre d'autruy, c'est cela seulement dequoy mon jugement a faict son profict. Les discours et les imaginations dequoy il s'est imbu, l'hauteur, le lieu, les mots et autres circonstances, je les oublie incontinent; et suis si excellent en l'oubliance que mes escrits mesmes et compositions je ne les oublie pas moins que le reste. On m'allegue tous les coups à moy-mesme sans que je le sente : qui voudroit sçavoir d'où sont les vers et exemples que j'ay icy entassez me mettroit en peine de le luy dire; et si ne les ay mendiez qu'és portes nobles et fameuses, ne me contentant pas qu'ils fussent riches, s'ils ne venoient encore de main riche et honorable : l'authorité y concurre quant et la raison.

Outre le deffaut de la memoire, j'en ay d'autres qui aydent beaucoup à mon ignorance : j'ay l'esprit tardif et mousse; le moindre nuage luy arreste sa pointe, en façon que (pour exemple) je ne luy proposay jamais enigme si aisé qu'il sceut desvelopper. Il n'est si vaine subtilité qui ne m'empesche; aux jeux où l'esprit a sa part, des échecs, des cartes, des dames et autres, je n'y comprens que les plus grossiers traicts. L'apprehension, je l'ay lente et embrouillée; mais ce qu'elle tient une fois, elle le tient bien et l'embrasse bien universellement, estroitement et profondement, pour le temps qu'elle le tient. J'ay la veuë longue, saine et entiere, mais qui se lasse aiséement au travail et se charge; à cette occasion, je ne puis avoir commerce avec les livres que par le moyen du service d'autruy. Le jeune Pline instruira ceux qui ne l'ont essayé combien ce retardement est important à ceux qui s'adonnent à cette occupation.

Il n'est point ame si chetifve et brutale en laquelle on ne voye reluire quelque faculté particuliere; il n'y en a point de si ensevelie qui ne face une saillie par quelque coin. Et comment cela advienne qu'une ame, aveugle et endormie à toutes autres choses, se trouve vifve, claire et excellente à certain particulier effect, il s'en faut enquerir aux maistres; mais les belles ames, ce sont les ames universelles, ouvertes et prestes à tout : ce que je dy pour accuser la mienne; car, soit par foiblesse ou nonchalance (et de mettre à nonchaloir ce qui est à nos pieds, ce que nous avons entre-mains, ce qui regarde de plus prés le service de nostre vie, c'est à mon advis une bien lourde faute), il n'en est point une si inepte et si ignorante que la mienne de plusieurs telles choses vulgaires et qui ne se peuvent sans honte ignorer. Il faut que j'en conte quelques exemples.

Je suis né et nourry aux champs et parmy le labourage; j'ay des affaires et du mesnage en main, depuis que ceux qui me devançoient en la possession des biens que je jouys m'ont quitté leur place. Or je ne sçay conter ny à get ny à plume : la pluspart de nos monnoyes, je ne les connoy pas; ny ne sçay la difference de l'un grain à l'autre, ny en la terre, ny au grenier, si elle n'est pas trop apparente, ny à peine celle d'entre les choux et les laictues de mon jardin. Je n'entens pas seulement les noms des premiers outils du mesnage, ny les plus grossiers principes de l'agriculture, et que les enfans sçavent; moins aux arts mechaniques, en la trafique et en la connoissance des estoffes, diversité et nature des fruicts, de vins, de viandes, ny à dresser un oiseau, ny à medeciner un cheval ou un chien. Et, puis qu'il me faut faire la honte toute entiere, il n'y a pas un mois qu'on me surprint ignorant dequoy le levain servoit à faire du pain. On conjectura anciennement à Athenes une inclination à la mathematique en celuy à qui on voioit ingenieusement agencer et fagotter une charge de brossailles. Vrayement on tireroit de moy une bien contraire conclusion : car qu'on me donne tout l'apprest d'une cuisine, me voilà à la faim.

Par ces traits de ma confession, on en peut imaginer d'autres à mes despens; mais quel que je me face connoistre, pourveu que je me face connoistre tel que je suis, je fay mon effect; et si ne m'excuse pas d'oser mettre par escrit des propos si ineptes et frivoles que ceux-cy. La bassesse du sujet, qui est moy, n'en peut souffrir de plus pleins et solides; et, au demeurant, c'est une humeur nouvelle et fantastique qui me presse, il la faut laisser courir. Tant y a que, sans l'advertissement d'autruy, je voy assez ce peu que tout cecy vaut et poise, et la hardiesse et temerité de mon dessein. C'est assez que mon jugement ne se defferre poinct, duquel ce sont icy les essais :

> *Nasutus sis usque licet, sis denique nasus,*
> *Quantum noluerit ferre rogatus Athlas,*

> *Et possis ipsum tu deridere Latinum,*
> *Non potes in nugas dicere plura meas*
> *Ipse ego quam dixi : quid dentem dente juvabit*
> *Rodere ? carne opus est, si satur esse velis.*
> *Ne perdas operam : qui se mirantur, in illos*
> *Virus habe; nos hæc novimus esse nihil.*

Je ne suis pas obligé à ne dire point de sottises, prouveu que je ne me trompe pas à les mesconnoistre; et de faillir à mon escient, cela m'est si ordinaire que je ne faux guere d'autre façon, je ne faux guere fortuitement. C'est peu de chose de prester à la temerité de mes humeurs les actions ineptes, puis que je ne me puis pas deffendre d'y prester ordinairement les vitieuses.

Je vis un jour, à Barleduc, qu'on presentoit au roy François second, pour la recommandation de la memoire de René, roy de Sicile, un pourtraict qu'il avoit luy-mesmes fait de soy. Pourquoy n'est-il loisible de mesme à un chacun de se peindre de la plume comme il se peignoit d'un creon? et ne puis-je representer ce que je trouve de moy, quel qu'il soit? Je ne veux donc pas oublier encor cette cicatrice, bien mal propre à produire en public : c'est l'irresolution, qui est un vice trés-incommode à la negociation des affaires du monde; je ne sçay pas prendre party és entreprinses doubteuses :

> Ne si, ne no, nel cor mi suona intero.

Je sçay bien soustenir une opinion, mais non pas la choisir. Par ce que és choses humaines, à quelque bande qu'on panche, il se presente force apparences qui nous y confirment, de quelque costé que je me tourne, je me fournis tousjours assez de raisons et de vray-semblance pour m'y maintenir : ainsi j'arreste chez moy le doubte et la liberté de choisir, jusques à ce que l'occasion me presse ; et lors, à confesser la verité, je jette le plus souvent la plume au vent, comme on dict, c'est à dire je m'abandonne à la mercy de la fortune ; une bien legere inclination et circonstance m'emporte :

Dum in dubio est animus, paulo momento huc atque illuc impellitur.

L'incertitude de mon jugement est si également balancée en la pluspart des occurrences, que je compromettrois volontiers à la decision du sort et des dets ; et remarque avec une grande consideration de nostre foiblesse humaine les exemples que l'histoire divine mesme nous a laissez de cet usage de remettre à la fortune et au hazard la determination des élections és choses doubteuses : *sors cecidit super Mathiam.* Ainsi, je ne suis propre qu'à suyvre, et me laisse aysément emporter à la foule : je ne me fie pas assez en mes forces pour entreprendre de commander, ny guider, ny mesme conseiller ; je suis bien aise de trouver mes pas trassez par autruy. S'il faut courre le hazard d'un chois incertain, j'ayme mieux que ce soit soubs un autre, qui s'asseure plus de ses opinions et les espouse plus que je ne fay les miennes, ausquelles je trouve le fondement et le plant glissant.

Et si suis difficile au change, d'autant que j'apperçois aux opinions contraires une pareille foiblesse. Notamment aux affaires politiques, il me semble qu'il y a un beau champ ouvert au bransle et à la contestation :

> *Justa pari premitur veluti cum pondere libra*
> *Prona, nec hac plus parte sedet, nec surgit ab illa.*

Les discours de Machiavel, pour exemple, estoient assez solides pour le subject, si y a-il eu grand' aisance à les combatre; et ceux qui les ont combatus n'ont pas laissé moins de facillité à combatre les leurs. Il s'y trouveroit tousjours, à un tel argument, dequoy y fournir responses, dupliques, repliques, tripliques, quadrupliques, et cette infinie contexture de debats que nostre chicane a alongé tant qu'elle a peu en faveur des procez;

> *Cædimur, et totidem plagis consumimus hostem :*

les raisons n'y ayant guere autre fondement que l'experience, et la diversité des evenements humains nous fournissant infinis exemples à toute sorte de visages. Un sçavant personnage de nostre temps dit qu'en nos almanacs, où ils disent chaud, qui voudra dire froid, et au lieu de sec, humide, et mettre tousjours le rebours de ce qu'ils pronostiquent, s'il devoit entrer en gageure de l'evenement de l'un ou l'autre, qu'il ne se soucieroit pas quel party il print, sauf és choses où il n'y peut eschoir incertitude, comme de promettre à Noel des chaleurs extremes, et à la sainct Jean des rigueurs de l'hiver. J'en pense de mesmes de ces discours politiques : à quelque rolle qu'on vous mette, vous avez aussi beau jeu que vostre compagnon, pourveu que vous ne venez à choquer les principes trop grossiers et apparens. Et pourtant, selon mon humeur, és affaires publiques, il n'est aucun si mauvais train, pourveu qu'il aye de l'aage et de la constance, qui ne vaille mieux que le changement et le remuement. Nos meurs sont extremement corrompuës, et panchent d'une merveilleuse inclination vers l'empirement; de nos loix et usances, il y en a plusieurs barbares et monstrueuses : toutesfois, pour la difficulté de nous mettre en meilleur estat et le danger de ce crollement, si je pouvoy mettre une cheville à nostre roüe et l'arrester en ce point, je le ferois de bon cœur :

*Nunquam adeo fœdis adeoque pudendis
Utimur exemplis ut non pejora supersint.*

Le pis que je trouve en nostre estat, c'est l'instabilité; et que nos loix, non plus que nos vestemens, ne peuvent prendre aucune forme arrestée. Il est bien aisé d'accuser d'imperfection une police, car toutes choses mortelles en sont pleines; il est bien aisé d'engendrer à un peuple le mespris de ses anciennes observances, jamais homme n'entreprint ce rolle qui n'en vint à bout; mais d'y restablir un meilleur estat en la place de celuy qu'on a ruiné, à cela plusieurs se sont morfondus de ceux qui l'avoient entreprins.

Somme, pour revenir à moy, ce seul par où je m'estime quelque chose, c'est ce en quoy jamais homme ne s'estima deffaillant : ma recommendation est vulgaire, commune et populaire, car qui a jamais cuidé avoir faute de jugement? Ce seroit une proposition qui impliqueroit en soy de la contradiction : s'accuser en ce subject là ce seroit se justifier, et se condamner ce seroit s'absoudre. Il ne fut jamais crocheteur ny femmelette qui ne pensast avoir assez de sens pour sa provision. Nous reconnoissons ayséement és autres l'advantage du courage, de la force, de l'experience, de la disposition, de la beauté et de la noblesse; mais l'advantage du jugement, nous ne le cedons à personne, et les raisons qui partent du simple discours naturel en autruy, il nous semble qu'elles sont nostres. La science, le stile et telles autres parties que nous voyons és ouvrages estrangers, nous sentons bien aiséement si elles surpassent nos forces; mais les simples productions du discours et de l'entendement, chacun pense qu'il estoit en luy de les trouver toutes pareilles, et en apperçoit malaisément le poids et la difficulté. Ainsi, c'est une sorte d'exercitation de laquelle on doit esperer fort peu de recommandation et de louange, et une nature de composition de peu de credit. Le plus sot homme du monde pense avoir autant d'entendement que le plus habile. Voilà pourquoy on dit communément que le plus juste partage que nature nous aye fait de ses graces, c'est celuy du jugement, car il n'est aucun qui ne se contente de ce qu'elle luy en a distribué.

Je pense avoir les opinions bonnes et saines; mais qui n'en croit autant des siennes? L'une des meilleures preuves que j'en aye, c'est le peu d'estime que je fay de moy : car, si elles n'eussent esté bien asseurées, elles se fussent aisément laissées pipper à l'affection que je me porte singuliere, comme celuy qui la ramene quasi toute à moy et qui ne l'espands gueres hors de là. Tout ce que les autres en distribuent à une infinie multitude d'amis et de connoissans, à leur gloire, à leur grandeur, je le rapporte tout à ma santé, au repos de mon esprit et à moy. Ce qui m'en eschappe ailleurs, ce n'est pas proprement de l'ordonnance de mon discours :

Mihi nempe valere et vivere doctus.

Or, mes opinions, je les trouve infiniement hardies et constantes à condamner mon insuffisance. De vray, c'est aussi un subject auquel j'exerce mon jugement autant qu'à aucun autre. Le monde regarde tousjours vis à vis; moy, je renverse ma veue au dedans, je la plante, je l'amuse là. Chacun regarde devant soy; moy, je regarde dedans moy : je n'ay affaire qu'à moy, je me considere sans cesse, je me contrerolle, je me gouste. Les autres vont tousjours ailleurs, s'ils y pensent bien; ils vont tousjours avant :

Nemo in sese tentat descendere:

moy, je me roulle en moy mesme. Cette capacité de trier le vray, quelle qu'elle soit en moy, et cett'humeur libre de n'assubjectir aisément ma creance, je la dois principalement à moy; car les plus fermes imaginations que j'aye, et generalles, sont celles qui par maniere de dire nasquirent avec moy : elles sont naturelles et toutes miennes. Je les produisis crues et simples, d'une production hardie et genereuse, mais un peu trouble et imparfaicte. Depuis, je les ay establies et fortifiées par l'authorité d'autruy et par les sains discours des anciens ausquels je me suis rencontré conforme en jugement; ceux-là me les ont mises en main et m'en ont donné la jouyssance et possession entiere. La recommandation que chacun cherche de vivacité et promptitude d'esprit, je la pretendrois du reglement; d'une action esclatante et signalée ou de quelque particuliere suffisance, je la pretendrois de l'ordre, correspondance et tranquillité du jugement et des meurs.

Voylà donq jusques où je me sens coulpable de cette premiere partie que je disois estre au vice de la presomption. Pour la seconde, qui consiste à n'estimer poinct assez autruy, je ne sçay si je m'en puis si bien excuser : car, quoy qu'il me couste, je delibere de dire ce qui en est. A l'adventure que le commerce continuel que j'ay avec les humeurs anciennes, et l'idée de ces riches ames du temps passé, me dégouste et d'autruy et de moy mesme; ou bien que, à la vérité, nous vivons en un siecle qui ne produict les choses que bien mediocres : tant y a que je ne connoy rien digne de grande admiration. Aussi ne connoy-je guiere d'hommes avec telle privauté qu'il faut pour en pouvoir juger; et ceux ausquels ma condition me mesle plus ordinairement sont pour la pluspart gens qui ont peu de soing de la culture de l'ame, et ausquels on ne propose pour toute beatitude que l'honneur, et pour toute perfection que la vaillance.

Ce que je voy de beau en autruy, je le loüe et l'estime trés-volontiers : voire j'encheris souvent sur ce que j'en pense, et me permets de mentir jusques là, car je n'ayme point à inventer un subject faux. Je tesmoigne volontiers de mes amis par ce que j'y trouve de loüable, et d'un pied de valeur j'en fay volontiers un pied et demy; mais de leur prester les qualitez qui n'y sont pas, je ne puis, ny les defendre ouvertement des imperfections qu'ils ont : voyre à mes ennemis, je rens nettement ce que je dois de tesmoignage d'honneur, et ne confons point ma querelle avec autres circonstances qui n'en sont pas; et suis tant jaloux de la liberté de mon jugement que mal ayséement la puis-je quitter pour passion que ce soit.

Je connoy des hommes assez qui ont diverses parties belles, qui l'esprit, qui le cœur, qui l'adresse, qui la conscience, qui le langage, qui une science, qui un'autre; mais de grand homme en general, non pas parfaict, mais encore ayant tant de belles pieces ensemble, ou une en tel degré d'excellence qu'on s'en doive estonner ou le comparer à ceux que nous honorons du temps passé, ma fortune ne m'en a fait voir nul. Et le plus grand que j'aye conneu, je di des parties naturelles de l'ame, et le mieux né, c'estoit Estienne de la Boëtie : c'estoit vrayement un'ame pleine et qui montroit un beau visage à tout sens, un'ame à la vieille marque et qui eut produit de grands effects si sa fortune l'eust voulu, ayant beaucoup adjousté à ce riche naturel par science et estude.

Mais je ne sçay comment il advient, ce me semble, qu'il se trouve autant de vanité et de foiblesse d'entendement en ceux qui font profession d'avoir plus de suffisance, qui se meslent de vacations lettrées et de charges qui despendent des livres et de la science, qu'en nulle autre sorte de gens; ou bien par ce que on requiert et attend plus d'eux que des ignorans, et qu'on ne peut excuser en eux les fautes communes; ou bien que l'opinion du sçavoir leur donne plus de hardiesse de se produire et de se descouvrir trop avant, par où ils se gastent et se trahissent : comme un artisan tesmoigne bien mieux sa bestise en une riche matiere qu'il ait entre mains, s'il l'accommode et mesle sottement et contre les regles de son ouvrage, qu'en une matiere vile; et s'offence l'on plus du defaut en une statue d'or qu'en celle qui est de plastre : ceux cy en font autant lors qu'ils mettent en avant des choses qui d'elles mesmes et en leur lieu seroyent bonnes; car ils s'en servent hors de propos, sans discretion et sans suite, faisans honneur à leur memoire aux despens de leur entendement. Ils font honneur à Cicero, à Galien, à Ulpian et à saint Hierosme, et eux se rendent ridicules.

Je retombe volontiers sur ce discours de l'ineptie de nostre institution. Elle a eu pour sa fin de nous faire non bons et sages, mais sçavans : elle y est arrivée. Elle ne nous a pas apris de suyvre et embrasser la vertu et la prudence, mais elle nous en a imprimé la derivation et l'etymologie. Nous sçavons decliner Vertu, si nous ne sçavons l'aymer. Si nous ne sçavons que c'est que prudence par effect et par experience, nous le sçavons par jargon et par cœur. De nos voisins, nous ne nous contentons pas d'en sçavoir la race, les parentelles et les alliances, nous les voulons avoir pour amis et dresser avec eux quelque conversation et intelligence. Elle nous a apris les deffinitions, les divisions et particions de la vertu comme des surnoms et branches d'une genealogie, sans avoir autre soing de dresser entre nous et elle quelque pratique de familiarité et de privée acointance; elle nous a choisi pour nostre aprentissage non les livres qui ont les opinions plus saines et plus vrayes, mais ceux qui parlent le meilleur grec et latin, et parmy ses beaux mots nous a fait couler en la fantasie les plus vaines humeurs de l'antiquité.

Une bonne institution, elle change le jugement et les meurs, comme il advint à Polemon, ce jeune homme grec debauché, qui, estant allé ouïr par rencontre une leçon de philosophie, ne remerqua pas seulement l'eloquence et la suffisance du lecteur, et n'en rapporta pas seulement en la maison la science de quelque beau discours, mais un fruit plus apparent et plus solide, qui fut le soudain changement et amendement de sa premiere vie. Qui a jamais senti un tel effect de nostre discipline?

> *Faciasne quod olim*
> *Mutatus Polemon? ponas insignia morbi,*
> *Fasciolas, cubital, focalia, potus ut ille*
> *Dicitur ex collo furtim carpsisse coronas,*
> *Postquam est impransi correptus voce magistri?*

Les plus rares hommes que j'aye jugé par les apparences externes (car pour les juger à ma mode il les faudroit esclerer de plus prés), ce ont esté, pour le faict de la guerre et suffisance militaire, le duc de Guyse, qui mourut à Orleans, et le feu mareschal Strozzi ; pour gens suffisans et de vertu non commune, Olivier et L'Hospital, chanceliers de France. Il me semble aussi de la poësie qu'elle a eu sa vogue en nostre siecle ; nous avons foison de bons artisans de ce mestier-là, Aurat, Beze, Buchanan, L'Hospital, Mont-doré, Turnebus. Quant aux François, je pense qu'ils l'ont montée au plus haut degré où elle sera jamais ; et aux parties en quoy Ronsart et du Bellay excellent, je ne les treuve guieres esloignez de la perfection ancienne. Adrianus Turnebus sçavoit plus et sçavoit mieux ce qu'il sçavoit que homme qui fut de son siecle ny loing au delà. Les vies du duc d'Albe, dernier mort, et de nostre connestable de Mommorancy, ont esté des vies nobles et qui ont eu plusieurs rares ressemblances de fortune ; mais la beauté et la gloire de la mort de cettuy-cy, à la veuë de Paris et de son roy, pour son service, contre ses plus proches, à la teste d'une armée victorieuse par sa conduitte et d'un coup de main, en si extreme vieillesse, me semble meriter qu'on la loge entre les remercables evenemens de mon temps.

Les autres vertus ont eu peu ou point de mise en ce temps ; mais la vaillance, elle est devenue populaire par noz guerres civiles ; et en cette partie il se trouve parmy nous des ames fermes jusques à la perfection et en grand nombre, si que le triage en est impossible à faire.

Voylà tout ce que j'ay connu, jusques à cette heure, d'extraordinaire grandeur et non commune.

CHAPITRE XVIII.

Du Dementir.

Voire maïs, on me dira que ce dessein de se servir de soy-mesmes pour subject à escrire seroit excusable à des hommes rares et fameux, qui par leur reputation auroyent donné quelque desir de leur cognoissance. Il est certain, je l'advoüe et sçay bien que, pour voir un homme de la commune façon, à peine qu'un artisan leve les yeux de sa besongne, là où, pour voir un personnage grand et signalé arriver en une ville, les ouvroirs et les boutiques s'abandonnent. Il messiet à tout autre de se faire cognoistre qu'à celuy qui a dequoy se faire imiter, et duquel la vie et les opinions peuvent servir d'exemple et de patron. Cæsar et Xenophon ont eu dequoy fonder et fermir leur narration en la grandeur de leurs gestes comme en une baze massive et solide. Ainsi sont à souhaiter les papiers journaux du grand Alexandre, les commentaires qu'Auguste, Sylla, Brutus et autres avoyent laissé de leurs gestes. De telles gens on ayme et estudie les figures, en cuyvre mesmes et en pierre.

Cette remonstrance est trés-vraie, mais elle ne me touche que bien peu :

> *Non recito cuiquam, nisi amicis, idque rogatus,*
> *Non ubivis, coramve quibuslibet. In medio qui*
> *Scripta foro recitent, sunt multi, quique lavantes.*

Je ne dresse pas icy une statue à planter au carrefour d'une ville, ou dans une eglise, ou place publique :

> *Non equidem hoc studeo, bullatis ut mihi nugis*
> *Pagina turgescat, dare pondus idonea fumo.*
> *Secreti loquimur :*

c'est pour la cacher au coin d'une librairie, et pour en amuser quelqu'un qui ait particulier interest à ma connoissance : un voisin, un parent, un amy, qui prendra plaisir à me racointer et repratiquer en cett' image. Les autres ont pris cœur de parler d'eux pour y avoir trouvé le subject digne et riche ; moy, au rebours, pour l'avoir trouvé si vain et si maigre qu'il n'y peut eschoir nul soupçon d'ostentation : je ne trouve pas tant de bien en moy que je ne le puisse dire sans rougir. Quel contentement me seroit ce d'ouir ainsi quelqu'un qui me recitast les meurs, la forme, les conditions et les fortunes de mes ancestres ! combien j'y serois attentif ! Vrayement cela partiroit d'une mauvaise nature, d'avoir à mespris les portraits mesmes de nos amis et predecesseurs, et de les desdaigner. Un poignard, un harnois, une espée, qui leur a servi, je les conserve pour l'amour d'eux, autant que je puis, de l'injure du temps. Si toutes-fois ma posterité est d'autre goust, j'auray bien dequoy me revencher ; car ils ne sçauroient faire moins de conte de moy que j'en feray d'eux en ce temps là. Tout le commerce que j'ay en cecy avec le publicq, c'est que j'ay esté contraint d'emprunter les utils de son escripture, pour estre plus soudaine et plus aisée ; il m'a fallu jetter en moule cette image, pour m'exempter la peine d'en faire faire plusieurs extraits à la main. En recompense de cette commodité que j'en ay emprunté, j'espere luy faire ce service d'empescher,

Ne toga cordyllis, ne penula desit olivis;

Et laxas scombris sæpe dabo tunicas.

Mais, à dire vray, à qui croyrions nous parlant de soy, en une saison si gastée? veu qu'il en est fort peu, ou point, à qui nous puissions croire parlants d'autruy, où il y a moins d'interest à mentir. Le premier traict de la corruption des mœurs, c'est le bannissement de la verité : car, comme disoit Pindare, l'estre veritable est le commencement d'une grande vertu. Nostre verité de maintenant, ce n'est pas ce qui est, mais ce qui se persuade à autruy : comme nous appellons monnoye non celle qui est loyalle seulement, mais la fauce aussi qui a mise. Nostre nation est de long temps reprochée de ce vice : car Salvianus Massiliensis, qui estoit du temps de Valentinian l'empereur, dict qu'« aux François le mentir et se parjurer ne leur est pas vice, mais une façon de parler ». Qui voudroit encherir sur ce tesmoignage, il pourroit dire que ce leur est à present vertu. On s'y forme, on s'y façonne, comme à un exercice d'honneur; car la dissimulation est des plus notables qualitez de ce siecle.

Ainsi, j'ay souvent consideré d'où pouvoit naistre cette coustume, que nous observons si religieusement, de nous sentir plus aigrement offencez du reproche de ce vice, qui nous est si ordinaire, que de nul autre; et que ce soit l'extreme injure qu'on nous puisse faire de parolle, que de nous reprocher la mensonge. Sur cela, je treuve qu'il est naturel de se defendre le plus des vices dequoy nous sommes le plus entachez. Il semble qu'en nous ressentans de l'accusation et nous en esmouvant, nous nous deschargeons aucunement de la coulpe; si nous l'avons par effect, aumoins nous la condamnons par apparence. Seroit ce pas aussi que ce reproche semble enveloper la couardise et lâcheté de cœur? En est-il de plus expresse que se desdire de sa parolle? quoy, se desdire de sa propre science? C'est un vilein vice que le mentir, et qu'un ancien peint bien honteusement quand il dict que « c'est donner tesmoignage de mespriser Dieu, et quand et quand de craindre les hommes. » Il n'est pas possible d'en representer plus richement l'horreur, la vilité et le desreglement : car que peut on imaginer plus monstrueux que d'estre couart à l'endroit des hommes, et brave à l'endroit de Dieu? Nostre intelligence se conduisant par la seule voye de la parolle, celuy qui la fauce trahit la société publique. C'est le seul util par le moien duquel se communiquent nos volontez et nos pensées, c'est le truchement de nostre ame: s'il nous faut, nous ne nous tenons plus, nous ne nous entreconnoissons plus; s'il nous trompe, il rompt tout nostre commerce et dissoult toutes les liaisons de nostre police. Certaines nations des nouvelles Indes (on n'a que faire d'en remarquer les noms, ils ne sont plus, car jusques à l'entier abolissement des noms et ancienne cognoissance des lieux s'est estandue la desolation de cette conqueste, d'un merveilleux exemple et inouy) offroyent à leurs dieux du sang humain, mais non autre que tiré de leur langue et oreilles, pour expiation du peché de la mensonge, tant ouye que prononcée. Ce bon compaignon de Grece disoit que les enfans s'amusent par osselets, et les hommes par les parolles.

Quant aux divers usages de nos démentirs, et les loix de nostre honneur en cela, et les changemens qu'elles ont receu, je remets à une autre-fois d'en dire ce que j'en pense; et apprendray cependant, si je puis, en quel temps print commencement cette coustume de si exactement poiser et mesurer les parolles, et d'y attacher nostre honneur : car il est aisé à juger qu'elle n'estoit pas anciennement entre les Romains et les Grecs; et m'a semblé souvent nouveau et estrange de les voir se démentir et s'injurer, sans entrer pourtant en querelle. Les loix de leur devoir prenoient quelque autre trein que les nostres. On appelle Cæsar tantost voleur, tantost yvrongne, à sa barbe. Nous voyons la liberté des invectives qu'ils font les uns contre les autres, je dy les plus grands chefs de guerre de l'une et l'autre nation, où les parolles se revenchent seulement par les parolles et ne se tirent à autre consequence.

CHAPITRE XIX

De la Liberté de conscience.

IL est ordinaire de voir les bonnes intentions, si elles sont conduites sans moderation, pousser les hommes à des effects trés-vitieux. En ce debat par lequel la France est à present agitée de guerres civiles, le meilleur et le plus sain party est sans doubte celuy qui maintient et la religion et la police ancienne du pays. Entre les gens de bien toutesfois qui le suyvent (car je ne parle point de ceux qui ne s'en servent que de pretexte pour, ou exercer leurs vengences particulieres, ou fournir à leur avarice, ou suyvre la faveur des princes; mais de ceux qui le font par vray zele envers leur religion et sainte affection à maintenir la paix et l'estat de leur patrie), de ceux-cy, dis-je, il s'en voit plusieurs que la passion pousse hors les bornes de la raison, et leur faict par fois prendre des conseils injustes, violents et encore temeraires.

Il est certain qu'en ces premiers temps que nostre religion commença à fleurir et à gaigner authorité et puissance avec les loix, le zele en arma plusieurs contre toutes sortes de livres paiens, dequoy les gens de lettre souffrent une merveilleuse perte. J'estime que ce desordre ait plus porté de nuysance aux lettres que tous les feux des barbares. Cornelius Tacitus en est un bon tesmoing : car quoy que l'empereur Tacitus, son parent, en eut peuplé par ordonnances expresses toutes les libreries du monde, toutes-fois un seul exemplaire entier n'a peu eschapper la curieuse recherche de ceux qui desiroyent l'abolir pour cinq ou six vaines clauses qu'il escrit contre nostre creance. Ils ont aussi eu cecy, aumoins aucuns, de prester aisément des louanges fauces à tous les empereurs qui faisoient pour nous, et condamner universellement toutes les actions de ceux qui nous estoient contraires, comme il est aisé à voir en l'empereur Julian, surnommé l'Apostat. C'estoit, à la verité, un trés-grand homme et rare, comme celuy qui avoit son ame vivement tainte des discours de la philosophie, ausquels il faisoit profession de regler et toucher toutes ses actions ; et, de vray, il n'est aucune sorte de vertu dequoy il n'ait laissé de trésnotables exemples. En chasteté (de laquelle le cours de sa vie donne bien cler tesmoignage), on lit de luy un pareil trait à celuy d'Alexandre et de Scipion, que de plusieurs tresbelles captives, il n'en voulut pas seulement voir une, estant en la fleur de son aage : car il fut tué par les Parthes, aagé de trente un an seulement. Quant à la justice, il prenoit luy-mesme la peine d'ouyr les parties ; et encore que par curiosité il s'informast à ceux qui se presentoient à luy de quelle religion ils estoient, toutesfois l'inimitié qu'il portoit à la nostre ne donnoit aucun contrepoix à la balance. Il fit luy mesme plusieurs bonnes loix, et retrancha une grande partie des subsides et impositions que levoient ses predecesseurs.

Nous avons deux bons historiens tesmoings oculaires de ses actions : l'un desquels, Marcellinus, reprend aigrement en divers lieux de son histoire cette sienne ordonnance par laquelle il deffendit l'escole et interdit l'enseigner à tous les rhetoriciens et grammairiens chrestiens, et dit qu'il souhaiteroit cette sienne action estre ensevelie soubs le silence. Il est vray-semblable, s'il eust fait quelque chose de plus aigre contre nous, qu'il ne l'eut pas oublié, estant bien affectionné à nostre party. Il nous estoit aspre, à la verité, mais non pourtant cruel ennemy; car nos gens mesmes recitent de luy cette histoire, que se promenant un jour autour de la ville de Chalcedoine, Maris, evesque du lieu, osa bien l'appeller meschant traistre à Christ, et qu'il n'en fit autre chose, sauf luy respondre: « Va, miserable, pleure la perte de tes yeux. » A quoy l'evesque encore repliqua: « Je rens graces à Jesus Christ de m'avoir osté la veuë, pour ne voir ton visage impudent » : affectant, disent-ils, en cela une patience philosophique. Tant y a que ce faict là ne se peut pas bien rapporter aux cruautez qu'on le dit avoir exercées contre nous. « Il estoit (dit Eutropius, mon autre tesmoing) ennemy de la chrestienté, mais sans toucher au sang. »

Et, pour revenir à sa justice, il n'est rien qu'on y puisse accuser que les rigueurs dequoy il usa, au commencement de son empire, contre ceux qui avoient suivy le party de Constantius, son predecesseur. Quant à sa sobrieté, il vivoit tousjours un vivre soldatesque, et se nourrissoit en pleine paix comme celuy qui se preparoit et accoustumoit tousjours à l'austerité de la guerre. La vigilance estoit telle en luy qu'il departoit la nuict à trois ou à quatre pieces, dont la moindre estoit celle qu'il donnoit au sommeil; le reste, il l'employoit à visiter luy mesme en personne l'estat de son armée et ses gardes, ou à estudier; car, entre autres siennes rares qualitez, il estoit trés-excellent en toute sorte de literature. On dict d'Alexandre le Grand, qu'estant couché, de peur que le sommeil ne le débauchat de ses pensemens et de ses estudes, il faisoit mettre un bassin joignant son lict, et tenoit l'une de ses mains au dehors, avec une boulette de cuivre, affin que, le sommeil le surprenant et relaschant les prises de ses doigts, cette boulette par le bruit de sa cheute dans le bassin le reveillat. Cettuy-cy avoit l'ame si tendue à ce qu'il vouloit, et si peu empeschée de fumées par sa singuliere abstinence, qu'il se passoit bien de cet artifice. Quant à la suffisance militaire, il fut admirable en toutes les parties d'un grand capitaine; aussi fut-il quasi toute sa vie en continuel exercice de guerre, et la pluspart avec nous en France contre les Allemans et Françons. Nous n'avons guere memoire d'homme qui ait veu plus de hazards, ny qui ait plus souvent faict preuve de sa personne.

Sa mort a quelque chose de pareil à celle d'Epaminondas; car il fut frappé d'un traict, et essaya de l'arracher, et l'eut fait sans ce que, le traict estant tranchant, il se couppa et affoiblit la main. Il demandoit incessamment qu'on le rapportat en ce mesme estat en la meslée pour y encourager ses soldats, lesquels contesterent cette bataille sans luy trescourageusement, jusques à ce que la nuict separa les armées. Il devoit à la philosophie un singulier mespris en quoy il avoit sa vie et les choses humaines. Il avoit ferme creance de l'eternité des ames.

En matiere de religion, il estoit vicieux partout; on l'a surnommé Apostat pour avoir abandonné la nostre: toutesfois cette opinion me semble plus vraysemblable qu'il ne l'avoit jamais euë au cœur, mais que pour l'obeissance des loix il s'estoit feint jusques à ce qu'il tint l'empire en sa main. Il fut si superstitieux en la sienne que ceux mesmes qui en estoient de son temps s'en mocquoient; et disoit-on, s'il eut gaigné la victoire contre les Parthes, qu'il eut fait tarir la race des beufs au monde pour satis-faire à ses sacrifices. Il estoit aussi embabouyné de la science divinatrice, et donnoit authorité à toute façon de prognostiques. Il dit entre autres choses, en mourant, qu'il sçavoit bon gré aux dieux et les remercioit dequoy ils ne l'avoyent pas voulu tuer par surprise, l'ayant de long temps adverty du lieu et heure de sa fin, ny d'une mort molle ou lâche, mieux convenable aux personnes oysives et delicates, ny languissante, longue et douloureuse; et qu'ils l'avoient trouvé digne de mourir de cette noble façon, sur le cours de ses victoires et en la fleur de sa gloire. De vray, il avoit eu une pareille vision à celle de Marcus Brutus, qui premierement le menassa en Gaule, et depuis se representa à luy en Perse sur le poinct de sa mort.

Et pour venir au propos de mon theme, il couvoit, dit Marcellinus, de long temps en son cœur le paganisme; mais par ce que toute son armée estoit de chrestiens, il ne l'osoit descouvrir. En fin, quand il se vit assez fort pour oser publier sa volonté, il fit ouvrir les temples des dieux, et s'essaya par tous moyens de mettre sus l'idolatrie. Pour parvenir à son effet, ayant rencontré en Constantinople le peuple descousu avec les prelats de l'Eglise chrestienne divisez, les ayant faict venir à luy au palais, les amonnesta instamment d'assoupir ces dissentions civiles, et que chacun sans empeschement et sans crainte servit à la religion : ce qu'il sollicitoit avec grand soing, pour l'esperance que cette licence augmenteroit les parts et les brigues de la division, et empescheroit le peuple de se reunir et de se fortifier par consequent contre luy par leur concorde et unanime intelligence ; ayant essayé par la cruauté d'aucuns chrestiens qu'« il n'y a point de beste au monde tant à craindre à l'homme que l'homme » : voylà ses mots à peu prés.

En quoy cela est digne de consideration, que l'empereur Julian se sert, pour attiser le trouble de la dissention civile, de cette mesme recepte de liberté de conscience que nos roys viennent d'employer pour l'estaindre. On peut dire, d'un costé, que de lâcher la bride aux pars d'entretenir leur opinion, c'est espandre et semer la division, c'est préter quasi la main à l'augmenter, n'y ayant aucune barriere ny coerction des loix qui bride et empesche sa course. Mais, d'autre costé, on diroit aussi que de lascher la bride aux pars d'entretenir leur opinion, c'est les amolir et relâcher par la facilité et par l'aisance, et que c'est émousser l'éguillon qui s'affine par la rarité, la nouvelleté et la difficulté. Et si croy mieux, pour l'honneur de la devotion de nos rois, c'est que, n'ayans peu ce qu'ils vouloient, ils ont fait semblant de vouloir ce qu'ils pouvoient.

CHAPITRE XX.

Nous ne goustons rien de pur.

La foiblesse de nostre condition fait que les choses, en leur simplicité et pureté naturelle, ne puissent pas tomber en nostre usage. Les elemens que nous jouyssons sont alterez, et les metaux de mesme; et l'or, il le faut empirer par quelque autre matiere plus vile pour l'accommoder à nostre service. Des voluptez, plaisirs et biens que nous avons, il n'en est aucun exempt de quelque meslange de mal et d'incommodité :

Medio de fonte leporum
Surgit amari aliquid, quod in ipsis floribus angat.

Nostre extreme volupté a quelque image de gemissement et de plainte : diriez vous pas qu'elle se meurt d'angoisse? Voire quand nous en forgeons l'image en son excellence, nous la fardons d'epithetes et qualitez maladifves et douloureuses : langueur, mollesse, foiblesse, deffaillance, *morbidezza;* grand tesmoignage de leur consanguinité et consubstantialité. C'est ce que dit un verset grec ancien, de tel sens, « Les dieux nous vendent tous les biens qu'ils nous donnent » : c'est à dire ils ne nous en donnent aucun pur et parfaict, et que nous n'achetons au pris de quelque mal.

Metrodorus pareillement disoit qu'en la tristesse il y

a quelque alliage de plaisir. Je ne sçay s'il vouloit dire autre chose, mais moy j'imagine bien qu'il y a du dessein, du consentement et de la complaisance à se nourrir en la tristesse ; je dis outre l'ambition, qui s'y peut encore mesler : il y a quelque air de mignardise et delicatesse qui nous oint et qui nous flatte au giron mesme de la melancholie. Y a-il pas des complexions qui en font leur aliment ?

Est quædam flere voluptas.

Nature nous descouvre cette confusion : les peintres tiennent que les mouvemens et plis du visage qui servent au pleurer servent aussi au rire. De vray, avant que l'un ou l'autre soyent achevez d'exprimer, regardez à la conduicte de la peinture : vous estes en doubte vers lequel c'est qu'on va, et l'extremité du rire se mesle aux larmes.

Quand je me confesse à moy religieusement, je trouve que la meilleure bonté que j'aye a quelque teinture vicieuse, et crains que Platon en sa plus nette vertu (moy qui en suis autant sincere et loyal estimateur, et des vertus de semblable marque, qu'autre puisse estre), s'il y eust escouté de prés, il y eust senty quelque ton gauche de mixtion humaine, mais ton obscur et sensible seulement à soy. L'homme, en tout et par tout, n'est que rapiessement et bigarrure. Les loix mesmes de la justice ne peuvent subsister sans quelque meslange d'injustice ; et dit Platon que ceux-là entreprennent de couper la teste de Hydra, qui pretendent oster des loix toutes incommoditez et inconveniens. *Omne magnum exemplum habet aliquid ex iniquo, quod contra singulos utilitate publica rependitur,* dict Tacitus.

Il est pareillement vray que, pour l'usage de la vie et service du commerce public, il y peut avoir de l'excez en la pureté et perspicacité de nos esprits; cette clarté penetrante a trop de subtilité et de curiosité : il les faut appesantir et emousser pour les rendre plus obeissans à l'exemple et à la pratique, et les espessir et obscurcir pour les proportionner à cette vie tenebreuse et terrestre. Pourtant se trouvent les esprits communs et moins tendus, plus propres et plus heureux à conduire affaires; et les opinions de la philosophie eslevées et exquises se trouvent ineptes à l'exercice. Cette pointue vivacité d'ame, et cette volubilité soupple et inquiete, trouble nos negotiations. Il faut manier les entreprises humaines plus grossierement et superficiellement, et en laisser bonne et grande part pour les droicts de la fortune : il n'est pas besoin d'esclairer les affaires si profondement et si subtilement; on s'y perd à la consideration de tant de lustres et formes diverses. Qui en recherche et embrasse toutes les circonstances et consequences, il empesche son election : un engin moyen conduit esgallement, et suffit aux executions de grand et de petit pois. Regardez que les meilleurs mesnagers sont ceux qui nous sçavent moins dire comment ils le sont, et que ces suffisans conteurs n'y font le plus souvent rien qui vaille. Je sçay un grand diseur et tresexcellent peintre de toute sorte de mesnage, qui a laissé bien piteusement couler par ses mains cent mille livres de rente. J'en sçay un autre qui dict, qui consulte, mieux qu'homme de son conseil, et n'est point au monde une plus belle montre d'ame et de suffisance ; toutesfois, aux effects, ses serviteurs trouvent qu'il est tout autre, je dy sans mettre le malheur en compte.

CHAPITRE XXI.

Contre la Faineantise.

L'EMPEREUR Vespasien, estant malade de la maladie dequoy il mourut, ne laissoit pas de vouloir entendre l'estat de l'empire, et dans son lict mesme despeschoit sans cesse plusieurs affaires de consequence. Et comme son medecin l'en tençat comme de chose nuisible à sa santé : « Il faut, disoit-il, qu'un empereur meure debout. » Voylà un beau mot, à mon gré, et digne d'un grand prince.

Adrian, l'empereur, s'en servit depuis à ce mesme propos : et le debvroit on souvent ramentevoir aux princes, pour leur faire sentir que cette grande charge qu'on leur donne du commandement de tant d'hommes n'est pas une charge oisive, et qu'il n'est rien qui puisse si justement dégouster un subject de se mettre en peine et en hazard pour le service de son prince que de le voir apoltronny ce pendant luy mesme à des occupations lasches et vaines, et d'avoir soing de sa conservation, le voyant si nonchalant de la nostre.

L'empereur Julian disoit encore plus, qu'un philosophe et un galant homme ne devoient pas seulement respirer : c'est à dire ne donner aux necessitez corporelles que ce qu'on ne leur peut refuser, tenant tousjours l'ame et le corps embesoignez à choses belles, grandes et vertueuses. Il avoit honte si en public on le voioit cracher ou suer (ce qu'on dict aussi de la jeunesse lacedemonienne, et Xenophon de la persienne), par ce qu'ils estimoient que l'exercice, le travail continuel et la sobrieté devoient avoir cuit et asseché toutes ces superfluitez. Ce que dit Seneque ne joindra pas mal en cet endroict, que les anciens Romains maintenoient leur jeunesse droite : « Ils n'apprenoient, dit-il, rien à leurs enfans qu'ils deussent apprendre assis. »

CHAPITRE XXII.

Des Postes.

Je n'ay pas esté des plus foibles en cet exercice, qui est propre à gens de ma taille, ferme et courte ; mais j'en quitte le mestier : il nous essaye trop pour y durer long temps. Je lisois à cette heure que le roy Cyrus, pour recevoir plus facilement nouvelles de tous les costez de son empire, qui estoit d'une fort grande estandue, fit regarder combien un cheval pouvoit faire de chemin en un jour tout d'une traite, et à cette distance il establit des hommes qui avoient charge de tenir des chevaux prets pour en fournir à ceux qui viendroient vers luy.

Cæsar dit que Lucius Vibulus Rufus, ayant haste de porter un advertissement à Pompeius, s'achemina vers luy jour et nuict, changeant de chevaux pour faire diligence. Et luy mesme, à ce que dit Suetone, faisoit cent milles par jour sur un coche de louage; mais c'estoit un furieux courrier, car là où les rivieres luy tranchoient son chemin, il les franchissoit à nage. Tiberius Nero, allant voir son frere Drusus, malade en Allemaigne, fit deux cens milles en vingt-quatre heures, ayant trois coches.

L'invention de Cecinna à renvoyer des nouvelles à ceux de sa maison avoit bien plus de promptitude : il emporta quand et soy des arondeles, et les relaschoit vers leurs nids quand il vouloit r'envoyer de ses nouvelles, en les teignant de marque de couleur propre à signifier ce qu'il vouloit, selon qu'il avoit concerté avec les siens.

Au theatre, à Romme, les maistres de famille avoient des pigeons dans leur sein, ausquels ils attachoyent des lettres quand ils vouloient mander quelque chose à leurs gens au logis; et estoient dressez lesdits pigeons à en raporter responce. D. Brutus en usa assiegé à Mutine, et autres ailleurs.

Au Peru, ils couroyent sur les hommes, qui les chargeoient sur les espaules à tout des portoires, par telle agilité que, tout en courant, les premiers porteurs rejettoyent aux seconds leur charge sans arrester un pas.

CHAPITRE XXIII.

Des mauvais moyens employez à bonne fin.

Il se trouve une merveilleuse relation et correspondance en cette universelle police des ouvrages de nature : qui monstre bien qu'elle n'est ny fortuite ny conduyte par divers maistres. Les maladies et conditions de nos corps se voyent aussi aux Estats et polices : les royaumes, les republiques naissent, fleurissent et fanissent de vieillesse, comme nous. Nous sommes subjects à une repletion d'humeurs inutile et nuysible : soit de bonnes humeurs (car cela mesme les medecins le craignent ; et, par ce qu'il n'y a rien de stable chez nous, ils disent que la perfection de santé trop allegre et vigoreuse, il nous la faut essimer et rabatre par art, de peur que nostre nature, ne se pouvant rassoir en nulle certaine place et n'ayant plus où monter pour s'ameliorer, ne se recule en arriere en desordre et trop à coup ; ils ordonnent pour cela aux athletes les purgations et les saignées pour leur soustraire cette superabondance de santé), soit repletion de mauvaises humeurs, qui est l'ordinaire cause des maladies.

De semblable repletion se voyent les Estats souvent malades, et a l'on accoustumé d'user de diverses sortes de purgation. Tantost on donne congé à une grande multitude de familles pour en décharger le païs, lesquelles vont cercher ailleurs où s'accommoder aux despens d'autruy : de cette façon, nos anciens Francons, partis du fons de l'Alemaigne, vindrent se saisir de la Gaule et en deschasser les premiers habitans; ainsi se forgea cette infinie marée d'hommes qui s'écoula en Italie soubs Brennus et autres; ainsi les Gots et Vuandales, comme aussi les peuples qui possedent à present la Grece, abandonnerent leur naturel païs pour s'aller loger ailleurs plus au large; et à peine est il deux ou trois coins au monde qui n'ayent senty l'effect d'un tel remuement.

Les Romains bâtissoient par ce moyen leurs colonies; car, sentans leur ville se grossir outre mesure, ils la deschargeoyent du peuple moins necessaire, et l'envoyoient habiter et cultiver les terres par eux conquises. Par fois aussi ils ont à escient nourry des guerres avec aucuns, leurs ennemis, non seulement pour tenir leurs hommes en haleine, de peur que l'oysiveté, mere de corruption, ne leur apportast quelque pire inconvenient,

> *Et patimur longæ pacis mala; sævior armis,*
> *Luxuria incumbit;*

mais aussi pour servir de saignée à leur republique et esvanter un peu la chaleur trop vehemente de leur jeunesse, estausser et esclaircir le branchage de ce tige foisonnant en trop de gaillardise : à cet effet se sont ils autrefois servis de la guerre contre les Cartaginois.

Au traité de Bretigny, Edouard troisiesme, roy d'Angleterre, ne voulut comprendre, en cette paix generalle qu'il fit avec nostre roy, le different du duché de Bretaigne, affin qu'il eust où se descharger de ses hommes de guerre, et que cette foulle d'Anglois dequoy il s'estoit servy en ses guerres de deçà ne se rejettast en Angleterre. Ce fust l'une des raisons pourquoy nostre roy Philippe consentit d'envoyer Jean, son fils, à la guerre d'outremer, afin d'en amener quand et luy un grand nombre de jeunesse bouillante qui estoit en sa gendarmerie.

Il y en a plusieurs en ce temps qui discourent de pareille façon, souhaitans que cette emotion chaleureuse qui est parmy nous se peut deriver à quelque guerre voisine, de peur que ces humeurs peccantes qui dominent pour cette heure nostre corps, si on ne les escoulle ailleurs, maintiennent nostre fiebvre tousjours en force, et apportent en fin nostre entiere ruine : et de vray une guerre estrangiere est un mal bien plus doux que la civile; mais je ne croy pas que Dieu favorisat une si injuste entreprise d'offencer et quereler autruy pour nostre commodité :

> *Nil mihi tam valde placeat, Rhamnusia virgo,*
> *Quod temere invitis suscipiatur heris.*

Toutesfois la foiblesse de nostre condition nous pousse souvent à cette necessité, de nous servir de mauvais moyens pour une bonne fin. Licurgus, le plus vertueux et parfaict legislateur qui fust onques, inventa cette trés-injuste et trés-inique façon, pour instruire son peuple à la temperance, de faire enyvrer par force les Elotes, qui estoyent leurs serfs, afin qu'en les voyant ainsi perdus et ensevelis dans le vin, les Spartiates

prinsent en horreur le débordement de ce vice. Ceux
là avoient encore plus de tort, qui permettoyent anciennement que les criminels, à quelque sorte de mort qu'ils
fussent condamnez, fussent déchirez tous vifs par les
medecins, pour y voir au naturel nos parties interieures
et en establir plus de certitude en leur art : car, s'il se
faut débaucher, on est plus excusable le faisant pour le
service de la santé de l'ame que pour celle du corps :
comme les Romains dressoient le peuple à la vaillance
et au mespris des dangiers et de la mort par ces furieux
spectacles de gladiateurs et escrimeurs à outrance qui
se combatoient, détailloient et entretuoyent en leur
presence :

> Quid vesani aliud sibi vult ars impia ludi,
> Quid mortes juvenum, quid sanguine pasta voluptas?

et dura cet usage jusques à Theodosius l'empereur :

> Arripe dilatam tua, dux, in tempora famam,
> Quodque patris superest, successor laudis habeto.
> Nullus in urbe cadat cujus sit pœna voluptas.
> Jam solis contenta feris, infamis arena
> Nulla cruentatis homicidia ludat in armis.

C'estoit, à la verité, un merveilleux exemple, et de
trés-grand fruict pour l'institution du peuple, de voir
tous les jours en sa presence cent, deux cens, mille
couples d'hommes, armez les uns contre les autres, se
hacher en pieces avecques une si extreme fermeté de
courage qu'on ne leur vist jamais changer de visage,
lâcher une parolle de foiblesse ou commiseration, jamais tourner le dos, ny faire seulement un mouvement

lâche pour gauchir au coup de leur adversaire, ains tendre le col à son espée et se presenter au coup. Il est advenu à plusieurs d'entre eux, estans blessez à mort de force playes, d'envoyer demander au peuple s'il estoit content de leur devoir, avant que se coucher pour rendre l'esprit sur la place. Il ne falloit pas seulement qu'ils combattissent et mourussent constamment, mais encore allegrement : en maniere qu'on les hurloit et maudissoit, si on les voyoit estriver à recevoir la mort. Les filles mesmes les imitoient :

> *Consurgit ad ictus;*
> *Et, quoties victor ferrum jugulo inserit, illa*
> *Delicias ait esse suas, pectusque jacentis*
> *Virgo modesta jubet converso pollice rumpi.*

Les premiers Romains employoient à cet'exemple les criminels; mais depuis on y employa des serfs innocens, et des libres mesmes qui se vendoyent pour cet effect; jusques à des senateurs et chevaliers romains, et encore des femmes :

> *Nunc caput in mortem vendunt, et funus arenæ,*
> *Atque hostem sibi quisque parat, cum bella quiescunt :*

> *Hos inter fremitus novosque lusus,*
> *Stat sexus rudis insciusque ferri,*
> *Et pugnas capit improbus viriles :*

ce que je trouverois fort estrange et incroyable si nous n'estions accoustumez de voir tous les jours en nos guerres plusieurs miliasses d'hommes estrangiers, engageant pour de l'argent leur sang et leur vie à des querelles où ils n'ont aucun interest.

CHAPITRE XXIIII.

De la Grandeur romaine.

JE ne veus dire qu'un mot de cet argument infiny, pour montrer la simplesse de ceux qui apparient à celle là les chetives grandeurs de ce temps. Au septiesme livre des Epitres familieres de Cicero (et que les grammairiens en ostent ce surnom de familieres, s'ils veulent, car à la verité il n'y est pas fort à propos; et ceux qui au lieu de familieres y ont substitué *ad familiares* peuvent tirer quelque argument pour eux de ce que dit Suetone en la vie de Cæsar, qu'il y avoit un volume de lettres dudit Cæsar *ad familiares*), il y en a une qui s'adresse à Cæsar estant lors en la Gaule, en laquelle Cicero redit ces mots, qui estoyent sur la fin d'un' autre lettre que Cæsar luy avoit escrit : « Quant à Marcus Furius, que tu m'as recommandé, je le feray roy de Gaule ; et si tu veux que j'advance quelque autre de tes amis, envoye le moy. » Il n'estoit pas nouveau à un simple citoyen romain, comme estoit lors Cæsar, de disposer des royaumes, car il osta bien au roy Dejotarus le sien pour le donner à un gentil'homme de la ville de Pergame nommé Mithridates. Et ceux qui escrivent sa vie enregistrent plusieurs autres royaumes par luy vendus ; et Suetone dict qu'il tira pour un coup du roy Ptolomæus trois millions six cens mill' escus, qui fut bien prés de luy vendre le sien :

Tot Galatæ, tot Pontus eat, tot Lydia nummis.

Marcus Antonius disoit que la grandeur du peuple romain ne se monstroit pas tant par ce qu'il prenoit que par ce qu'il donnoit. Tous les royaumes qu'Auguste gaigna par droict de guerre, il les rendit à ceux qui les avoyent perdus, ou en fit present à des estrangiers. Et sur ce propos Tacitus, parlant du roy d'Angleterre Cogidunus, nous faict sentir par un merveilleux traict cette infinie puissance : « Les Romains, dit-il, avoyent accoustumé, de toute ancienneté, de laisser les roys qu'ils avoyent surmontez, en la possession de leurs royaumes, soubs leur authorité, à ce qu'ils eussent des roys mesmes utils de la servitude » : *ut haberent instrumenta servitutis et reges.*

CHAPITRE XXV.

De ne contrefaire le malade.

Il y a un epigramme en Martial qui est des bons, car il y en a chez luy de toutes sortes, où il recite plaisamment l'histoire de Cœlius, qui, pour fuir à faire la court à quelques grans à Romme, se trouver à leur lever, les assister et les suivre, fit la mine d'avoir la goute ; et, pour rendre son excuse plus vray-semblable, se faisoit oindre les jambes, les avoit envelopées, et contre-faisoit entierement le port et la contenance d'un homme gouteux. En fin la fortune luy fit ce plaisir de l'en rendre tout à faict :

> *Tantum cura potest et ars doloris !*
> *Desiit fingere Cœlius podagram.*

J'ay veu en quelque lieu d'Appian, autrefois, une pareille histoire d'un qui, voulant eschapper aux proscriptions des triumvirs de Rome, pour se dérober de la connoissance de ceux qui le poursuyvoient, se tenant caché et travesti, y adjousta encore cette invention de contre-faire le borgne : quand il vint à recouvrer un peu plus de liberté, et qu'il voulut deffaire l'emplatre qu'il avoit long temps porté sur son œil, il trouva que sa veuë estoit effectuellement perdue soubs ce masque. Il est possible que l'action de la veuë s'estoit hebetée pour avoir esté si long temps sans exercice, et que la force visive s'estoit toute rejetée en l'autre œil : car nous sentons evidemment que l'œil que nous tenons couvert r'envoye à son compaignon quelque partie de son effect, en maniere que celuy qui reste s'en grossit et s'en enfle; comme aussi l'oisiveté, avec la chaleur des liaisons et des medicamens, avoit bien peu attirer quelque humeur podagrique au gouteux de Martial.

Lisant chez Froissard le veu d'une troupe de jeunes gentils-hommes anglois, de porter l'œil gauche bandé jusques à ce qu'ils eussent passé en France et exploité quelque faict d'armes sur nous, je me suis souvent chatouillé de ce pensement, qu'il leur eut pris comme à ces autres, et qu'ils se fussent trouvez tous éborgnez au revoir des maistresses pour lesquelles ils avoyent faict l'entreprise.

Les meres ont raison de tancer leurs enfans quand ils contrefont les borgnes, les boiteux et les bicles, et tels autres defauts de la personne : car, outre ce que le corps ainsi tendre en peut recevoir un mauvais ply, je ne sçay comment il semble que la fortune se joüe à nous prendre au mot ; et j'ay ouy reciter plusieurs exemples de gens devenus malades, ayant entrepris de le contrefaire.

Mais alongeons ce chapitre et le bigarrons d'une autre piece, à propos de la cecité. Pline conte d'un qui, songeant estre aveugle en dormant, s'en trouva l'endemain, sans aucune maladie precedente. La force de l'imagination peut bien ayder à cela, comme j'ay dit ailleurs, et semble que Pline soit de cet advis ; mais il est plus vray-semblable que les mouvemens que le corps sentoit au dedans, desquels les medecins trouveront, s'ils veulent, la cause, qui luy ostoient la veuë, furent occasion du songe.

Adjoutons encore un' histoire voisine de ce propos, que Seneque recite en l'une de ses lettres : « Tu sçais, dit-il, escrivant à Lucilius, que Harpaste, la folle de ma femme, est demeurée chez moy pour charge hereditaire, car de mon goust je suis ennemy de ces monstres, et si j'ay envie de rire d'un fol, il ne me le faut chercher guiere loing, je me ris de moy-mesme. Cette folle a subitement perdu la veuë. Je te recite chose estrange, mais veritable : elle ne sent point qu'elle soit aveugle, et presse incessamment son gouverneur de l'en emmener, par ce qu'elle dit que ma maison est obscure. Ce que nous rions en elle, je te prie croire qu'il advient à chacun de nous : nul ne connoit estre avare, nul convoiteux. Encore les aveugles demandent un guide, nous nous fourvoions de nous mesmes. Je ne suis pas ambitieux, disons nous, mais à Rome on ne peut vivre autrement; je ne suis pas sumptueux, mais la ville requiert une grande despence ; ce n'est pas ma faute si je suis colere, si je n'ay encore establi aucun train asseuré de vie, c'est la faute de la jeunesse. Ne cerchons pas hors de nous nostre mal, il est chez nous, il est planté en nos entrailles. Et cela mesme que nous ne sentons pas estre malades nous rend la guerison plus mal-aisée. Si nous ne recommençons de bonne heure à nous penser, quand aurons nous pourveu à tant de playes et à tant de maus ? Si avons nous une trés-douce medecine que la philosophie : car des autres, on n'en sent le plaisir qu'aprés la guerison, cette cy plait et guerit ensemble. » Voylà ce que dit Seneque, qui m'a emporté hors de mon propos; mais il y a du profit au change.

CHAPITRE XXVI.

Des Pouces.

Tacitus recite que, parmy certains roys barbares, pour faire une obligation asseurée, leur maniere estoit de joindre estroictement leurs mains droites l'une à l'autre, et s'entrelasser les pouces; et quand, à force de les presser, le sang en estoit monté au bout, ils les blessoient de quelque legere pointe, et puis se les entresucçoient.

Les medecins disent que les pouces sont les maistres doigts de la main, et que leur etymologie latine vient de *pollere*, qui signifie *exceller sur les autres*. Les Grecs l'appellent ἀντίχειρ, comme qui diroit une autre main. Et il semble que par fois les Latins les prennent aussi en ce sens de main entiere :

> *Sed nec vocibus excitata blandis,*
> *Molli pollice nec rogata, surgit.*

C'estoit à Rome une signification de faveur, de comprimer et baisser les pouces,

> *Fautor utroque tuum laudabit pollice ludum,*

et de desfaveur, de les hausser et contourner au dehors,

> *Converso pollice vulgi,*
> *Quemlibet occidunt populariter.*

Les Romains dispensoient de la guerre ceux qui estoient blessez au pouce, comme s'ils n'avoient plus la prise des armes assez ferme. Auguste confisqua les biens à un chevalier romain qui avoit, par malice et pour faire fraude à la loy, couppé les pouces à deux siens jeunes enfans, pour les dispenser des guerres; et avant luy, le Senat, du temps de la guerre italique avoit condamné Caius Vatienus à prison perpetuelle et luy avoit confisqué tous ses biens, pour s'estre à escient couppé le pouce de la main gauche pour s'exempter de cette guerre.

Quelcun, de qui il ne me souvient point, ayant gaigné une bataille navale, fit coupper les pouces à ses ennemis vaincus, pour leur oster le moyen de combatre et de tirer la rame.

En Lacedemone, le maistre chatioit les enfans en leur mordant le pouce.

CHAPITRE XXVII.

Couardise mere de la cruauté.

J'AY souvent ouy dire que la couardise est mere de cruauté, et ay par experience apperceu que cette aigreur et aspreté de courage malitieux et inhumain s'accompaigne coustumierement de mollesse feminine : j'en ay veu des plus cruels, subjets à pleurer aiséement et pour des causes frivoles. Alexandre, tyran de Pheres, ne pouvoit souffrir d'ouyr au theatre le jeu des tragedies, de peur que ses citoyens ne le vissent gemir aus malheurs de Hecuba et d'Andromache, luy qui, sans pitié, faisoit cruellement meurtrir tant de gens tous les jours. Seroit-ce foiblesse d'ame qui les rendit ainsi ployables à toutes extremitez? La vaillance (de qui c'est l'effect de s'exercer seulement contre la resistence,

Nec nisi bellantis gaudet cervice juvenci)

s'arreste à voir l'ennemy à sa mercy; mais la lascheté, pour dire qu'elle est aussi de la feste, n'ayant peu se mesler à ce premier rolle, prend pour sa part le second, du massacre et du sang. Les meurtres des victoires se font ordinairement par le peuple et par les officiers du bagage: et ce qui fait voir tant de cruautez inouies aux guerres populaires, c'est que cette canaille de vulgaire s'aguerrit et se gendarme à s'ensanglanter jusques aux coudes et à deschiqueter un corps à ses pieds, n'ayant resentiment d'autre vaillance:

Et lupus et turpis instant morientibus ursi,
Et quæcunque minor nobilitate fera est :

comme les chiens coüards, qui deschirent en la maison et mordent les peaux des bestes sauvages qu'ils n'ont osé attaquer aux champs. Qu'est-ce qui faict en ce temps nos querelles toutes mortelles? et que là où nos peres avoient quelque degré de vengeance, nous

commençons à cette heure par le dernier, et ne se parle
d'arrivée que de tuer : qu'est-ce, si ce n'est couardise ?

Chacun sent bien qu'il y a plus de braverie et desdain à battre son ennemy qu'à le tuer, et de le faire
bouquer et ronger son frein que de l'achever ; d'avantage, que l'appetit de vengeance s'en assouvit et contente mieux, car elle ne vise qu'à donner resentiment
de soy : voilà pourquoy nous n'attaquons pas une
beste ou une pierre quand elle nous blesse, d'autant
qu'elles sont incapables de gouster nostre revenche : et
de tuer un homme, c'est le mettre à l'abry de nostre
offence. Et tout ainsi comme Bias crioit à un meschant
homme : « Je sçay que tost ou tard tu en seras puny, mais
je crains que je ne le voye pas », et plaignoit les Orcho-
meniens de ce que la penitence que Lyciscus eut de la
trahison contre eux commise venoit en saison qu'il
n'y avoit personne de reste de ceux qui en avoient esté
interessez et ausquels devoit toucher le plaisir de cette
penitence : tout ainsin est à plaindre la vengeance,
quand celuy envers lequel elle s'employe pert le
moyen de la sentir ; car comme le vengeur y veut voir
pour en tirer du plaisir, il faut que celuy sur lequel il
se venge y voye aussi pour en souffrir du desplaisir
et de la repentence. Il s'en repentira, disons nous ; et
pour luy avoir donné d'une pistolade en la teste, estimons nous qu'il s'en repente ? Au rebours, si nous nous
en prenons garde, nous trouverons qu'il nous faict la
mouë en tombant : il ne nous en sçait pas seulement
mauvais gré, c'est bien loing de s'en repentir. Nous
sommes à coniller, à trotter et à fuir les officiers de la
justice qui nous suivent, et luy est en repos. Le tuer

est bon pour éviter l'offence à venir, non pour venger celle qui est faicte. Il est apparent que nous quittons par là et la vraye fin de la vengeance, et le soing de nostre reputation : nous craignons, s'il demeure en vie, qu'il nous recharge d'une pareille. Si nous pensions par vertu estre tousjours maistres de luy et le gourmander à nostre poste, nous serions bien marris qu'il nous eschappast, comme il faict en mourant : nous voulons vaincre, mais lâchement, sans combat et sans hazard.

Nos peres se contentoient de revencher une injure par un démenti, un démenti par un coup de baton, et ainsi par ordre : ils estoient assez valeureux pour ne craindre pas leur ennemy vivant et outragé : nous tremblons de frayeur, tant que nous le voyons en pieds. Et qu'il soit ainsi, nostre belle pratique d'aujourd'huy porte elle pas de poursuyvre à mort aussi bien celuy que nous mesmes avons offencé que celuy qui nous a offencez ?

C'est aussi une image de lâcheté qui a introduit en nos combats singuliers cet usage de nous accompaigner de seconds, et tiers, et quarts. C'estoit anciennement des duels, ce sont à cette heure rencontres et batailles. La solitude faisoit peur aux premiers qui l'inventerent, car naturellement quelque compaignie que ce soit apporte confort et soulagement en la crainte. On se servoit anciennement de personnes tierces, pour garder qu'il ne s'y fit desordre et desloyauté ; mais depuis qu'on a pris ce train qu'ils s'engagent eux mesmes au combat, quiconque y est convié ne peut honnestement s'y tenir comme spectateur, de peur

qu'on ne luy attribue que ce soit faute ou d'affection
ou de courage. Outre l'injustice d'une telle action, et
vilanie, d'engager à la protection de vostre honneur
autre valeur et force que la vostre, je trouve du desadvantage à un homme de bien et qui pleinement se fie
de soy d'aller mesler sa fortune à celle d'un second.
Chacun court assez de hazard pour soy, sans le courir
encore pour un autre, et a assez à faire à s'asseurer en
sa propre vertu pour la deffence de sa vie, sans commettre chose si chere en mains tierces. Car, s'il n'a esté
expressement marchandé au contraire, des quatre, c'est
une partie liée. Si vostre second est à terre, vous en
avez deux sur les bras avec raison ; et de dire que c'est
supercherie, elle l'est voirement : comme de charger,
bien armé, un homme qui n'a qu'un tronçon d'espée,
ou, tout sain, un homme qui est desjà fort blessé. Mais
si ce sont avantages que vous ayez gaigné en combatant, vous vous en pouvez servir sans reproche : la disparité, et inegalité, ne se poise et considere que de
l'estat en quoy se commence la meslée, du reste prenez
vous en à la fortune ; et quand vous en aurez tout seul
trois sur vous, vos deux compagnons s'estant laissez
tuer, on ne vous fait non plus de tort que je ferois, à la
guerre, de donner un coup d'espée à l'ennemy que je
verrois attaché à l'un des nostres de pareil avantage. La
nature de la societé porte, où il y a trouppe contre
trouppe, comme où nostre duc d'Orleans deffia le roy
d'Angleterre Henry cent contre cent, que la multitude
de chaque part n'est considerée que pour un homme
seul : par tout où il y a compaignie, le hazard y est
confus et meslé.

J'ay interest domestique à ce discours, car mon frere, sieur de Matecolom, fut convié, à Rome, à seconder un gentil-homme qu'il ne cognoissoit guere, lequel estoit deffendeur et appellé par un autre. En cè combat, il se trouva de fortune avoir en teste un qui luy estoit plus voisin et plus cogneu (je voudrois qu'on me fit raison de ces loix d'honneur qui vont si souvent choquant et troublant celles de la raison). Aprés s'estre desfaict de son homme, voyant les deux maistres de la querelle en pieds encores et entiers, il alla descharger son compaignon. Que pouvoit il moins? devoit-il se tenir coy et regarder deffaire, si le sort l'eust ainsi voulu, celuy pour la deffence duquel il estoit là venu? ce qu'il avoit faict jusques alors ne servoit de rien à la besoingne : la querelle estoit indecise.

La courtoisie que vous pouvez et certes devés faire à vostre ennemy quand vous l'avez reduict en mauvais termes et à quelque grand desadvantage, je ne vois pas comment vous la puissiez faire quand il va de l'interest d'autruy, où vous n'estes que suyvant, où la dispute n'est pas vostre : il ne pouvoit estre ny juste, ny courtois, au hazard de celuy auquel il s'estoit presté. Aussi fut-il delivré des prisons d'Italie par une bien soudaine et solenne recommandation de nostre roy. Indiscrette nation, nous ne nous contentons pas de faire sçavoir nos vices et folies au monde par reputation, nous allons aux nations estrangeres pour les leur faire voir en presence. Mettez trois François aux deserts de Lybie, ils ne seront pas un mois ensemble sans se harceler et esgratigner : vous diriez que cette peregrination est une partie dressée pour donner aux estrangers le plaisir de nos tragedies, et le plus souvent à tels qui s'esjouyssent de nos maux et qui s'en moquent. Nous allons apprendre en Italie à escrimer; si faudroit-il, suyvant l'ordre de la discipline, mettre la theorique avant la practique : nous trahissons nostre apprentissage : .

> *Primitiæ juvenum miseræ, bellique futuri*
> *Dura rudimenta!*

Je sçay bien que c'est un art duquel la cognoissance a grossi le cœur à aucuns outre leur mesure naturelle; mais ce n'est pas proprement vertu, puis qu'elle tire son appuy de la science et de l'addresse, et qu'elle prend autre fondement que de soy-mesme. L'honneur des combats consiste en la jalousie du courage, non de l'art; et pourtant ay-je veu quelqu'un de mes amis, renommé pour grand maistre en cet exercice, choisir en ses querelles des armes qui luy ostassent le moyen de cet advantage, et lesquelles dépendoient entierement de la fortune et de l'asseurance, affin qu'on n'attribuast sa victoire plustost à son escrime qu'à sa valeur; et, en mon enfance, j'ay veu la noblesse fuir la reputation de bon escrimeur comme injurieuse, et se desrober pour l'apprendre, comme un art de subtilité desrogeant à la vraye et naifve vertu :

> Non schivar, non parar, non ritirarsi
> Voglion costor, nè qui destrezza ha parte.
> Non danno i colpi hor finti, hor pieni, hor scarsi :
> Toglie l'ira e il furor l'uso del'arte.
> Odi le spade horribilmente urtarsi
> A mezzo il ferro; il piè d'orma non parte :

Sempre è il piè fermo, e la man sempre in moto;
Nè scende taglio in van, nè punta a voto.

Les butes, les tournois, les barrieres, l'image des combats guerriers et publics, estoient l'exercice de nos peres : cet autre exercice est d'autant moins noble qu'il ne regarde qu'une fin privée; qui nous apprend à nous entreruyner, contre les loix et la justice, et qui en toute façon produict tousjours des effects dommageables. Il est bien plus digne et mieux seant de s'exercer en choses qui asseurent, non qui offencent nostre police, qui regardent la publique seurté et la gloire commune.

Publius Rutilius fut le premier qui instruist le soldat à manier ses armes par adresse et science, qui conjoingnist l'art à la vertu, non pour l'usage de querelle privée, ce fut pour la guerre et querelles du peuple romain. Mais, comme Philopœmen condamna la luicte, en quoy il excelloit, d'autant que les preparatifs qu'on employoit à cet exercice estoient divers à ceux qui appartiennent à la discipline militaire, à laquelle seule il estimoit les gens d'honneur se devoir amuser, il me semble aussi que les mouvemens et formes à quoy on dresse la jeunesse en cette nouvelle eschole sont non seulement inutiles, mais contraires plustost et dommageables à l'usage des armes et du combat militaire. Mais je m'en vois un peu bien à gauche de mon theme.

L'empereur Maurice, estant adverty par songes et plusieurs prognostiques qu'un Phocas, soldat pour lors inconnu, le devoit tuer, demandoit à son gendre Philippe.qui estoit ce Phocas, sa nature, ses conditions et ses meurs ; et comme, entre autres choses, Philippe luy dit qu'il estoit lasche et craintif, l'empereur conclud incontinent par là qu'il estoit meurtrier et cruel. Qui rend les tyrans si sanguinaires? c'est le soing de leur seurté, et que leur lâche cœur ne leur fournit d'autres moyens de s'asseurer qu'en exterminant ceux qui les peuvent offencer, jusques aux femmes, de peur d'une esgratigneure :

> *Cuncta ferit dum cuncta timet;*

et pour faire tous les deux ensemble, et tuer et faire sentir leur colere, ils ont employé toute leur suffisance à trouver moyen d'alonger la mort. Ils veulent que leurs ennemis s'en aillent, mais non pas si viste qu'ils n'ayent loisir de ressentir leur vengeance. Là dessus ils sont en grand peine : car si les tourments sont violents, ils sont cours; s'ils sont longs, ils ne sont pas assez douloureux à leur gré : les voylà à dispenser leurs engins. Nous en voyons mille exemples en l'antiquité, et je ne sçay si, sans y penser, nous ne retenons pas quelque trace de ceste barbarie.

Tout ce qui est au delà de la mort simple me semble pure cruauté : nostre justice ne peut esperer que celuy que la crainte de mourir et d'estre decapité ou pendu ne gardera de faillir, en soit empesché par l'imagination d'un feu languissant, ou des tenailles, ou de la roue. Et je ne sçay cependant si nous les jettons au desespoir : car en quel estat peut estre l'ame d'un homme attendant vingt-quatre heures la mort, brisé sur une roüe, ou, à la vieille façon, cloué à une croix? car Josephe recite que pendant les guerres des Romains en Judée, passant où l'on avoit crucifié quelques Juifs, il y reconneut trois de ses amis, et obtint de les oster de là; les deux moururent, dit-il, l'autre vescut encore depuis.

CHAPITRE XXVIII.

Toutes choses ont leur saison.

Ceux qui apparient Caton le censeur au jeune Caton, meurtrier de soy-mesme, font, à mon opinion, grand honneur au premier : car je les trouve eslongnez d'une extreme distance; et ce qu'on dit entre autres choses du censeur, qu'en son extreme vieillesse il se mit à apprendre la langue grecque d'un ardant appetit, comme pour assouvir une longue soif, ne me semble pas luy estre fort honnorable. C'est proprement ce que nous disons retomber en enfantillage. Toutes choses ont leur saison, les bonnes et tout, et je puis dire mon patenostre hors de propos :

Imponit finem sapiens et rebus honestis.

Eudemonidas, voyant Xenocrates, fort vieil, s'amuser à l'exercice de son escole : « Quand sçaura cettuy-cy, dit-il, s'il apprend encore? » Et Philopœmen, à ceux qui hault-louoient le roy Ptolomæus de ce qu'il durcissoit sa personne tous les jours à l'exercice des armes : « Ce n'est, dict-il, pas chose loüable à un roy de son aage de s'y exercer; il les devoit hormais reallement employer. » Le jeune doit faire ses apprets, le vieil en jouïr, disent les sages; et le plus grand vice qu'ils remerquent en nostre nature, c'est que noz desseins rajeunissent sans cesse; nous recommençons tousjours à vivre. Nostre estude et nostre desir devroyent quelque fois sentir la vieillesse : nous avons le pied à la fosse, et nos appetits et nos esperances ne font que naistre :

> *Tu secanda marmora*
> *Locas sub ipsum funus, et, sepulchri*
> *Immemor, struis domos.*

Cettuy-cy apprend à parler, lors qu'il faut apprendre à mourir :

> *Diversos diversa juvant, non omnibus annis*
> *Omnia conveniunt.*

S'il faut estudier, estudions un estude sortable à nostre condition, afin que nous puissions respondre comme celuy à qui, quand on demanda à quoy faire ces estudes en sa decrepitude : « A m'en partir meilleur et plus à mon aise, » respondit-il. Tel estude fut celuy du jeune Caton sentant sa fin prochaine, qui se rencontra au discours de Platon, *De l'Eternité de l'ame;*

non, à dire ce que j'en pense, qu'il ne fut de long temps garny de toute sorte de munitions pour un tel deslogement ; d'asseurance et de volonté ferme, il en avoit plus que Platon n'en a peu representer par ses escrits ; sa science et son courage estoient, pour ce regard, au dessus de la philosophie : il print cette occupation, non pour le service de sa mort ; mais, comme celuy qui n'interrompit pas seulement son sommeil en l'importance d'une telle deliberation, il continua aussi sans chois et sans changement ses estudes avec les autres actions accoustumées de sa vie.

CHAPITRE XXIX.

De la Vertu.

Je trouve par experience qu'il y a bien à dire entre les boutées et saillies de l'ame ou uné resolue et constante habitude : et voy bien qu'il n'est rien que nous ne puissions, voire jusques à surpasser la Divinité mesme, dit quelqu'un, d'autant que c'est plus de se rendre impassible de soy que d'estre tel de sa condition originelle, et jusques à pouvoir joindre à l'imbecillité de l'homme une resolution et asseurance de Dieu ; mais c'est par secousse. Et és vies de ces heros du temps passé, il y a quelque fois des traits miraculeux et qui semblent de bien loing surpasser nos forces naturelles; mais ce sont traits, à la verité; et est dur à croire que de ces conditions ainsin eslevées, on en puisse teindre et abreuver l'ame, en maniere qu'elles luy deviennent ordinaires et comme naturelles. Il nous advient à nous mesmes, qui ne sommes qu'avortons d'hommes, d'eslancer par fois nostre ame, esveillée par les discours ou exemples d'autruy, bien loing au delà de son ordinaire; mais c'est une espece de passion qui la pousse et agite, et qui la ravit aucunement hors de soy : car, ce tourbillon franchi, nous voyons que sans y penser elle se débande et relâche d'elle mesme, sinon jusques à la derniere touche, au moins jusques à n'estre plus celle-là; de façon que lors, à toute occasion, pour un oyseau perdu ou un verre cassé, nous nous sentons esmouvoir à plus prés comme l'un du vulgaire. Et à cette cause, disent les sages, que, pour juger bien à point d'un homme, il faut principalement contreroller ses actions privées et le surprendre en son à tous les jours.

Pyrrho, celuy qui bastit de l'ignorance une si plaisante science, essaya, comme tous les autres vrayement philosophes, de faire respondre sa vie à sa doctrine. Et par ce qu'il maintenoit la foiblesse du jugement humain estre si extreme que de ne pouvoir prendre party ou inclination, et le vouloit suspendre perpetuellement balancé, regardant et accueillant toutes choses comme indifferentes, on conte qu'il se maintenoit tousjours de mesme façon et visage : s'il avoit commencé un propos, il ne laissoit pas de l'achever, quand celuy à qui il parloit s'en fut allé; s'il alloit, il ne rompoit son chemin pour empeschement qui se presentat, conservé des precipices, du hurt des charretes et autres accidens par ses amis : car de craindre ou esviter quelque chose, c'eust esté choquer ses propositions, qui ostoient aux sens mesmes tout chois et connoissance. Quelque fois il souffrit d'estre incisé et cauterisé, d'une telle constance qu'on ne luy en veit pas seulement siller les yeux. C'est quelque chose de ramener l'ame à ces imaginations, c'est plus d'y joindre les effects, toutefois il n'est pas impossible; mais de les joindre avec telle perseverance et constance que d'en establir son train ordinaire, certes, en ces entreprinses si esloignées de l'usage commun, il est quasi incroyable. Voylà pourquoy ce mesme philosophe, estant quelque fois rencontré en sa maison tansant bien asprement avecques sa seur, et estant reproché de faillir en cela à son indifferance : « Comment, dit-il, faut-il qu'encore cette fammelette serve de tesmoignage à mes regles ? » Un'autre fois qu'on le veit se deffendre d'un chien : « Il est, dit-il, trés-difficile de despouiller entierement l'homme : et se faut mettre en devoir et efforcer de combattre les choses, premierement par les effects, mais au pis aller par la raison et par les discours. »

Il y a environ sept ou huict ans, qu'à deux lieuës d'icy un homme de village, qui est encore vivant, ayant la teste de long temps rompue par la jalousie de sa femme, revenant un jour de la besoigne, et elle le bien-veignant de ses criailleries accoustumées, entra en telle furie que sur le champ, à tout la serpe qu'il tenoit encore en ses mains s'estant moissonné tout net les pieces qui la mettoyent en fievre, les luy jetta au visage. Et il se dit qu'un jeune gentil'homme des nostres, amoureux et gaillard, ayant par sa perseverance amolli en fin le cœur d'une belle maistresse, desesperé de ce que, sur le point de la charge, il s'estoit trouvé mol luy mesmes et deffailly, et que

Non viriliter
Iners senile penis extulerat caput,

s'en priva soudain revenu au logis, et l'envoya, cruelle et sanglante victime, pour la purgation de son offence. Si c'eust esté par discours et religion, comme les prestres de Cibele, que ne dirions nous d'une si hautaine entreprise?

Depuis peu de jours, à Bragerac, à cinq lieues de ma maison, contremont la riviere de Dordoigne, une femme, ayant esté tourmentée et batue, le soir avant, de son mary, chagrain et fâcheux de sa complexion, delibera d'eschapper à sa rudesse au pris de sa vie, et s'estant à son lever accointée de ses voisines comme de coustume, leur laissant eschapper quelque mot de recommendation de ses affaires, prenant une sienne sœur par la main, la mena avecques elle sur le pont, et, aprés avoir prins congé d'elle, comme par maniere de jeu, sans montrer autre changement ou alteration, se precipita du haut en bas dans la riviere, où elle se perdit. Ce qu'il y a de plus en cecy, c'est que ce conseil meurist une nuict entiere dans sa teste.

C'est bien autre chose des femmes indiennes : car estant leur coustume, aux maris d'avoir plusieurs femmes et à la plus chere d'elles de se tuer aprés son mary, chacune par le dessein de toute sa vie vise à gaigner ce point et cet advantage sur ses compaignes ; et les bons offices qu'elles rendent à leur mary ne regardent autre recompanse que d'estre preferées à la compaignie de sa mort :

> *Ubi mortifero jacta est fax ultima lecto,*
> *Uxorum fusis stat pia turba comis ;*
> *Et certamen habent lethi, quæ viva sequatur*
> *Conjugium ; pudor est non licuisse mori.*
> *Ardent victrices, et flammæ pectora præbent,*
> *Imponuntque suis ora perusta viris.*

En ce mesme pays, il y avoit quelque chose de pareil en leurs gymnosophistes : car, non par la contrainte d'autruy, non par l'impetuosité d'un' humeur soudaine, mais par expresse profession de leur regle, leur façon estoit, à mesure qu'ils avoyent attaint certain aage ou qu'ils se voyoient menassez par quelque maladie, de se faire dresser un buchier, et au-dessus un lit bien paré ; et, aprés avoir festoyé joyeusement leurs amis et connoissans, s'aler planter dans ce lict, en telle resolution que, le feu y estant mis, on ne les vid mouvoir ny pieds, ny mains : et ainsi mourut l'un d'eux, Calanus, en presence de toute l'armée d'Alexandre le Grand. Et n'estoit estimé entre eux ny saint, ny bien heureux, qui ne s'estoit ainsi tué, envoyant son ame purgée et purifiée par le feu, aprés avoir consumé tout ce qu'il y avoit de mortel et terrestre. Cette constante premeditation de toute la vie, c'est ce qui faict le miracle.

Parmy nos autres disputes, celle du *Fatum* s'y est meslée : et, pour attacher les choses advenir et nostre volonté mesmes à certaine et inevitable necessité, on est encore sur cet argument du temps passé : Puis que Dieu prevoit toutes choses devoir ainsin advenir, comme il fait sans doubte, il faut donc qu'elles adviennent ainsi. A quoy nos maistres respondent que le voir que quelque chose advienne, comme nous faisons, et Dieu de mesmes (car tout luy estant present, il voit plustost qu'il ne prevoit), ce n'est pas la forcer d'advenir : voire, nous voyons à cause que les choses adviennent, et les choses n'adviennent pas à cause que nous voyons. L'advenement faict la science, non la science l'advenement. Ce que nous voyons advenir advient, mais il pouvoit autrement advenir ; et Dieu, au rolle des causes des advenements qu'il a en sa prescience, y a aussi celles qu'on appelle fortuites, et les volontaires, qui despendent de la liberté qu'il a donné à nostre arbitrage, et sçait que nous faudrons par ce que nous aurons voulu faillir.

Or j'ay veu assez de gens encourager leurs troupes de cette necessité fatale : car, si nostre heure est attachée à certain point, ny les harquebousades ennemies, ny nostre hardiesse, ny nostre fuite et couardise, ne la peuvent avancer ou reculer. Cela est beau à dire, mais cherchez qui l'effectuera ; et s'il est ainsi qu'une forte et vive creance tire aprés soy les actions de mesme, certes cette foy, dequoy nous remplissons tant la bouche, est merveilleusement legiere en nos siecles, sinon que le mespris qu'elle a des œuvres luy face desdaigner leur compaignie.

Tant y a qu'à ce mesme propos, le sire de Joinville, tesmoing croyable autant que nul autre, nous raconte des Bedoins, nation meslée aux Sarrasins, ausquels le roy sainct Louys eut affaire en la terre sainte, qu'ils croyoient si fermement en leur religion les jours d'un chacun estre de toute eternité prefix et contez d'une preordonnance inevitable, qu'ils alloyent à la guerre nudz, sauf un glaive à la turquesque, et le corps seulement couvert d'un linge blanc ; et pour leur plus extreme maudisson, quand ils se courroussoient aux leurs, ils avoyent tousjours en la bouche : « Maudit sois tu comme celuy qui s'arme de peur de la mort ! » Voylà bien autre preuve de creance et de foy que la nostre.

Et de ce reng est aussi celle que donnarent ces deux religieux de Florence, du temps de nos peres : estans en quelque controverse de dispute, ils s'accordarent d'entrer tous deux dans le feu, en presence de tout le peuple et en la place publique, pour la verification chacun de son party ; et en estoyent des-jà les aprets tous faicts, et la chose justement sur le point de l'execution, quand elle fut interrompue par un accident improuveu.

Il n'est point advenu, de nostre memoire, un plus admirable effect de resolution que de ces deux qui conspirerent la mort du prince d'Orenge. C'est merveille comment on peut eschauffer le second, qui l'executa, à une entreprise en laquelle il estoit si mal advenu à son compaignon, y ayant apporté tout ce qu'il pouvoit, et, sur cette trace, et de mesmes armes, aller entreprendre un seigneur armé d'une si fresche instruction de deffiance, puissant de suitte d'amis et de force corporelle, en sa sale, parmy ses gardes, en une ville toute à sa devotion. Certes, il y employa une main bien certaine et un courage esmeu d'une vigoreuse passion. Un poignard est plus seur pour assener; mais, d'autant qu'il a besoing de plus de mouvement et de vigueur de bras que n'a un pistolet, son coup est plus subject à estre gauchy ou troublé. Que celuy là ne courut à une mort certaine, je n'y fay pas grand doubte : car les esperances de quoy on le pouvoit amuser ne pouvoient loger en entendement rassis; et la conduite de son exploit montre qu'il n'en avoit pas faute, non plus que de courage. Les motifs d'une si puissante persuasion peuvent estre divers, car nostre fantasie faict de soy et de nous ce qu'il luy plaict.

L'execution qui fut faicte prés d'Orleans n'eust rien de pareil; il y eust plus de hazard que de vigueur; le coup n'estoit pas mortel, si la fortune ne l'en eust rendu; et l'entreprise de tirer à cheval, et de loing, et à un qui se mouvoit au branle de son cheval, fut l'entreprise d'un homme qui aymoit mieux faillir son effect que faillir à se sauver. Ce qui suyvit aprés le montra; car il s'estonna luy mesme et s'enyvra de la pensée de si haute execution, si qu'il perdit et troubla entierement son sens et à conduire sa fuite, et à conduire sa langue en ses responces. Que luy falloit il, que recourir à ses amys au travers d'une riviere? c'est un moyen où je me suis jetté à moindres dangers et que j'estime de peu de hazard, quelque largeur qu'ait le passage, pourveu que vostre cheval trouve l'entrée douce et que vous prevoyez au delà un bord aysé selon le cours de l'eau. L'autre, quand on luy prononça son horrible sentence, « J'estois preparé, dict-il; je vous estonneray de ma patiance. »

CHAPITRE XXX.

D'un Enfant monstrueux.

Ce conte s'en ira tout simple, car je laisse aux medecins d'en discourir. Je vis avant hier un enfant que deux hommes et une nourrisse, qui se disoient estre le pere, l'oncle et la tante, conduisoyent pour tirer quelque sou de le montrer à cause de son estrangeté. Il estoit en tout le reste d'une forme commune, et se soustenoit sur ses pieds, marchoit et gasouilloit à plus prés comme les autres de mesme aage ; il n'avoit encore voulu prendre autre nourriture que du tetin de sa nourrisse, et ce qu'on essaya en ma presence de luy mettre en la bouche, il le maschoit un peu, et le rendoit sans avaller ; ses cris sembloient bien avoir quelque chose de particulier ; il estoit aagé de quatorze mois justement. Au dessoubs de ses tetins, il estoit pris et collé à un autre enfant sans teste, et qui avoit le conduict du dos estoupé, le reste entier : car il avoit bien l'un bras plus court, mais il luy avoit esté rompu par accident à leur naissance ; ils estoient joints face à face, et comme si un plus petit enfant en vouloit accoler un plus grandelet. La jointure et l'espace par où ils se tenoient n'estoit que de quatre doigts ou environ, en maniere que si vous retroussiez cet enfant imparfait, vous voyez au dessoubs le nombril de l'autre : ainsi la cousture se faisoit entre les tetins et son nombril. Le nombril de l'imparfaict ne se pouvoit voir, mais ouy bien tout le reste de son ventre. Voylà comme ce qui n'estoit pas attaché, comme bras, fessier, cuisses et jambes de cet imparfaict, demouroient pendans et branlans sur l'autre, et luy pouvoit aller sa longueur jusques à my jambe. La nourrice nous adjoustoit qu'il urinoit par tous les deux endroicts; aussi estoient les membres de cet autre nourris et vivans, et en mesme point que les siens, sauf qu'ils estoient plus petits et menus. Ce double corps et ces membres divers, se rapportans à une seule teste, pourroient bien fournir de favorable prognostique au roy de maintenir sous l'union de ses loix ces pars et pieces diverses de nostre estat; mais, de peur que l'evenement ne le démente, il vaut mieux le laisser passer devant, car il n'est que de deviner en choses faictes : comme on dict d'Epimenides qu'il devinoit à reculons.

Je vien de voir un pastre en Medoc, de trente ans ou environ, qui n'a aucune montre des parties genitales : il a trois trous par où il rend son eau incessamment; il est barbu à desir, et recherche l'attouchement des femmes.

CHAPITRE XXXI.

De la Colere.

PLUTARQUE est admirable par tout, mais principalement où il juge des actions humaines. On peut voir les belles choses qu'il dit en la comparaison de Lycurgus et de Numa, sur le propos de la grande simplesse que ce nous est d'abandonner les enfans au gouvernement et à la charge de leurs peres. Qui ne voit qu'en un Estat tout dépend de l'education et nourriture des enfans? et cependant, sans aucune discretion, on les laisse à la mercy de leurs parens, tant fols et meschans qu'ils soient.

Entre autres choses, combien de fois m'a-il prins envie, passant par nos ruës, de dresser une farce, pour venger des enfans que je voyoy escorcher, assommer et meurtrir, à quelque pere ou mere furieux et forcenez de colere! Vous leur voyez sortir le feu et la rage des yeux,

Rabie jecur incendente, feruntur
Præcipites, ut saxa jugis abrupta, quibus mons
Subtrahitur, clivoque latus pendente recedit,

(et, selon Hippocrates, les plus dangereuses maladies sont celles qui desfigurent le visage), à tout une voix tranchante et esclatante, souvent contre des garsonets qui ne font que sortir de nourrisse. Et puis les voylà stropiats, esborgnez et estourdis de coups; et nostre justice qui n'en fait compte, comme si ces esboitemens et eslochemens n'estoient pas des membres de nostre chose publique :

> Gratum est quod patriæ civem populoque dedisti,
> Si facis ut patriæ sit idoneus, utilis agris,
> Utilis et bellorum et pacis rebus agendis.

Il n'est passion qui esbranle tant la sincerité des jugemens que la colere. Aucun ne feroit doubte de punir de mort le juge qui par colere auroit condamné son criminel : pourquoy est-il non plus permis aux peres et aux pedantes de fouetter les enfans et les chastier estans en colere ? ce n'est plus justice, c'est vengeance. Le chatiement tient lieu de medecine aux enfans : et souffririons nous un medecin qui fut animé et courroucé contre son patient?

Nous mesmes, pour bien faire, ne devrions jamais mettre la main sur nos serviteurs, tandis que la colere nous dure. Pendant que le pouls nous bat et que nous sentons de l'émotion, remettons la partie; les choses nous sembleront à la verité autres, quand nous serons r'acoisez et refroidis : c'est la colere qui commande lors, c'est la colere qui parle, ce n'est pas nous. Au travers d'elle, les fautes nous apparoissent plus grandes, comme les corps au travers d'un brouillas. Celuy qui a faim use de viande, mais celuy qui veut user de chastiement n'en doibt avoir faim ny soif. Et puis, les chastiemens qui se font avec poix et discretion se reçoivent bien mieux et avec plus de fruit de celuy qui les souffre : autrement, il ne pense pas avoir esté justement condamné par un homme agité de passion et furie ; et allegue pour sa justification les mouvemens extraordinaires de son maistre, l'inflammation de son visage, les sermens inusitez, et cette sienne inquietude et precipitation temeraire :

> Ora tument ira, nigrescunt sanguine venæ,
> Lumina Gorgoneo sævius igne micant.

Suetone recite que Lucius Saturninus ayant esté condamné par Cæsar, ce qui luy servit le plus envers le peuple (auquel il appella) pour luy faire gaigner sa cause, ce fut l'animosité et l'aspreté que Cæsar avoit apporté en ce jugement.

Le dire est autre chose que le faire : il faut considerer le presche à part, et le prescheur à part. Ceux-là se sont donnez beau jeu en nostre temps, qui ont essayé de choquer la verité de nostre creance par les vices de nos gens d'eglise ; elle tire ses tesmoignages d'ailleurs : c'est une sotte façon d'argumenter et qui rejetteroit toutes choses en confusion. Un homme de bonnes meurs peut avoir des opinions fauces, et un meschant peut prescher verité, voire celuy mesme qui ne la croit pas. C'est sans doute une belle harmonie quand le faire et le dire vont ensemble, et je ne veux pas nier que le dire, lors que les actions suyvent, ne soit de plus d'authorité et efficace : comme disoit Eudamidas oyant un philosophe discourir de la guerre, « Ces propos sont beaux, mais celuy qui les dict n'en est pas croyable, car il n'a pas les oreilles accoustumées au son de la trompette. » Et Cleomenes, oyant un rhetoricien harenguer de la vaillance, s'en print fort à rire ; et, l'autre s'en scandalizant, il luy dict : « J'en ferois de mesmes si c'estoit une arondelle qui en parlast ; mais si c'estoit un aigle, je l'orrois volontiers. » J'apperçois, ce me semble, és escrits des anciens, que celuy qui dit ce qu'il pense l'assene bien plus vivement et presse bien autrement que celuy qui se contrefait. Oyez Cicero parler de l'amour de la liberté, oyez en parler Brutus : les escrits mesmes vous sonnent que cettuy-cy estoit homme pour l'acheter au pris de la vie. Que Cicero, pere d'eloquence, traite du mespris de la mort ; que Seneque en traite aussi : celuy là traine languissant, et vous sentez qu'il vous veut resoudre de chose dequoy il n'est pas resolu luy mesmes ; il ne vous donne point de cœur, car luy mesmes n'en a point ; l'autre vous anime et enflamme. Je ne voy jamais autheur, mesmes de ceux qui traictent de la vertu et des actions, que je ne recherche curieusement de sçavoir quel il a esté : car les Ephores à Sparte, voyant un homme dissolu proposer au peuple un advis utile, luy commanderent de se taire et prierent un homme d'honneur de s'en attribuer l'invention et le proposer.

Les escrits de Plutarque, à les bien savourer, nous le descouvrent assez, et je pense le connoistre jusques dans l'ame ; si voudrois-je que nous eussions quelques memoires de sa vie ; et me suis jetté en ce discours à quartier à propos du bon gré que je sens à Aul. Gellius de nous avoir laissé par escrit ce conte de ses meurs qui revient à mon subjet de la cholere. Un sien esclave, mauvais homme et vicieux, mais qui avoit les oreilles aucunement abreuvées des livres et disputes de philosophie, ayant esté pour quelque sienne faute dépouillé par le commandement de Plutarque, pendant qu'on le fouettoit, grondoit au commencement que c'estoit sans raison et qu'il n'avoit rien fait; mais en fin se mettant à crier et à injurier bien à bon escient son maistre, luy reprochoit qu'il n'estoit pas philosophe, comme il s'en vantoit; qu'il luy avoit souvent ouy dire qu'il estoit laid de se courroucer, voire qu'il en avoit fait un livre; et ce que lors, tout plongé en la colere, il le faisoit si cruellement battre, démentoit entierement ses escris. A cela Plutarque, tout froidement et tout rassis : « Comment, dit-il, rustre, à quoy juges tu que je sois à cette heure courroucé? Mon visage, ma voix, ma couleur, ma parole, te donne elle quelque tesmoignage que je sois en colere? Je ne pense avoir ny les yeux effarouchez, ny le visage troublé, ny un cry effroyable. Rougis-je? escume-je? m'eschappe-il de dire chose dequoy j'aye à me repentir? tressaux-je? fremis-je de courroux? car, pour te dire, ce sont là les vrais signes de la colere. » Et puis, se destournant à celuy qui fouettoit : « Continuez, luy dit-il, tousjours vostre besoigne, cependant que cettuy-cy et moy disputons. » Voylà son conte.

Architas Tarentinus, revenant d'une guerre où il avoit esté capitaine general, trouva tout plein de mauvais mesnage en sa maison, et ses terres en frische, par le mauvais gouvernement de son receveur; et, l'ayant fait appeller : « Va, luy dict-il, que si je n'estois en cholere, je t'estrillerois comme tu merites ! » Platon de mesme, s'estant eschauffé contre l'un de ses esclaves, donna à Speusippus charge de le chastier, s'excusant d'y mettre la main luy-mesme, sur ce qu'il estoit courroucé. Charillus, lacedemonien, à un Elote qui se portoit trop insolemment et audacieusement envers luy : « Par les dieux! dit-il, si je n'estois courroucé, je te ferois tout à cett' heure mourir. »

C'est une passion qui se plaist en soy et qui se flatte. Combien de fois, nous estans esbranlez soubs une fauce cause, si on vient à nous presenter quelque bonne defence ou excuse, nous despitons nous contre la verité mesme et l'innocence ? J'ay retenu à ce propos un merveilleux exemple de l'antiquité : Piso, personnage par tout ailleurs de notable vertu, s'estant esmeu contre un sien soldat dequoy, revenant seul du fourrage, il ne luy sçavoit rendre compte où il avoit laissé un sien compaignon, tint pour averé qu'il l'avoit tué, et le condamna soudain à la mort. Ainsi qu'il estoit au gibet, voicy arriver ce compaignon esgaré. Toute l'armée en fit grand' feste, et aprés force caresses et accolades des deux compaignons, le bourreau meine l'un et l'autre en la presence de Piso, s'attendant bien toute l'assistance que ce luy seroit à luy-mesmes un grand plaisir. Mais ce fût au rebours : car, par honte et despit, son ardeur qui estoit encore en son effort se redoubla ; et, par une subtilité que sa passion luy fournit soudain, il en fit trois coulpables par ce qu'il en avoit trouvé un innocent, et les fist depescher tous trois : le premier soldat, par ce qu'il y avoit arrest contre luy ; le second qui avoit esté esgaré, par ce qu'il estoit cause de la mort de son compaignon ; et le bourreau, pour n'avoir obey au commandement qu'on luy avoit fait.

Ceux qui ont à faire à des femmes testuës peuvent avoir essaié à quelle rage on les jette, quand on oppose à leur agitation le silence et la froideur, et qu'on desdaigne de nourrir leur courroux. L'orateur Celius estoit merveilleusement cholere de sa nature. A un qui souppoit en sa compaignie, homme de molle et douce conversation, et qui, pour ne l'esmouvoir, prenoit party d'approuver tout ce qu'il disoit et d'y consentir, luy, ne pouvant souffrir son chagrin se passer ainsi sans aliment : « Nie moy quelque chose, de par les dieux ! fit-il, affin que nous soyons deux. » Elles de mesmes ne se courroucent qu'affin qu'on se contre-courrouce, à l'imitation des loix de l'amour. Phocion, contre un homme qui luy troubloit son propos en l'injuriant asprement, n'y fit autre chose que se taire et luy donner tout loisir d'espuiser sa cholere; cela faict, sans aucune mention de ce trouble, il recommença son propos en l'endroict où il l'avoit laissé. Il n'est replique si piquante comme est un tel mespris.

Du plus cholere homme de France (et c'est tousjours imperfection, mais plus excusable à un homme militaire, car en cet art il y a certes des parties qui ne s'en peuvent passer) je dy souvent que c'est le plus patient homme que je cognoisse à brider sa cholere. Elle l'agite de telle violence et fureur,

> *Magno veluti cum flamma sonore*
> *Virgea suggeritur costis undantis aheni,*
> *Exultantque æstu latices, furit intus aquæ vis,*
> *Fumidus atque alte spumis exuberat amnis;*
> *Nec jam se capit unda, volat vapor ater ad auras,*

qu'il faut qu'il se contraingne cruellement pour la moderer; et pour moy je ne sçaiche passion pour laquelle couvrir et soustenir je sceusse faire un tel effort : je ne voudrois mettre la sagesse à si haut pris. Je ne regarde pas tant ce qu'il faict que combien il luy couste à ne faire pis.

Un autre se vantoit à moy du reiglement et douceur de ses meurs, qui est à la verité singuliere. Je luy disois que c'estoit bien quelque chose, notamment à ceux comme luy d'eminente qualité sur lesquels chacun a les yeux, de se presenter au monde tousjours bien temperez; mais que le principal estoit de prouvoir au dedans et à soy-mesme, et que ce n'estoit pas, à mon gré, bien mesnager ses affaires que de se ronger internement : ce que je craingnois qu'il fit pour maintenir ce masque et cette reiglée apparence par le dehors.

On incorpore la cholere en la cachant : comme Diogenes dict à Demosthenes, lequel, de peur d'estre apperceu en une taverne, se reculoit au dedans : « Tant plus tu te recules arriere, tant plus tu y entres. » Je conseille qu'on donne plustost une nazarde à son valet, à peu hors de saison, que de geiner sa fantasie pour representer cette sage contenance, et aymerois mieux produire mes passions que de les couver à mes despens : elles s'alanguissent en s'esvantant et en s'exprimant ; il vaut mieux que leur poincte agisse au dehors que de la tourner contre nous.

J'advertis ceux qui ont loy de se pouvoir courroucer en ma famille : Premierement, qu'ils mesnagent leur cholere et ne l'espandent pas à tout pris, car cela en empesche l'effect et le poids : la criaillerie temeraire et ordinaire passe en usage et faict que chacun la mesprise; celle que vous employez contre un serviteur pour son larcin, ne se sent point, d'autant que c'est celle mesme qu'il vous a veu employer cent fois contre luy pour avoir mal rinsé un verre ou mal assis une escabelle : Secondement, qu'ils ne se courroussent point en l'air, et regardent que leur reprehension arrive à celuy de qui ils se plaignent ; car ordinairement ils crient avant qu'il soit en leur presence, et durent à crier un siecle aprés qu'il est party :

Et secum petulans amentia certat.

Ils s'en prennent à leur ombre et poussent cette tempeste en lieu où personne n'en est ny chastié ny interessé que du tintamarre de leur voix, tel qui n'en peut mez. J'accuse pareillement aux querelles ceux qui bravent et se mutinent sans partie ; il faut garder ces rodomontades où elles portent :

Mugitus veluti cum prima in prælia taurus
Terrificos ciet atque irasci in cornua tentat,
Arboris obnixus trunco, ventosque lacessit
Ictibus, et sparsa ad pugnam proludit arena.

Quand je me courrouce, c'est le plus vifvement, mais aussi le plus briefvement et secretement que je puis : je me pers bien en vistesse et en violence, mais non pas en trouble, si que j'aille jettant à l'abandon et sans chois toute sorte de parolles injurieuses, et que je ne regarde d'assener pertinemment mes pointes où j'estime qu'elles blessent le plus ; car je n'y employe communement que la langue. Mes valets en ont meilleur marché aux grandes occasions qu'aux petites : les petites me surprennent ; et le mal'heur veut que depuis que vous estes dans le precipice, il n'importe qui vous ayt donné le branle, vous allez tousjours jusques au fons : la cheute se presse, s'esmeut et se haste d'elle mesme. Aux grandes occasions, cela me paye qu'elles sont si justes que chacun s'attend d'en voir naistre une juste cholere ; je me glorifie à tromper leur attente : je me bande et prepare contre celles cy, elles me mettent en cervelle et menassent de m'emporter bien loing si je les suivoy. Bien ayséement je me garde d'y entrer, et suis assez fort, si je l'atens, pour repousser l'arrivée de cette passion, quelque violente cause qu'elle aye ; mais, si elle me preoccupe et saisit une fois, elle m'emporte, quelque vaine cause qu'elle ayt. Je marchande ainsin avec ceux qui peuvent contester avec moy : quand vous me sentirez esmeu le premier, laissez moy aller à tort ou à droict ; j'en feray de mesme. La tempeste ne s'engendre que de la concurrence des choleres qui se produisent volontiers l'une de l'autre et ne naissent en un point. Donnons à chacune sa course, nous voylà tousjours en paix. Utile ordonnance, mais de trés-difficile execution. Par fois m'advient il aussi de representer le courroussé, pour le reiglement de ma maison, sans aucune vraye emotion. A mesure que l'aage me rend les humeurs plus aigres, j'estudie à m'y opposer, et feray, si je puis, que je seray dores en advant d'autant moins chagrin et difficile que j'auray plus d'excuse et d'inclination à l'estre, quoy que par cy devant je l'aye esté entre ceux qui le sont le moins.

Encore un mot pour clorre ce pas : Aristote dit que

la colere sert par fois d'arme à la vertu et à la vaillance. Cela est vray-semblable : toutes-fois ceux qui y contredisent respondent plaisamment que c'est un'arme de nouvel usage ; car nous remuons les autres armes, cette cy nous remue ; nostre main ne la guide pas, c'est elle qui guide nostre main ; elle nous possede, non pas nous elle.

CHAPITRE XXXII.

Defence de Seneque et de Plutarque.

La familiarité que j'ay avec ces personnages icy, et l'assistance qu'ils font à ma vieillesse, m'oblige à espouser leur honneur.

Quant à Seneque, parmy une miliasse de petits livrets, que ceux de la religion pretendue reformée font courir pour la deffence de leur cause, qui partent par fois de bonne main et qu'il est grand dommage n'estre embesoignée à meilleur subject, j'en ay veu autres-fois un qui, pour alonger et remplir la similitude qu'il veut trouver du gouvernement de nostre pauvre feu roy Charles neufviesme avec celuy de Neron, apparie feu monsieur le cardinal de Lorraine avec Seneque, leurs fortunes d'avoir esté tous deux les premiers au gouvernement de leurs princes, et quant et quant leurs meurs, leurs conditions et leurs deportemens. Enquoy, à mon opinion, il faict bien de l'honneur audict seigneur cardinal : car, encore que je soys de ceux qui estiment autant sa vivacité, son eloquence, son zele envers sa religion et service de son roy, et sa bonne fortune d'estre nay en un siecle où il fut si nouveau et si rare, et quant et quant si necessaire pour le bien public, d'avoir un personnage ecclesiastique de telle noblesse et dignité, suffisant et capable de sa charge, si est-ce qu'à confesser la verité, je n'estime sa capacité de beaucoup prés telle, ny sa vertu si nette et entiere ny si ferme que celle de Seneque.

Or ce livre de quoy je parle, pour venir à son but, faict une description de Seneque trés-injurieuse, ayant emprunté ces reproches de Dion l'historien, duquel je ne crois nullement le tesmoignage : car, outre ce qu'il est inconstant, qui, aprés avoir appellé Seneque trés-sage tantost, et tantost ennemy mortel des vices de Neron, le fait ailleurs avaritieux, usurier, ambitieux, lâche, voluptueux et contrefaisant le philosophe à fauces enseignes, sa vertu paroist si vive et vigoureuse en ses escrits, et la defence y est si claire à aucunes de ces imputations, comme de sa richesse et despence excessive, que je n'en croiroy aucun tesmoignage au contraire. Et d'avantage, il est bien plus raisonnable de croire en telles choses les historiens romains que les grecs et estrangers. Or Tacitus et les autres parlent trés-honorablement et de sa vie et de sa mort, et nous le peignent en toutes choses personnage trés-excellent et trés-vertueux. Et je ne veux alleguer autre reproche contre le jugement de Dion que cetuy-cy, qui est inevitable : c'est qu'il a le goust si malade aux affaires romaines qu'il ose soustenir la cause de Julius Cæsar contre Pompeius, et d'Antonius contre Cicero.

Venons à Plutarque. Jean Bodin est un bon autheur de nostre temps, et accompagné de beaucoup plus de jugement que la tourbe des escrivailleurs de son siecle, et merite qu'on le juge et considere. Je le trouve un peu hardy en ce passage de sa *Methode de l'histoire*, où il accuse Plutarque non seulement d'ignorance (sur quoy je ne me fusse pas mis en peine de le defendre, car cela n'est pas de mon gibier), mais aussi en ce que cest autheur escrit souvent « des choses incroyables et entierement fabuleuses » (ce sont ses mots). S'il eust dit simplement : « les choses autrement qu'elles ne sont », ce n'estoit pas grande reprehension : car ce que nous n'avons pas veu, nous le prenons des mains d'autruy et à credit; et je voy que à escient il recite par fois diversement mesme histoire; comme le jugement des trois meilleurs capitaines qui eussent onques esté, faict par Hannibal, il est autrement recité en la vie de Flaminius, autrement en celle de Pyrrhus. Mais de le charger d'avoir pris pour argent content des choses incroyables et impossibles, c'est accuser de faute de jugement le plus judicieux autheur du monde. Et voicy son exemple : « Comme, ce dit-il, quand il recite qu'un enfant de Lacedemone se laissa deschirer tout le ventre à un renardeau qu'il avoit desrobé, et le tenoit caché soubs sa robe, jusques à mourir plustost que de descouvrir son larecin. » Je trouve, en premier lieu, cet exemple mal choisi, d'autant qu'il est bien mal-aisé de borner les efforts des facultez de l'ame, là où des forces corporelles nous avons plus de loy de les limiter et cognoistre : et à cette cause, si c'eust esté à moy à faire, j'eusse plustost choisi un exemple de cette seconde sorte; et il y en a de moins croyables, comme entre autres ce qu'il recite de Pyrrhus, que, « tout blessé qu'il estoit, il donna si grand coup d'espée à un sien ennemy armé de toutes pieces qu'il le fendit du haut de la teste jusques au bas, si que le corps se partit en deux parts. » En son exemple, je n'y trouve pas grand miracle, ny ne reçois l'excuse de quoy il couvre Plutarque d'avoir adjousté ce mot « comme on dit » pour nous advertir et tenir en bride nostre creance : car, si ce n'est aux choses receuës par authorité et reverence d'ancienneté ou de religion, il n'eust voulu ny recevoir luy mesme ny nous proposer à croire choses de soy incroyables; et que ce mot « comme on dit » il ne l'employe pas en ce lieu pour cet effect, il est aysé à juger par ce que luy mesme nous raconte ailleurs, sur ce subject de la patience des enfans lacedemoniens, des exemples advenuz de son temps plus mal-aisez à persuader : comme celuy que Cicero a tesmoigné aussi avant luy, pour avoir, à ce qu'il dict, esté sur les lieux mesmes, que jusques à leur temps il se trouvoit des enfans, en cette preuve de patience à quoy on les essayoit devant l'autel de Diane, qui soufroyent d'y estre foytez jusques à ce que le sang leur couloit partout, non seulement sans s'escrier, mais encores sans gemir, et aucuns jusques à y laisser volontairement la vie; et ce que Plutarque aussi recite, avec cent autres tesmoins, que au sacrifice, un charbon ardant s'estant escoulé dans la manche d'un enfant lacedemonien ainsi qu'il encensoit, il se laissa brusler tout le bras jusques à ce que la senteur de la chair cuyte en vint aux assistans. Il n'estoit rien, selon leur coustume, où il leur alast plus de la reputation, ny dequoy ils eussent à souffrir plus de blasme et de honte, que d'estre surpris en larecin. Je suis si imbu de la grandeur de ces hommes là que non seulement il ne me semble, comme à Bodin, que son conte soit incroyable, que je ne le trouve pas seulement rare et estrange.

Marcellinus recite, à ce propos de larecin, que de son temps il ne s'estoit encores peu trouver aucune sorte de geine et de tourment si aspre qui peut forcer les Egyptiens surpris en larecin, à quoy ils estoient fort accoustumez et endurcis, à dire seulement leur nom.

Un paisan espagnol, estant mis à la geine sur les complices de l'homicide du præteur Lucius Piso, crioit, au millieu des tormens, que ses amys ne bougeassent et l'assistassent en toute seureté, et qu'il n'estoit pas en la douleur de luy arracher un mot de confession ; et n'en eust on autre chose pour le premier jour. Le lendemain, ainsi qu'on le ramenoit pour recommencer son tourment, s'esbranlant vigoureusement entre les mains de ses gardes, il alla froisser sa teste contre un paroy et s'y tua.

Et qui s'enquerra à nos argolets des experiences qu'ils ont euës en ces guerres civiles, il se trouvera des effets de patience, d'obstination et d'opiniatreté, parmy nos miserables siecles et en cette tourbe molle et effeminée encore plus que l'egyptienne, dignes d'estre comparez à ceux que nous venons de reciter de la vertu spartaine.

Je sçay qu'il s'est trouvé des simples paysans s'estre laissez griller la plante des pieds, ecrazer le bout des doits à tout le chien d'une pistole, pousser les yeux sanglants hors de la teste à force d'avoir le front serré et geiné d'une grosse corde, avant que de s'estre seulement voulu mettre à rançon. J'en ay veu un, laissé pour mort tout nud dans un fossé, ayant le col tout meurtry et enflé d'un licol qui y pendoit encore, avec lequel on l'avoit tirassé toute la nuict à la queuë d'un cheval, le corps percé en cent lieux à coups de dague, qu'on luy avoit donné non pas pour le tuer, mais pour luy faire de la douleur et de la crainte ; qui avoit souffert tout cela, et jusques à y avoir perdu parolle et sentiment, resolu, à ce qu'il me dict, de mourir plutost de mille morts (comme de vray, quand à sa souffrance, il en avoit passé une toute entiere) avant que rien promettre ; et si estoit un des plus riches laboureurs de toute la contrée. Combien en a l'on veu se laisser patiemment brusler et rotir pour des opinions empruntées d'autruy, ignorées et inconnues !

J'ay cogneu cent et cent femmes, car ils disent que les testes de Gascongne ont quelque prerogative en cela, que vous eussiez plustost faict mordre dans le fer chaut que de leur faire desmordre une opinion qu'elles eussent conceue en cholere. Elles s'exasperent à l'encontre des coups et de la contrainte. Et celuy qui forgea le conte de la femme qui, pour aucune correction de menaces et bastonades, ne cessoit d'appeller son mary pouilleux, et qui, precipitée dans l'eau, haussoit encores, en s'estouffant, les mains et faisoit au dessus de sa teste signe de tuer des poux, forgea un conte duquel, en verité, tous les jours on voit l'image expresse en l'opiniastreté des femmes. Et est l'opiniastreté sœur de la constance, au moins en vigueur et fermeté.

Il ne faut pas juger ce qui est possible et ce qui ne l'est pas selon ce qui est croyable et incroyable à nostre portée, comme j'ay dit ailleurs. C'est aussi une grande faute, et en laquelle toute-fois la plus part des hommes tombent, de faire difficulté de croire d'autruy ce que nous ne sçaurions faire. Moy, je considere aucunes de ces ames anciennes eslevées jusques au ciel au pris de la mienne; et encores que je reconnoisse clairement mon impuissance à les suyvre, je ne laisse pas de juger les ressorts qui les haussent ainsin et eslevent. J'admire leur grandeur; et ces eslancemens que je trouve trés-beaux, je les embrasse; et si mes forces n'y vont, au moins mon jugement s'y applique trés-volontiers.

L'autre exemple qu'il allegue « des choses incroyables et entierement fabuleuses » dites par Plutarque, c'est qu' « Agesilaus fut mulcté par les ephores pour avoir attiré à soy seul le cœur et volonté de ses citoyens ». Je ne sçay quelle marque de fauceté il y treuve; mais tant y a que Plutarque parle là de choses qui luy devoyent estre beaucoup mieux connues qu'à nous; et n'estoit pas nouveau en Grece de voir les hommes punis et exilez pour cela seul d'agreer trop à leurs citoyens, tesmoin l'ostracisme et le petalisme.

Il y a encore en ce mesme lieu un' autre accusation qui me pique pour Plutarque, où il dict qu'il a bien assorty de bonne foy les Romains aux Romains et les Grecz entre eux, mais non les Romains aux Grecz, tesmoin, dit-il, Demosthenes et Cicero, Caton et Aristides, Sylla et Lisander, Marcellus et Pelopidas, Pompeius et Agesilaus : estimant qu'il a favorisé les Grecz de leur avoir donné des compaignons si dispareils. C'est justement attaquer ce que Plutarque a de plus excellent et louable. Car en ses comparaisons (qui est la piece plus admirable de ses œuvres et en laquelle, à mon advis, il s'est autant pleu) la fidelité et syncerité de ses jugemens égale leur profondeur et leur pois. C'est un philosophe qui nous apprend la vertu. Voyons si nous le pourrons garentir de ce reproche de malice et fauceté. Ce que je puis panser avoir donné occasion à ce jugement, c'est ce grand et esclatant lustre des noms romains que nous avons en la teste. Il ne nous semble point que Demosthenes puisse égaler la gloire d'un consul, proconsul et questeur de cette grande republique. Mais qui considerera la verité de la chose et les hommes en eux mesmes, à quoy Plutarque a plus visé, et à balancer leurs meurs, leurs naturels, leur suffisance que leur fortune, je pense, au rebours de Bodin, que Ciceron et le vieux Caton en doivent de reste à leurs compaignons. Pour son dessein, j'eusse plustost choisi l'exemple du jeune Caton comparé à Phocion ; car, en ce pair, il se trouveroit une plus vray-semblable disparité à l'advantage du Romain. Quant à Marcellus, Sylla et Pompeius, je vois bien que leurs exploits de guerre sont plus enflez, glorieux et pompeus que ceux des Grecs que Plutarque leur apparie ; mais les actions les plus belles et vertueuses, non plus en la guerre qu'ailleurs, ne sont pas tousjours les plus fameuses. Je voy souvent des noms de capitaines estouffez soubs la splendeur d'autres noms de moins de merite : tesmoin Labienus, Ventidius, Telesinus et plusieurs autres. Et, à le prendre par là, si j'avois à me plaindre pour les Grecs, pourrois-je pas dire que beaucoup moins est Camillus comparable à Themistocles, les Gracches à Agis et Cleomenes, Numa à Licurgus, et Scipion encore à Epaminundas, qui estoyent aussi de son rolle? Mais c'est folie de vouloir juger d'un traict les choses à tant de visages.

Quand Plutarque les compare, il ne les égale pas pourtant. Qui plus disertement et conscientieusement pourroit remarquer leurs disparités et differences? Vient-il à parangonner les victoires, les exploits d'armes, la puissance des armées conduites par Pompeius, et ses triumphes, avec ceux d'Agesilaus, « Je ne croy pas, dit-il, que Xenophon mesme, s'il estoit vivant, encore qu'on luy ait concedé d'écrire tout ce qu'il a voulu à l'advantage d'Agesilaus, osast le mettre en comparaison. » Parle-il de comparer Lisander à Sylla, « Il n'y a, dit-il, point de comparaison, ny en nombre de victoires, ny en hazard de batailles : car Lisander ne gaigna seulement que deux batailles navales, etc. » Cela, ce n'est rien desrober aux Romains : pour les avoir simplement presentez aux Grecs, il ne leur peut avoir fait injure, quelque disparité qui y puisse estre; et Plutarque ne les contrepoise pas entiers. Il n'y a en gros aucune preference : il apparie les pieces et les circonstances, l'une aprés l'autre, et les juge separément. Parquoy, si on le vouloit convaincre de faveur, il falloit en esplucher quelque jugement particulier, ou dire en general qu'il auroit failly d'assortir tel Grec à tel Romain : d'autant qu'il y en auroit d'autres plus correspondans pour les apparier et se rapportans mieux.

CHAPITRE XXXIII

L'Histoire de Spurina.

La philosophie ne pense pas avoir mal employé ses moyens quand elle a rendu à la raison la souveraine maistrise de nostre ame et l'authorité de tenir en bride nos appetits. Entre lesquels ceux qui jugent qu'il n'en y a point de plus violens que ceux que l'amour engendre ont cela pour leur opinion, qu'ils tiennent au corps et à l'ame, et que tout l'homme en est possedé : en maniere que la santé mesmes en depend, et est la medecine par fois contrainte de leur servir de maquerellage. Mais, au contraire, on pourroit aussi dire que le meslange du corps y apporte du rabais et de l'affoiblissement; car tels desirs sont subjects à satieté et capables de remedes materiels.

Plusieurs, ayans voulu delivrer leurs ames des alarmes continuelles que leur donnoit cet appetit, se sont servis d'incision et destranchement des parties esmeuës et alterées. D'autres en ont du tout abatu la force et l'ardeur par frequente application de choses froides, comme de neige et de vinaigre. Les haires de nos aieus estoient de cet usage ; c'est une matiere tissue de poil de cheval, dequoy les uns d'entr'eux faisoient des chemises, et d'autres des ceintures à geéner leurs reins. Un prince me disoit, il n'y a pas long temps, que pendant sa jeunesse, un jour de feste solemne, en la court du roy François premier, où tout le monde estoit paré, il luy print envie de se vestir de la haire, qui est encore chez luy, de monsieur son pere; mais, quelque devotion qu'il eust, qu'il ne sceut avoir la patience d'attendre la nuict pour se despouiller, et en fut long temps malade, adjoustant qu'il ne pensoit pas qu'il y eust chaleur de jeunesse si aspre que l'usage de cette recepte ne peut amortir : toutesfois à l'advanture ne les a-il pas essayées les plus cuisantes, car l'experience nous faict voir qu'une telle esmotion se maintient bien souvent soubs des habits rudes et marmiteux, et que les haires ne rendent pas tousjours heres ceux qui les portent.

Xenocrates y proceda plus rigoureusement : car ses disciples, pour essayer sa continence, luy ayant fourré dans son lict Laïs, cette belle et fameuse courtisane, toute nuë, sauf les armes de sa beauté et de ses mignardises et folastres apasts, sentant qu'en despit de ses discours et de ses regles, le corps, revesche et mutin, commençoit à se rendre, il se fit brusler les membres qui avoient presté l'oreille à cette rebellion. Là où les passions qui sont toutes en l'ame, comme l'ambition, l'avarice et autres, donnent bien plus à faire à la raison : car elle n'y peut estre secourue que de ses propres moyens, ny ne sont ces appetits-là capables de satieté, voire ils s'esguisent et augmentent par la jouyssance.

Le seul exemple de Julius Cæsar peut suffire à nous montrer la disparité de ses appetits, car jamais homme ne fut plus adonné aux plaisirs amoureux. Le soin curieux qu'il avoit de sa personne en est un tesmoignage, jusques à se servir à cela des moyens les plus lascifs qui fussent lors en usage, comme de se faire pinceter tout le corps et farder de parfums d'une extreme curiosité. Et de soy il estoit beau personnage, blanc, de belle et allegre taille, le visage plein, les yeux bruns et vifs, s'il en faut croire Suetone, car les statues qui se voyent de luy à Rome ne raportent pas bien par tout à cette peinture. Outre ses femmes, qu'il changea à quatre fois, sans conter les amours de son enfance avec le roy de Bithynie Nicomede, il eust le pucelage de cette tant renommée royne d'Ægipte, Cleopatra : tesmoin le petit Cæsarion qui en nasquit. Il fit aussi l'amour à Eunoé, royne de Mauritanie, et, à Romme, à Posthumia, femme de Servius Sulpitius; à Lollia, de Gabinius; à Tertulla, de Crassus; et à Mutia mesme, femme du grand Pompeius : qui fut la cause, disent les historiens romains, pourquoy son mary la repudia, ce que Plutarque confesse avoir ignoré; et les Curions pere et fils reprocherent depuis à Pompeius, quand il espousa la fille de Cæsar, qu'il se faisoit gendre d'un homme qui l'avoit fait coqu, et que luy-mesme avoit accoustumé appeller Ægisthus. Il entretint, outre tout ce nombre, Servilia, sœur de Caton et mere de Marcus Brutus, dont chacun tient que proceda cette grande affection qu'il portoit à Brutus, par ce qu'il estoit nay en temps auquel il y avoit apparence qu'il fust nay de luy. Ainsi j'ay raison, ce me semble, de le prendre pour homme extremement adonné à cette desbauche et de complexion trés-amoureuse.

Mais l'autre passion de l'ambition, dequoy il estoit aussi infiniment blessé, venant à combattre celle là, elle luy fit incontinent perdre place. Ses plaisirs ne luy firent jamais desrober une seule minute d'heure, ny destourner un pas des occasions qui se presentoient pour son agrandissement. Cette passion regenta en luy si souverainement toutes les autres, et posseda son ame d'une authorité si pleine, qu'elle l'emporta où elle voulut. Certes j'en suis despit quand je considere au demeurant la grandeur de ce personnage et les merveilleuses parties qui estoient en luy, tant de suffisance en toute sorte de sçavoir qu'il n'y a quasi science en quoy il n'ait escrit. Il estoit tel orateur que plusieurs ont preferé son eloquence à celle de Cicero; et luy-mesmes, à mon advis, n'estimoit luy devoir guere en cette partie, car ses deux Anticatons, nous sçavons que la principale occasion qu'il eust de les escrire, ce fut pour contre-balancer l'eloquence et perfection du parler que Cicero avoit employé au livre de la louange de Caton. Au demeurant, fut-il jamais ame si vigilante, si active et si patiente de labeur que la sienne? et sans doubte encore estoit elle embellie de plusieurs rares semences de vertu, je dy vives, naturelles et non contrefaictes. Il estoit singulierement sobre et si peu delicat en son manger qu'Oppius recite qu'un jour, luy ayant esté presenté à table, en quelque sauce, de l'huyle medecinée au lieu d'huyle simple, il en mangea largement pour ne faire honte à son hoste. Une autre

fois, il fit fouetter son bolenger pour luy avoir servy
d'autre pain que celuy du commun. Caton mesme
avoit accoustumé de dire de luy que c'estoit le premier
homme sobre qui se fut acheminé à la ruyne de son
pays.

Et quant à ce que ce mesme Caton l'appella un
jour yvrongne, cela advint en cette façon. Estans tous
deux au Senat, où il se parloit du fait de la conjuration de Catilina, de laquelle Cæsar estoit soupçonné,
on luy apporta de dehors un brevet à cachetes. Caton,
estimant que ce fut quelque chose dequoy les conspirez
l'advertissent, le somma de le luy donner; ce que Cæsar fut contraint de faire pour eviter un plus grand
soupçon. C'estoit de fortune une lettre amoureuse que
Servilia, sœur de Caton, luy escrivoit. Caton, l'ayant
leuë, la luy rejetta en luy disant : « Tien, yvrongne. »
Cela, dis-je, fut plustost un mot de desdain et de colere qu'un exprés reproche de ce vice; comme souvent
nous injurions ceux qui nous faschent des premieres
injures qui nous viennent à la bouche, quoy qu'elles
ne soient nullement deues à ceux à qui nous les attachons. Joinct que ce vice que Caton luy reproche est
merveilleusement voisin de celuy auquel il avoit surpris Cæsar: car Venus et Bacchus se conviennent volontiers, à ce que dict le proverbe; mais chez moy,
Venus est bien plus allegre accompaignée de la sobrieté.

Les exemples de sa douceur et de sa clemence envers ceux qui l'avoient offencé sont infinis; je dis outre
ceux qu'il donna pendant le temps que la guerre civile estoit encore en son progrés, desquels il fait luy-

mesmes assez sentir par ses escris qu'il se servoit pour amollir ses ennemis envers luy, et leur faire moins craindre sa future domination et sa victoire. Mais si faut il dire que ces exemples là, s'ils ne sont suffisans à nous tesmoigner sa naïve douceur, ils nous montrent au moins une merveilleuse confiance et grandeur de courage en ce personnage. Il luy est advenu souvent de renvoyer des armées toutes entieres à son ennemy aprés les avoir vaincues, sans daigner seulement les obliger par serment, sinon de le favoriser, au moins de se contenir sans luy faire guerre. Il a prins à trois et à quatre fois tels capitaines de Pompeius, et autant de fois remis en liberté. Pompeius declaroit ses ennemis tous ceux qui ne l'accompaignoient à la guerre; et luy, fit proclamer qu'il tenoit pour amis tous ceux qui ne bougeoient, et qui ne s'armoyent effectuellement contre luy. A ceux de ses capitaines qui se desroboient de luy pour aller prendre autre condition, il r'envoioit encore les armes, chevaux et equipage. Les villes qu'il avoit prinses par force, il les laissoit en liberté de suyvre tel party qu'il leur plairoit, ne leur donnant autre garnison que la memoire de sa douceur et clemence. Il deffendit, le jour de sa grande bataille de Pharsale, qu'on ne mit qu'à toute extremité la main sur les citoyens romains.

Voylà des traits bien hazardeux, selon mon jugement; et n'est pas merveilles si, aux guerres civiles que nous sentons, ceux qui combattent comme luy l'estat ancien de leur pays n'en imitent l'exemple : ce sont moyens extraordinaires, et qu'il n'appartient qu'à la fortune de Cæsar et à son admirable pourvoyance de heureusement conduire. Quand je considere la grandeur incomparable de cette ame, j'excuse la victoire de ne s'estre peu depestrer de luy, voire en cette trés-injuste et trés-inique cause.

Pour revenir à sa clemence, nous en avons plusieurs naïfs exemples au temps de sa domination, lors que, toutes choses estant reduites en sa main, il n'avoit plus à se feindre. Caius Memmius avoit escrit contre luy des oraisons trés-poignantes, ausquelles il avoit bien aigrement respondu; si ne laissa-il bien tost aprés de aider à le faire consul. Caius Calvus, qui avoit faict plusieurs epigrammes injurieux contre luy, ayant employé de ses amis pour le reconcilier, Cæsar se convia luy mesme à luy escrire le premier. Et nostre bon Catulle, qui l'avoit testonné si rudement sous le nom de Mamurra, s'en estant venu excuser à luy, il le fit ce jour mesme soupper à sa table. Ayant esté adverty d'aucuns qui parloient mal de luy, il n'en fit autre chose que de declarer, en une sienne harangue publique, qu'il en estoit adverty. Il craignoit encore moins ses ennemis qu'il ne les haissoit. Aucunes conjurations et assemblées qu'on faisoit contre luy luy ayant esté descouvertes, il se contenta de publier par edit qu'elles luy estoient connues, sans autrement en poursuyvre les autheurs.

Quant au respect qu'il avoit à ses amis, Caius Oppius voyageant avec luy et se trouvant mal, il luy quitta un seul logis qu'il y avoit, et coucha toute la nuict sur la dure et au descouvert.

Quant à sa justice, il fit mourir un sien serviteur qu'il aimoit singulierement, pour avoir couché avecques la femme d'un chevalier romain, quoy que personne ne s'en plaignit. Jamais homme n'apporta ny plus de moderation en sa victoire, ny plus de resolution en la fortune contraire.

Mais toutes ces belles inclinations furent alterées et estouffées par cette furieuse passion ambitieuse, à laquelle il se laissa si fort emporter qu'on peut aisément maintenir qu'elle tenoit le timon et le gouvernail de toutes ses actions. D'un homme liberal elle en rendit un voleur publique pour fournir à cette profusion et à sa largesse, et luy fit dire ce vilain et trés-injuste mot, que si les plus meschans et perdus hommes du monde luy avoient esté fidelles au service de son agrandissement, qu'il les cheriroit et avanceroit de son pouvoir aussi bien que les plus gens de bien ; l'enyvra d'une vanité si extreme qu'il osoit se vanter en presence de ses concitoyens d'avoir rendu cette grande Republique romaine un nom sans forme et sans corps, et dire que ses responces devoient meshuy servir de loix, et recevoir assis le corps du Senat venant vers luy, et souffrir qu'on l'adorat et qu'on luy fit en sa presence des honneurs divins. Somme, ce seul vice, à mon advis, perdit en luy le plus beau et le plus riche naturel qui fut onques, et a rendu sa memoire abominable à tous les gens de bien, pour avoir voulu chercher sa gloire de la ruyne de son pays et subversion de la plus puissante et fleurissante chose publique que le monde verra jamais.

Il se pourroit bien, au contraire, trouver plusieurs exemples de grands personnages ausquels la volupté a faict oublier la conduicte de leurs affaires, comme

Marcus Antonius et autres; mais où l'amour et l'ambition seroient en égale balance et viendroient à se chocquer de forces pareilles, je ne fay aucun doubte que cette-cy ne gaignast le pris de la maistrise.

Or, pour me remettre sur mes brisées, c'est beaucoup de pouvoir brider nos appetits par le discours de la raison, ou de forcer nos membres, par violence, à se tenir en leur devoir; mais de nous foitter pour l'interest de nos voisins; de non seulement nous deffaire de cette douce passion qui nous chatouille, du plaisir que nous sentons de nous voir aggreables à autruy et aymez et recherchez d'un chascun, mais encore de prendre en haine et à contre-cœur nos graces qui en sont cause, et de condamner nostre beauté par ce que quelqu'autre s'en eschauffe, je n'en ay veu guere d'exemples. Cettuy-cy en est : Spurina, jeune homme de la Toscane,

>*Qualis gemma micat, fulvum quæ dividit aurum,*
>*Aut collo decus aut capiti; vel quale, per artem*
>*Inclusum buxo aut oricia terebintho,*
>*Lucet ebur,*

estant doué d'une singuliere beauté, et si excessive que les yeux plus continents ne pouvoient en souffrir l'esclat sans alarme, ne se contentant point de laisser sans secours tant de fiévre et de feu qu'il alloit attisant par tout, entra en furieux despit contre soymesmes et contre ces riches presens que nature luy avoit faits, comme si on se devoit prendre à eux de la faute d'autruy, et détailla et troubla, à force de playes qu'il se fit à escient et de cicatrices, la parfaicte proportion et ordonnance que nature avoit si curieusement observée en son visage.

CHAPITRE XXXIIII.

Observations sur les moyens de faire la guerre, de Julius Cæsar.

ON recite de plusieurs chefs de guerre, qu'ils ont eu certains livres en particuliere recommandation : comme le grand Alexandre, Homere ; Marcus Brutus, Polybius ; Charles cinquiesme, Philippe de Comines. Et dit-on de ce temps que Machiavel est encores ailleurs en credit. Mais le feu mareschal Strossy, qui avoit pris Cæsar pour sa part, avoit sans doubte bien mieux choisi ; car, à la verité, ce devroit estre le breviaire de tout homme de guerre, comme estant le vray et souverain patron de l'art militaire. Et Dieu sçait encore de quelle grace et de quelle beauté il a fardé cette riche matiere, d'une façon de dire si pure, si delicate et si parfaicte, que, à mon goust, il n'y a aucuns escrits au monde qui puissent estre comparables aux siens en cette partie.

Je veux icy enregistrer certains traicts particuliers et rares, sur le faict de ses guerres, qui me sont demeurez en memoire.

Son armée estant en quelque effroy pour le bruit

qui couroit des grandes forces que menoit contre luy le roy Juba, au lieu de rabattre l'opinion que sès soldats en avoyent prise et appetisser les moyens de son ennemy, les ayant faict assembler pour les r'asseurer et leur donner courage, il print une voye toute contraire à celle que nous avons accoustumé : car il leur dit qu'ils ne se missent plus en peine de s'enquerir des forces que menoit le roy Juba, et qu'il en avoit eu un bien certain advertissement ; et lors il leur en fit le nombre, surpassant de beaucoup et la verité et la renommée qui en couroit en son armée, suyvant ce que conseille Cyrus en Xenophon ; d'autant que la tromperie n'est pas si grande de trouver les ennemis par effet plus foybles qu'on n'avoit esperé, que, les ayant jugez foybles par reputation, les trouver aprés à la verité bien forts.

Il accoustumoit sur tout ses soldats à obeyr simplement, sans se mesler de contreroller ou parler des desseins de leur capitaine, lesquels il ne leur communiquoit que sur le point de l'execution ; et prenoit plaisir, s'ils en avoyent descouvert quelque chose, de changer sur le champ d'advis pour les tromper ; et souvent pour cest effect ayant assigné un logis en quelque lieu, il passoit outre et alongeoit la journée, et notamment s'il faisoit mauvais temps et pluvieux.

Les Souisses, au commencement de ses guerres de Gaule, ayans envoyé vers luy pour leur donner passage au travers des terres des Romains, estant deliberé de les empescher par force, il leur contrefit toutes-fois un bon visage, et print quelques jours de delay à leur faire responce, pour se servir de ce loisir à assembler son armée. Ces pauvres gens ne sçavoyent pas combien ce personnage estoit excellent mesnager du temps : car il redit maintes-fois que c'est la plus souveraine partie d'un capitaine que la science de prendre au point les occasions, et la diligence, qui est en ses exploits à la verité inouye et incroyable.

S'il n'estoit guiere conscientieux en cela, de prendre advantage sur son ennemy sous couleur d'un traité d'accord, il l'estoit aussi peu en ce qu'il ne requeroit en ses soldats autre vertu que la vaillance, ny ne punissoit guiere autres vices que la mutination et la desobeïssance. Souvent, aprés ses victoires, il leur lâchoit la bride à toute licence, les dispensant pour quelque temps des regles de la discipline militaire; adjoutant à cela qu'il avoit des soldats si bien creez que, tous perfumez et musquez, ils ne laissoient pas d'aller furieusement au combat. De vray, il aymoit qu'ils fussent richement armez, et leur faisoit porter des harnois gravez, dorez et argentez, afin que le soing de la conservation de leurs armes les rendit plus aspres à se defendre. Parlant à eux, il les appelloit du nom de Compaignons, que nous usons encore : ce qu'Auguste, son successeur, reforma, estimant qu'il l'avoit fait pour la necessité de ses affaires, et pour flater le cœur de ceux qui ne le suyvoyent que volontairement;

Rheni mihi Cæsar in undis
Dux erat, hic socius : facinus quos inquinat æquat;

mais que cette façon estoit trop molle et trop rabaissée pour la dignité d'un empereur et general d'armée, et remit en train de les appeller seulement Soldats.

A cette courtoisie Cæsar mesloit toutes-fois une grande severité et asseurance à les reprimer. La neufiesme legion s'estant mutinée au prés de Plaisance, il la cassa avec ignominie, quoy que Pompeius fut lors encore en pieds, et ne la receut en grace qu'avec plusieurs supplications. Il les rapaisoit plus par authorité et par audace que par douceur.

Là où il parle de son passage de la riviere du Rhin vers l'Alemaigne, il dit qu'estimant indignè de l'honneur du peuple romain qu'il passast son armée à navires, il fit dresser un pont afin qu'il passast à pied ferme. Ce fut là qu'il bâtist ce pont admirable dequoy il dechifre particulierement la fabrique : car il ne s'arreste si volontiers en nul endroit de ses faits, qu'à nous representer la subtilité de ses inventions en telle sorte d'ouvrages de main.

J'y ay aussi remarqué cela, qu'il fait grand cas de ses exhortations aux soldats avant le combat : car, où il veut monstrer avoir esté surpris ou pressé, il allegue tousjours cela, qu'il n'eust pas seulement loysir de haranguer son armée. Avant cette grande bataille contre ceux de Tournay, « Cæsar, dict-il, ayant ordonné du reste, courut soudainement où la fortune le porta, pour enhorter ses gens ; et, rencontrant la dixiesme legion, il n'eust loisir de leur dire, sinon qu'ils eussent souvenance de leur vertu accoustumée, qu'ils ne s'estonnassent point et soustinsent hardiment l'effort des adversaires ; et par ce que l'ennemy estoit des-jà approché à un jet de trait, il donna le signe de la bataille ; et de là estant passé soudainement ailleurs pour en encourager d'autres, il trouva qu'ils estoyent des-jà aux prises. » Voylà ce qu'il en dict en ce lieu là. De vray, sa langue luy a fait en plusieurs lieux de bien notables services ; et estoit, de son temps mesme, son eloquence militaire en telle recommendation que plusieurs en son armée recueilloyent ses harangues ; et par ce moyen il en fut assemblé des volumes qui ont duré long temps aprés luy. Son parler avoit des graces particulieres, si que ses familiers, et entre autres Auguste, oyant reciter ce qui en avoit esté recueilli, reconnoissoit jusques aux phrases et aux mots ce qui n'estoit pas du sien. C'estoit le plus laborieux chef de guerre et le plus diligent qui fut onques.

La premiere fois qu'il sortit de Rome avec charge publique, il arriva en huit jours à la riviere du Rhone, ayant dans sa coche devant luy un secretaire ou deux qui escrivoyent sans cesse, et derriere luy celuy qui portoit son espée. Et certes, quand on ne feroit qu'aler, à peine pourroit on atteindre à cette promptitude dequoy, tousjours victorieux, ayant laissé la Gaule et suyvant Pompeius à Brindes, il subjuga l'Italie en dix huit jours, revint de Brindes à Rome ; de Rome il s'en alla au fin fonds de l'Espaigne, où il passa des difficultez extremes en la guerre contre Affranius et Petreius, et au long siege de Marseille. De là il s'en retourna en la Macedoine, battit l'armée romaine à Pharsale, passa de là, suyvant Pompeius, en Ægypte, laquelle il subjuga ; d'Ægypte il vint en Syrie et au pays du Pont, où il combatit Pharnaces ; de là en Afrique, où il deffit Scipion et Juba, et rebroussa encore par l'Italie en Espaigne, où il deffit les enfans de Pompeius :

Ocior et cœli flammis et tigride fœta.

Ac veluti montis saxum de vertice præceps
Cum ruit avulsum vento, seu turbidus imber
Proluit, aut annis solvit sublapsa vetustas,
Fertur in abruptum magno mons improbus actu,
Exsultatque solo, silvas, armenta virosque
Involvens secum.

Parlant du siege d'Avaricum, il dit que c'estoit sa coustume de se tenir nuict et jour prés des ouvriers qu'il avoit en besoigne. En toutes entreprises de consequence, il faisoit tousjours la descouverte luy mesme, et ne passa jamais son armée en lieu qu'il n'eut premierement reconnu. Et, si nous croyons Suetone, quand il fit l'entreprise de trajetter en Angleterre, il fut le premier à sonder le gué.

Il avoit accoustumé de dire qu'il aimoit mieux la victoire qui se conduisoit par conseil que par force. Et, en la guerre contre Petreius et Afranius, la fortune luy presentant une bien apparante occasion d'advantage, il la refusa, dit-il, esperant avec un peu plus de longueur, mais moins de hazard, venir à bout de ses ennemis. Il fit aussi là un merveilleux traict, de commander à tout son ost de passer à nage la riviere sans aucune necessité,

Rapuitque ruens in prælia miles,
Quod fugiens timuisset, iter : mox uda receptis
Membra fovent armis, gelidosque a gurgite, cursu
Restituunt artus.

Je le trouve un peu plus retenu et consideré en ses entreprinses qu'Alexandre : car cettuy-cy semble rechercher et courir à force les dangiers, comme un impetueux torrent qui choque et attaque sans discretion et sans chois tout ce qu'il rencontre :

> *Sic tauriformis volvitur Aufidus,*
> *Qui regna Dauni perfluit Appuli,*
> *Dum sævit, horrendamque cultis*
> *Diluviem meditatur agris.*

Aussi estoit-il embesoigné en la fleur et premiere chaleur de son aage, là où Cæsar s'y print estant des-jà meur et bien avancé : outre ce qu'Alexandre estoit d'une temperature plus sanguine, colere et ardente, et si esmouvoit encore cette humeur par le vin, duquel Cæsar estoit trés-abstinent.

Mais où les occasions de la necessité se presentoyent et où la chose le requeroit, il ne fut jamais homme faisant meilleur marché de sa personne. Quant à moy, il me semble lire en plusieurs de ses exploits une certaine resolution de se perdre, pour fuyr la honte d'estre vaincu. En cette grande bataille qu'il eut contre ceux de Tournay, il courut se presenter à la teste des ennemis sans boucler, comme il se trouva, voyant la pointe de son armée s'esbranler : ce qui luy est advenu plusieurs autres-fois. Oyant dire que ses gens estoyent assiegez, il passa desguisé au travers l'armée ennemie pour les aller fortifier de sa presence. Ayant traversé à Dirrachium avec bien petites forces, et voyant que le reste de son armée, qu'il avoit laissée à conduire à Antonius, tardoit à le suivre, il entreprit luy seul de repasser la mer au travers d'une trés-grande tormente, et se desroba pour aller reprendre luy mesme le reste de ses forces, les ports de delà et toute la mer estant saisie par Pompeius.

Et quant aux entreprises qu'il a faites à main armée, il y en a plusieurs qui surpassent en hazard tout discours de raison militaire : car avec combien foibles moyens entreprint-il de subjuger le royaume d'Ægypte, et depuis d'aller attaquer les forces de Scipion et de Juba, de dix parts plus grandes que les siennes ? Ces gens là ont eu je ne sçay quelle plus qu'humaine et extraordinaire confiance de leur fortune; et disoit-il qu'il failloit executer, non pas consulter, les hautes entreprises. Aprés la bataille de Pharsale, ayant envoyé son armée devant en Asie, et passant avec un seul vaisseau le destroit de l'Helespont, il rencontra en mer Lucius Cassius avec dix gros navires de guerre. Il eut le courage non seulement de l'attendre, mais de tirer droit vers luy et le sommer de se rendre; et en vint à bout.

Ayant entrepris ce furieux siege d'Alexia, où il y avoit quatre vints mille homme de deffence, toute la Gaule s'estant eslevée pour luy courre sus et lever le siege, et dressé une armée de cent neuf mille chevaux et de deux cens quarante mille hommes de pied, quelle hardiesse et maniacle confiance fut ce de n'en vouloir abandonner son entreprise et se resoudre à deux si grandes difficultez ensemble ? Lesquelles toutesfois il soustint; et aprés avoir gaigné cette grande bataille contre ceux du dehors, rengea bien tost à sa mercy ceux qu'il tenoit enfermez. Il en advint autant à Lucullus au siege de Tigranocerta contre le roy Tigranes, mais d'une condition dispareille, veu la mollesse des ennemis à qui Lucullus avoit affaire.

Je veux icy remarquer deux rares evenemens et extraordinaires sur le fait de ce siege d'Alexia : l'un, que les Gaulois, s'assemblans pour venir trouver là Cæsar, ayans faict denombrement de toutes leurs forces, resolurent en leur conseil de retrancher une bonne partie de cette grande multitude, de peur qu'ils n'en tombassent en confusion. Cet exemple est rare et nouveau, de craindre à estre trop; mais à le bien prendre, il est vray-semblable que le corps d'une armée doit avoir une grandeur moderée et reglée à certaines bornes, soit pour la difficulté de la nourrir, soit pour la difficulté de la conduire et tenir en ordre. Aumoins seroit il bien aisé à verifier, par exemple, que ces armées monstrueuses en nombre n'ont jamais rien fait qui vaille. L'autre point, qui semble estre contraire et à l'usage et à la raison de la guerre, c'est que Vercingentorix, qui estoit nommé chef et general de toutes les parties des Gaules revoltées contre Cæsar, print party de s'aller enfermer dans Alexia. Car celuy qui commande à tout un pays ne se doit jamais engager qu'au cas de cette extremité qu'il y alat de sa derniere place et qu'il n'y eut rien plus à esperer qu'en la deffence d'icelle. Autrement il se doit tenir libre, pour avoir moyen de pourvoir en general à toutes les parties de son gouvernement.

Pour revenir à Cæsar, il devint, avec le temps, un peu plus tardif et plus consideré, comme tesmoigne son familier Oppius : estimant, dict Suetone, qu'il ne devoit aysement hazarder l'honneur de tant de victoires, lequel une seule defortune luy pourroit faire perdre. C'est ce que disent les Italiens de ce temps, quand ils veulent reprocher cette hardiesse temeraire qui se void en la jeunesse, les nommant « necessiteux d'honneur », *bisognosi d'honore ;* et qu'estant encore en cette grande faim et disete de reputation, ils ont raison de la chercher à quelque pris que ce soit, ce que ne doivent pas faire ceux qui en ont desjà acquis à suffisance. Il y peut avoir quelque juste moderation en ce desir de gloire, et quelque sacieté en cet appetit, comme aux autres ; assez de gens le practiquent ainsi.

Il estoit bien esloigné de cette religion des anciens Romains, qui ne se vouloyent prevaloir en leurs guerres que de la vertu simple et nayfve ; mais encore y aportoit il plus de conscience que nous ne ferions à cette heure, et n'approuvoit pas toutes sortes de moyens pour acquerir la victoire. En la guerre contre Ariovistus, estant à parlementer avec luy, il y survint quelque remuement entre les deux armées, qui commença par la faute des gens de cheval d'Ariovistus. Sur ce tumulte, Cæsar se trouva avoir fort grand advantage sur ses ennemis ; toutesfois il ne s'en voulut point prevaloir, de peur qu'on luy peut reprocher d'y avoir procedé de mauvaise foy.

Il avoit accoustumé de porter un accoustrement riche au combat et de couleur esclatante pour se faire remarquer.

Il tenoit la bride plus estroite à ses soldats, et les tenoit plus de court estant prés des ennemis.

Quand les anciens Grecs vouloyent accuser quelqu'un d'extreme insuffisance, ils disoyent en commun proverbe qu'il ne sçavoit ny lire ny nager. Il avoit cette mesme opinion, que la science de nager estoit trés-utile à l'usage de la guerre, et en tira plusieurs commoditez : s'il avoit à faire diligence, il franchissoit ordinairement à nage les rivieres qu'il rencontroit, car il aymoit à voyager à pied comme le grand Alexandre. En Ægypte, ayant esté forcé, pour se sauver, de se jetter dans un petit bateau, et tant de gens s'y estant lancez quant et luy qu'il estoit en danger d'aller à fons, il ayma mieux se jetter en la mer et gaigna la flote à nage, qui estoit plus de deux cents pas de là, tenant en sa main gauche ses tablettes hors de l'eau, et trainant à belles dents sa cotte d'armes, afin que l'ennemy n'en jouyt, estant des-jà bien avancé sur l'eage.

Jamais chef de guerre n'eust tant de creance sur ses soldats : au commancement de ses guerres civiles, les centeniers luy offrirent de soudoyer, chacun sur sa bourse, un homme d'armes; et les gens de pied, de le servir à leurs despens, ceux qui estoyent plus aysez entreprenants encore à deffrayer les plus necessiteux. Le feu admiral de Chatillon nous fit veoir dernierement un pareil traict en nos guerres civiles, car les François de son armée fournissoient de leurs bourses au payement des estrangers qui l'accompagnoient. Il ne se trouveroit guiere d'exemples d'affection si ardente et si preste parmy ceux qui marchent dans le vieux train, soubs l'ancienne police des loix. Ayant eu du pire auprés de Dirrachium, ses soldats se vindrent d'eux mesmes offrir à estre chastiez et punis, de façon qu'il eust plus à les consoler qu'à les tencer. Une sienne seule cohorte soustint quatre legions de Pompeius plus de quatre heures, jusques à ce qu'elle fut quasi toute deffaicte à coups de trait, et se trouva dans la trenchée cent trente mille flesches. Un soldat nommé Scæva, qui commandoit à une des entrées, s'y maintint invincible ayant un œuil crevé, une espaule et une cuisse percées, et son escu faucé en deux cens trente lieux. Il est advenu à plusieurs de ses soldats pris prisonniers d'accepter plustost la mort que de vouloir promettre de prendre autre party. Granius Petronius ayant esté pris par Scipion en Affrique, Scipion, ayant faict mourir ses compaignons, luy manda qu'il luy donnoit la vie, car il estoit homme de reng et questeur. Petronius respondit que les soldats de Cæsar avoient accoustumé de donner la vie à autruy, non la recevoir; et se tua tout soudain de sa main propre.

Il y a infinis exemples de leur fidelité : il ne faut pas oublier le traict de ceux qui furent assiegez à Salone, ville partizane pour Cæsar contre Pompeius, pour un rare accident qui y advint, et extraordinaire. Marcus Octavius les tenoit assiegez ; ceux de dedans estans reduits en extreme necessité de toutes choses, en maniere que pour suppléer au deffaut qu'ils avoient d'hommes, la plus part d'entre eux y estans morts et blessez, ils avoient mis en liberté tous leurs esclaves, et pour le service de leurs engins avoient esté contraints de coupper les cheveux de toutes les femmes pour en faire des cordes, outre une merveilleuse disette de vivres, et ce neantmoins resolus de jamais ne se rendre. Aprés avoir trainé ce siege en grande longueur, d'où Octavius estoit devenu plus nonchalant et moins attentif à son entreprinse, ils choisirent un jour sur le midy, et, ayant rangé les femmes et les enfans sur leurs murailles pour faire bonne mine, sortirent en telle furie sur les assiegeans qu'ayant enfoncé le premier, le second et tiers corps de garde, et le quatriesme et puis le reste, et ayant fait du tout abandonner les tranchées, les chasserent jusques dans les navires; et Octavius mesmes se sauva à Dyrrachium, où estoit Pompeius.

Je n'ay point memoire pour cett'heure d'avoir veu aucun autre exemple où les assiegez battent en gros les assiegeans et gaignent la maistrise de la campaigne, ny qu'une sortie ait tiré en consequence une pure et entiere victoire de bataille.

CHAPITRE XXXV.

De Trois Bonnes Femmes.

Il n'en est pas à douzaines, comme chacun sçait, et notamment aux devoirs de mariage; car c'est un marché plein de tant d'espineuses circonstances, qu'il est malaisé que la volonté d'une femme s'y maintienne entiere long temps. Les hommes, quoy qu'ils y soyent avec un peu meilleure condition, y ont prou affaire. La touche d'un bon mariage, et sa vraye preuve, regarde le temps que la société dure, si elle a esté constamment douce, loyalle et commode. En nostre siecle, elles reservent plus communéement à estaler leurs bons offices et la vehemence de leur affection envers leurs maris perdus : la vie est plaine de combustion, le trespas d'amour et de courtoisie. Comme les peres cachent l'affection envers leurs enfans, elles volontiers, de mesmes, cachent la leur envers le mary pour maintenir un honneste respect. Ce mistere n'est pas de mon goust : elles ont beau s'escheveler et esgratigner, je m'en vois à l'oreille d'une femme de chambre et d'un secretaire : « Comme estoient-ils? Comme ont-ils vescu ensemble? » Il me soûvient tousjours de ce bon mot, *jactantius mœrent quæ minus dolent*. Leur rechigner est odieux aux vivans et vain aux morts. Nous dispenserons volontiers qu'on rie aprés, pourveu qu'on nous rie pendant la vie. S'il y a quelque honneur à pleurer les maris, il n'appartient qu'à celles qui leur ont ry : celles qui ont pleuré en la vie, qu'elles rient en la mort, au dehors comme au dedans. Aussi ne regardez pas à cés yeux moites et à cette piteuse voix; regardez ce port, ce teinct et l'embonpoinct de ces joües sous ces grands voiles; c'est par-là qu'elle parle françois. Il en est peu de qui la santé n'aille en amendant, qualité qui ne sçait pas mentir. Cette ceremonieuse contenance ne regarde pas tant derriere soy que devant; c'est acquest plus que payement. En mon enfance, une honneste et tresbelle dame, qui vit encores, vefve d'un prince, avoit je ne sçay quoy plus en sa parure qu'il n'est permis par les loix de nostre vefvage. A ceux qui le luy reprochoient : « C'est, disoit elle, que je ne practique plus de nouvelles amitiez, et suis hors de volonté de me remarier. »

Pour ne disconvenir du tout à nostre usage, j'ay icy choisy trois femmes qui ont aussi employé l'effort de leur bonté et affection autour la mort de leurs maris; ce sont pourtant exemples un peu autres et si pressans qu'ils tirent hardiment la vie en consequence.

Pline le jeune avoit prés d'une sienne maison, en Italie, un voisin merveilleusement tourmenté de quelques ulceres qui luy estoient survenuës és parties honteuses. Sa femme, le voyant si longuement languir, le pria de permettre qu'elle veit à loisir et de prés l'estat de son mal, et qu'elle luy diroit plus franchement que aucun autre ce qu'il avoit à en esperer. Aprés avoir obtenu cela de luy et l'avoir curieusement consideré, elle trouva qu'il estoit impossible qu'il en peut guerir, et que tout ce qu'il avoit à attandre c'estoit de trainer fort long temps une vie doloureuse et languissante : si luy conseilla, pour le plus seur et souverain remede, de se tuer ; et le trouvant un peu mol à une si rude entreprise : « Ne pense point, luy dit elle, mon amy, que les douleurs que je te voy souffrir ne me touchent autant qu'à toy, et que, pour m'en delivrer, je ne me vueille servir moy-mesme de cette medecine que je t'ordonne. Je te veux accompaigner à la guerison comme j'ay fait à la maladie. Oste cette crainte, et pense que nous n'aurons que plaisir en ce passage qui nous doit delivrer de tels tourmens : nous nous en irons heureusement ensemble. » Cela dit, et ayant rechauffé le courage de son mary, elle resolut qu'ils se precipiteroient en la mer par une fenestre de leur logis qui y respondoit. Et pour maintenir jusques à sa fin cette loyale et vehemente affection dequoy elle l'avoit embrassé pendant sa vie, elle voulut encore qu'il mourust entre ses bras ; mais, de peur qu'ils ne luy faillissent et que les estraintes de ses enlassemens ne vinssent à se relascher par la cheute et la crainte, elle se fit lier et attacher bien estroittement avec luy par le faux du corps, et abandonna ainsi sa vie pour le repos de celle de son mary. Celle-là estoit de bas lieu ; et parmy telle condition de gens il n'est pas si nouveau d'y voir quelque traict de rare bonté :

*Extrema per illos
Justitia excedens terris vestigia fecit.*

Les autres deux sont nobles et de grand lieu, où les exemples de vertu se logent rarement.

Arria, femme de Cecinna Pætus, personnage consulaire, fut mere d'une autre Arria, femme de Thrasea Pætus, celuy duquel la vertu fut tant renommée du temps de Neron, et, par le moyen de ce gendre, mere-grand de Fannia, car la ressemblance des noms de ces hommes et femmes et de leurs fortunes en a fait mesconter plusieurs. Cette premiere Arria, Cecinna Pætus, son mary, ayant esté prins prisonnier par les gens de l'empereur Claudius, aprés la deffaicte de Scribonianus, duquel il avoit suivy le party, supplia ceux qui l'en amenoient prisonnier à Rome de la recevoir dans leur navire, où elle leur seroit de beaucoup moins de despence et d'incommodité qu'un nombre de personnes qu'il leur faudroit pour le service de son mary, et qu'elle seule fourniroit à sa chambre, à sa cuisine et à tous autres offices. Ils l'en refuserent ; et elle, s'estant jettée dans un bateau de pécheur qu'elle loua sur le champ, le suyvit en cette sorte depuis la Sclavonie. Comme ils furent à Rome, un jour, en presence de l'empereur, Junia, vefve de Scribonianus, s'estant accostée d'elle familierement pour la societé de leurs fortunes, elle la repoussa rudement avec ces paroles : « Moy, dit-elle, que je parle à toy, ny que je t'escoute! à toy au giron de laquelle Scribonianus fut tué! et tu vis encores! » Ces paroles, avec plusieurs autres signes, firent sentir à ses parents qu'elle estoit pour se deffaire elle-mesme, impatiente de supporter la fortune de son mary. Et Thrasea, son gendre, la suppliant sur ce propos de ne se vouloir perdre, et luy disant ainsi : « Quoy! si je courois pareille fortune à celle de Cæcinna, voudriez vous que ma femme, vostre fille, en fit de mesme? — Comment donq! si je le voudrois? respondit-elle : ouy je le voudrois, si elle avoit vescu aussi long temps et d'aussi bon accord avecq toy que j'ay faict avec mon mary. » Ces responces augmentoient le soing qu'on avoit d'elle, et faisoient qu'on regardoit de plus prés à ses deportemens. Un jour, aprés avoir dict à ceux qui la gardoient, « Vous avez beau faire, vous me pouvez bien faire plus mal mourir, mais de me garder de mourir, vous ne sçauriez », s'eslançant furieusement d'une chaire où elle estoit assise, s'alla de toute sa force chocquer la teste contre la paroy voisine; duquel coup estant cheute de son long esvanouye et fort blessée, aprés qu'on l'eut à toute peine faite revenir : « Je vous disois bien, dit-elle, que si vous me refusiez quelque façon aisée de me tuer, j'en choisirois quelque autre, pour mal-aisée qu'elle fut. » La fin d'une si admirable vertu fut telle : son mary Pætus n'ayant pas le cœur assez ferme de soy-mesme pour se donner la mort, à laquelle la cruauté de l'empereur le rengeoit, un jour entre autres, aprés avoir premierement emploié les discours et enhortements propres au conseil qu'elle luy donnoit à ce faire, elle print le poignart que son mary portoit, et le tenant trait en sa main, pour la conclusion de son exhortation : « Fais ainsi, Pætus », luy dit-elle. Cela dit, s'en estant donné un coup mortel dans l'estomach, et puis l'arrachant de sa playe, elle le luy presenta, finissant quant et quant sa vie avec cette noble, genereuse et immortelle parole, *Pæte, non dolet*. Elle n'eust loisir que de dire ces trois paroles d'une si belle substance : « Tien, Pætus, il ne m'a point faict mal » :

> *Casta suo gladium cum traderet Arria Pæto,*
> *Quem de visceribus traxerat ipsa suis :*
> « *Si qua fides, vulnus quod feci non dolet, inquit;*
> *Sed quod tu facies, id mihi, Pæte, dolet.* »

Il est bien plus vif en son naturel et d'un sens plus riche : car et la playe et la mort de son mary, et les siennes, tant s'en faut qu'elles luy poisassent, qu'elle en avoit esté la conseillere et promotrice ; mais, ayant fait cette haute et courageuse entreprinse pour la seule commodité de son mary, elle regarde encore à luy au dernier trait de sa vie, et à luy oster la crainte en quoy il estoit de suyvre son conseil. Pætus se frappa tout soudain de ce mesme glaive, honteux, à mon advis, d'avoir eu besoin d'un si cher et pretieux enseignement.

Pompeia Paulina, jeune et trés-noble dame romaine, avoit espousé Seneque en son extreme vieillesse. Neron, son beau disciple, ayant envoyé ses satellites vers luy pour luy denoncer l'ordonnance de sa mort, (ce qui se faisoit en cette maniere : quand les empereurs romains de ce temps avoient condamné quelque homme de qualité, ils luy mandoient par leurs officiers de choisir quelque mort à sa poste, et de la prendre dans tel ou tel delay qu'ils luy faisoient prescrire selon la trempe de leur cholere, tantost plus pressé, tantost plus long, luy donnant terme pour disposer pendant ce temps là de ses affaires, et quelque fois luy ostant le moyen de ce faire par la briefveté du temps ; et si le condamné estrivoit à leur ordonnance, ils menoient des gens propres à l'executer, ou luy coupant les veines des bras et des jambes, ou luy faisant avaller du poison par force ; mais les personnes d'honneur n'attendoient pas cette necessité, et se servoient de leurs propres medecins et chirurgiens à cet effet), Seneque ouit leur charge d'un visage paisible et asseuré, et aprés demanda du papier pour faire son testament ; ce que luy ayant esté refusé par le capitaine, se tournant vers ses amis : « Puis que je ne puis, leur dit-il, vous laisser autre chose en reconnoissance de ce que je vous doy, je vous laisse au moins ce que j'ay de plus beau, à sçavoir l'image de mes meurs et de ma vie, laquelle je vous prie conserver en vostre memoire, affin qu'en ce faisant, vous acqueriez la gloire de sinceres et veritables amis. » Et quant et quant appaisant tantost l'aigreur de la douleur qu'il leur voyoit souffrir, par douces paroles, tantost roidissant sa voix pour les en tancer : « Où sont, disoit-il, ces beaux preceptes de la philosophie? que sont devenuës les provisions que par tant d'années nous avons faictes contre les accidents de la fortune? La cruauté de Neron nous estoit elle inconnue? Que pouvions nous attendre de celuy qui avoit tué sa mere et son frere, sinon qu'il fît encor mourir son gouverneur, qui l'a nourry et eslevé? » Aprés avoir dit ces paroles en commun, il se destourna à sa femme, et, l'embrassant estroittement, comme par la pesanteur de la douleur elle deffailloit de cœur et de forces, la pria de porter un peu plus patiemment cet accident pour l'amour de luy, et que l'heure estoit venue où il avoit à montrer non plus par discours et par disputes, mais par effect, le fruict qu'il avoit tiré de ses estudes, et que sans doubte il embrassoit la mort, non seulement sans douleur, mais avecques allegresse : « Parquoy, m'amie, disoit-il, ne la des-honore pas par tes larmes, affin qu'il ne semble que tu t'aimes plus que ma reputation; appaise ta douleur et te console en la connoissance que tu as eu de moy et de mes actions, conduisant le reste de ta vie par les honnestes occupations ausquelles tu es adonnée. » A quoy Paulina ayant un peu repris ses esprits, et reschauffé la magnanimité de son courage, par une trés-noble affection : « Non, Seneca, respondit-elle, je ne suis pas pour vous laisser sans ma compaignie en telle necessité; je ne veux pas que vous pensiez que les vertueux exemples de vostre vie ne m'ayent encore appris à sçavoir bien mourir; et quand le pourroy-je ny mieux, ny plus honnestement, ny plus à mon gré, qu'avecques vous? Ainsi faictes estat que je m'en vay quant et vous. » Lors Seneque, prenant en bonne part une si belle et glorieuse deliberation de sa femme, et pour se delivrer aussi de la crainte de la laisser aprés sa mort à la mercy et cruauté de ses ennemys : « Je t'avoy, Paulina, dit-il, conseillé ce qui servoit à conduire plus heureusement ta vie : tu aymes donc mieux l'honneur de la mort ; vrayement je ne te l'envieray poinct : la constance et la resolution soyent pareilles à nostre commune fin, mais la noblesse et la gloire soit plus grande de ta part. » Cela fait, on leur couppa en mesme temps les veines des bras ; mais par ce que celles de Seneque, reserrées tant par la vieillesse que par son abstinence, donnoient au sang le cours trop long et trop lâche, il commanda qu'on luy couppat encore les veines des cuisses ; et, de peur que le tourment qu'il en souffroit n'attendrit le cœur de sa femme, et pour se delivrer aussi soy-mesme de l'affliction qu'il souffroit de la veoir en si piteux estat, aprés avoir trés-amoureusement pris congé d'elle, il la pria de permettre qu'on l'emportat en la chambre voisine, comme on feist. Mais toutes ces incisions estant encore insuffisantes pour le faire mourir, il commande à Statius Anneus, son medecin, de luy donner un breuvage de poison, qui n'eust guiere non plus d'effect, car pour la foiblesse et froideur des membres, elle ne peut arriver jusques au cœur. Par ainsi on luy fit outre-cela aprester un baing fort chaud ; et lors, sentant sa fin prochaine, autant qu'il eust d'haleine il continua des discours trés-excellans sur le suject de l'estat où il se trouvoit, que ses secretaires recueillirent tant qu'ils peurent ouyr sa voix ; et demeurerent ses parolles dernieres long temps despuis en credit et honneur és mains des hommes (ce nous est une bien facheuse perte qu'elles ne soyent venues jusques à nous). Comme il sentit les derniers traicts de la mort, prenant de l'eau du baing toute sanglante, il en arrousa sa teste en disant : « Je vouë cette eau à Juppiter le liberateur ». Neron, adverty de tout cecy, craignant que la mort de Paulina, qui estoit des mieux apparentées dames romaines, et envers laquelle il n'avoit nulles particulieres inimitiez, luy vint à reproche, renvoya en toute diligence luy faire r'atacher ses playes : ce que ses gens d'elle firent sans son sceu, elle estant des-jà à demy morte et sans aucun sentiment. Et ce que contre son dessein elle vesquit depuis, ce fut trés-honorablement et comme il appartenoit à sa vertu, montrant par la couleur blesme de son visage combien elle avoit escoulé de vie par ses blessures.

Voylà mes trois contes trés-veritables, que je trouve aussi plaisans et tragiques que ceux que nous forgeons à nostre poste, pour donner plaisir au commun ; et m'estonne que ceux qui s'adonnent à cela ne s'amusent de choisir plutost dix mille trés-belles histoires qui se rencontrent dans les livres, où ils auroient moins de peine et apporteroient plus de plaisir et profit à autruy. Et qui en voudroit bastir un corps entier et s'entretenant, il ne faudroit qu'il fournit du sien que la liaison, comme la soudure d'un autre metal ; et pourroit entasser par ce moyen force veritables evenemens de toutes sortes, les disposant et diversifiant, selon que la beauté de l'ouvrage le requerroit, à peu prés comme Ovide a cousu et rapiecé sa Metamorphose, ou comme Arioste a rengé en une suite ce grand nombre de fables diverses.

En ce dernier couple, cela est encore digne d'estre consideré, que Paulina offre volontiers à quiter la vie pour l'amour de son mary, et que son mary avoit autre-fois quitté aussi la mort pour elle. Il n'y a pas pour nous grand contre-pois en cet eschange ; mais, selon son humeur stoïque, je croy qu'il pensoit avoir autant faict pour elle, d'alonger sa vie en sa faveur, comme s'il fut mort pour elle. En l'une des lettres qu'il escrit à Lucilius, aprés qu'il luy a fait entendre comme, la fiebvre l'ayant pris à Rome, il monta soudain en coche pour s'en aller à une sienne maison aux champs, contre l'opinion de sa femme Paulina qui le vouloit arrester, et qu'il luy avoit respondu que la fiebvre qu'il avoit ce n'estoit pas fiebvre du corps, mais du lieu, il suit ainsi : « Elle me laissa aller, me recommandant fort ma santé. Or, moy qui sçay que je loge sa vie en la mienne, je commence de pourvoir à moy pour pourvoir à elle : le privilege que ma vieillesse m'avoit donné me rendant plus ferme et plus resolu à plusieurs choses, je le pers quand il me souvient qu'en ce vieillard il y en a une jeune à qui je profite. Puis que je ne la puis ranger à m'aymer plus courageusement, elle me range à m'aymer moymesme plus curieusement : car il faut prester quelque chose aux honnestes affections ; et par fois, encore que les occasions nous pressent au contraire, il faut r'appeller la vie, voire avecque tourment ; il faut arrester l'ame entre les dents, puis que la loy de vivre, aux gens de bien, ce n'est pas autant qu'il leur plait, mais autant qu'ils doivent. Celuy qui n'estime pas tant sa femme ou un sien amy que d'en allonger sa vie, et qui s'opiniastre à mourir, il est trop delicat et trop mol : il faut que l'ame se commande cela, quand l'utilité des nostres le requiert; il faut par fois nous prester à nos amis, et, quand nous voudrions mourir pour nous, interrompre nostre dessein pour autruy. C'est tesmoignage de grandeur de courage, de retourner en la vie pour la consideration d'autruy, comme plusieurs excellens personnages ont faict; et est un traict de bonté singuliere de conserver la vieillesse (de laquelle la commodité la plus grande, c'est la nonchalance de sa durée et un plus courageux et desdaigneux usage de la vie), si on sent que cet office soit doux, agreable et profitable à quelqu'un bien affectionné; et en reçoit on une trés-plaisante recompense, car qu'est-il plus doux que d'estre si cher à sa femme qu'en sa consideration on en devienne plus cher à soy-mesme? Ainsi ma Pauline m'a chargé non seulement sa crainte, mais encore la mienne. Ce ne m'a pas esté assez de considerer combien resoluement je pourrois mourir, mais j'ay aussi consideré combien irresoluement elle le pourroit souffrir. Je me suis contrainct à vivre, et c'est quelquefois vaillance que vivre. » Voylà ses mots.

CHAPITRE XXXVI.

Des plus excellens hommes.

Si on me demandoit le chois de tous les hommes qui sont venus à ma connoissance, il me semble en trouver trois excellens au dessus de tous les autres.

L'un, Homere : non pas qu'Aristote ou Varro (pour exemple) ne fussent à l'adventure aussi sçavans que luy, ny possible encore qu'en son art mesme, Vergile ne luy soit comparable : je le laisse à juger à ceux qui les connoissent tous deux. Moy qui n'en connoy que l'un, je n'en puis dire que cela, selon ma portée, que je ne croy pas que les Muses mesmes puissent aller au delà du Romain :

> *Tale facit carmen docta testudine, quale*
> *Cynthius impositis temperat articulis.*

Toutesfois, en ce jugement, encore ne faudroit il pas oublier que c'est principalement d'Homere mesme de qui Vergile tient sa suffisance ; que c'est son guide et maistre d'escole, et qu'un seul traict de l'Iliade a fourny de corps et de matiere à cette grande et divine Eneide. Ce n'est pas ainsi que je conte : j'y mesle plusieurs autres circonstances qui me rendent ce personnage admirable, quasi au dessus de l'humaine condition; et à la verité je m'estonne souvent que luy, qui a produit et mis en credit au monde plusieurs deitez par son auctorité, n'a gaigné reng de Dieu luy mesme. Estant aveugle, indigent; estant avant que les ars et les sciences eussent esté redigées en regle et observations certaines, il les a tant connues que tous ceux qui se sont meslez depuis d'establir des polices, de conduire guerres, et d'escrire ou de la religion, ou de la philosophie, ou des ars, se sont servis de luy comme d'un patron trés-parfaict en la connoissance de toutes choses, et de ses livres comme d'une pepiniere de toute sorte de suffisance :

> *Qui quid sit pulchrum, quid turpe, quid utile, quid non,*
> *Plenius ac melius Chrysippo et Crantore dicit;*

et comme dit l'autre,

> *A quo, ceu fonte perenni,*
> *Vatum Pieriis labra rigantur aquis;*

et l'autre,

> *Adde Heliconiadum comites, quorum unus Homerus*
> *Sceptra potitus;*

et l'autre,
> *Cujusque ex ore profuso*
> *Omnis posteritas latices in carmina duxit,*
> *Amnemque in tenues ausa est deducere rivos,*
> *Unius fœcunda bonis.*

C'est contre l'ordre de nature qu'il a faict la plus noble production qui puisse estre : car la naissance or-

dinaire des choses, elle est foible et imparfaicte ; elles
s'augmentent, se fortifient par l'accroissance : l'enfance
de la poësie et de plusieurs autres sciences, il l'a rendue
meure, parfaicte et accomplie. A cette cause le
peut on nommer le premier et dernier des poëtes, suyvant
ce beau tesmoignage que l'antiquité nous a laissé
de luy, que, « n'ayant eu nul qu'il peut imiter avant
luy, il n'a eu nul aprés luy qui le peut imiter ». Ses parolles,
selon Aristote, sont les seules parolles qui ayent
mouvement et action ; ce sont les seuls mots substantiels
et massifs. Alexandre le grand, ayant rencontré
parmy les despouilles de Darius un riche coffret, ordonna
que on le luy reservat pour y loger son Homere,
disant que c'estoit le meilleur et plus fidelle
conseiller qu'il eut en ses affaires militaires. Pour cette
mesme raison, disoit Cleomenes, fils d'Anaxandridas,
que c'estoit le poëte des Lacedemoniens, parce qu'il
estoit trés-bon maistre de la discipline militaire. Cette
louange singuliere et particuliere luy est aussi demeurée,
au jugement de Plutarque, que c'est le seul
autheur du monde qui n'a jamais soulé ne dégousté
les hommes, se montrant aux lecteurs tousjours tout
autre, et fleurissant tousjours en nouvelle grace. Ce folastre
d'Alcibiades, ayant demandé à un qui faisoit profession
des lettres un livre d'Homere, luy donna un
soufflet par ce qu'il n'en avoit point : comme qui trouveroit
un de nos prestres sans breviaire. Xenophanes
se pleignoit un jour à Hieron, tyran de Syracuse, de
ce qu'il estoit si pauvre qu'il n'avoit de quoy nourrir
deux serviteurs : « Et quoy, luy respondit-il, Homere,
qui estoit beaucoup plus pauvre que toy, en nourrit

bien plus de dix mille, tout mort qu'il est. » Outre cela, quelle gloire se peut comparer à la sienne? Il n'est rien qui vive en la bouche des hommes comme son nom et ses ouvrages ; il n'est rien si cogneu et si receu que Troye, Helene et ses guerres, qui ne furent à l'advanture jamais. Nos enfans s'appellent encore des noms qu'il forgea il y a plus de trois mille ans. Qui ne cognoit Hector et Achilles? Non seulement aucunes races particulieres, mais la plus part des nations cherchent origine en ses inventions. Mahumet second de ce nom, empereur des Turcs, escrivant à nostre pape Pie second : « Je m'estonne, dit-il, comment les Italiens se bandent contre moy, attendu que nous avons nostre origine commune des Troyens, et que j'ay comme eux interest de venger le sang d'Hector sur les Grecs, lesquels ils vont favorisant contre moy. » N'est-ce pas une noble farce de laquelle les roys, les choses publiques et les empereurs vont jouant leur personnage tant de siecles, et à laquelle tout ce grand univers sert de theatre ? Sept villes Grecques entrarent en debat du lieu de sa naissance, tant son obscurité mesmes luy apporta d'honneur :

Smyrna, Rhodos, Colophon, Salamis, Chios, Argos, Athenæ.

L'autre, Alexandre le grand : car qui considerera l'aage auquel il commença ses entreprises; le peu de moyen avec lequel il fit un si glorieux dessein; l'authorité qu'il gaigna en cette sienne enfance parmy les plus grands et experimentez capitaines du monde desquels il estoit suyvi; la faveur extraordinaire dequoy la fortune embrassa et favorisa tant de siens exploits hazardeux, et à peu que je ne die temeraires :

> *Impellens quicquid sibi summa petenti*
> *Obstaret, gaudensque viam fecisse ruina;*

cette grandeur, d'avoir, à l'aage de trente trois ans, passé victorieux toute la terre habitable, et en une demye vie avoir atteint tout l'effort de l'humaine nature, si que vous ne pouvez imaginer sa durée legitime et la continuation de son accroissance en vertu et en fortune jusques à un juste terme d'aage, que vous n'imaginez quelque chose au dessus de l'homme, d'avoir faict naistre de ses soldats tant de branches royales, laissant aprés sa mort le monde en partage à quatre successeurs, simples capitaines de son armée, desquels les descendans ont depuis si long temps duré, maintenant cette grande possession ; tant d'excellentes vertus qui estoyent en luy, justice, temperance, liberalité, foy en ses parolles, amour envers les siens, humanité envers les vaincus (car ses mœurs semblent à la verité n'avoir aucun juste reproche, ouy bien aucunes de ses actions particulieres, rares et extraordinaires; mais il est impossible de conduire si grands mouvemens avec les reigles de la justice : telles gens veulent estre jugez en gros par la maistresse fin de leurs actions; la ruyne de Thebes, le meurtre de Menander et du medecin d'Ephestion, de tant de prisonniers persiens à un coup, d'une troupe de soldats indiens contre sa parolle, des Cosseïens jusques aux petits enfans, font saillies un peu mal excusables : car quant à Clytus, la faute en fut amendée outre son pois, et tesmoigne cette action, autant que toute autre, la debonnaireté de sa complexion, et que c'estoit de soy une nature excellemment formée à la bonté; quant à ce qu'il estoit un peu vanteur, un peu trop impatient d'ouyr mesdire de soy, et quant à ses mangeoires, armes et mors qu'il fit semer aux Indes : toutes ces choses me semblent pouvoir estre condonnées à son aage et à la prosperité de sa fortune); qui considerera quand et quand tant de vertus militaires, diligence, pourvoyance, patience, discipline, subtilité, magnanimité, resolution, bon-heur, en quoy, quand l'authorité d'Hannibal ne nous l'auroit apris, il a esté le premier des hommes; les rares beautez et conditions de sa personne jusques au miracle; ce port et ce venerable maintien soubs un visage si jeune, vermeil et flambloyant,

> *Qualis ubi Oceani perfusus Lucifer unda,*
> *Quem Venus ante alios astrorum diligit ignes,*
> *Extulit os sacrum cœlo, tenebrasque resolvit;*

l'excellence de son sçavoir et capacité; la durée et grandeur de sa gloire, pure, nette, exempte de tache et d'envie; et qu'encore long temps aprés sa mort ce fut une religieuse croyance d'estimer que ses medailles apportassent bon-heur à ceux qui les avoyent sur eux; et que plus de roys et princes ont escrit ses gestes qu'autres historiens n'ont escrit les gestes d'autres roy ou prince que ce soit : Il confessera, tout cela mis ensemble, que j'ay eu raison de le preferer à Cæsar mesme, car luy seul m'a peu mettre en doubte du chois; et il ne se peut nier qu'il n'y aye plus du sien en ses exploits, plus de la fortune en ceux d'Alexandre. Ils ont eu plusieurs choses esgales, et Cæsar à l'adventure aucunes plus grandes. Ce furent deux feux ou deux torrens à ravager le monde par divers endroits :

> *Et velut immissi diversis partibus ignes*
> *Arentem in silvam et virgulta sonantia lauro ;*
> *Aut ubi decursu rapido de montibus altis*
> *Dant sonitum spumosi amnes et in æquora currunt,*
> *Quisque suum populatus iter.*

Mais, quand l'ambition de Cæsar auroit de soy plus de moderation, elle a tant de mal'heur, ayant rencontré ce vilain subject de la ruyne de son pays et de l'empirement universel du monde, que, toutes pieces ramassées et mises en la balance, je ne puis que je ne panche du costé d'Alexandre.

Le tiers et le plus excellent, à mon gré, c'est Epaminondas. De gloire, il n'en a pas à beaucoup prés tant que d'autres (aussi n'est-ce pas une piece de la substance de la chose); de resolution et de vaillance, non pas de celle qui est esguisée par l'ambition, mais de celle que la sapience et la raison peuvent planter en une ame bien reglée, il en avoit tout ce qui s'en peut imaginer. De preuve de cette sienne vertu, il en a fait autant, à mon advis, qu'Alexandre mesme et que Cæsar : car, encore que ses exploits de guerre ne soient ny si frequens, ny si enflez, ils ne laissent pas pourtant, à les bien considerer et toutes leurs circonstances, d'estre aussi poisants et roides, et portant autant de tesmoignage de suffisance en l'art militaire. Les Grecs luy ont faict cet honneur, sans contredit, de le nommer premier homme d'entre eux ; mais estre le premier de la Grece, c'est estre le prime du monde. Quant à son sçavoir et suffisance, ce jugement ancien nous en est resté, que jamais homme ne sceut tant, et parla si peu que luy. Mais quant à ses meurs et conscience, il a de bien loing surpassé tous ceux qui se sont jamais meslé de manier affaires : car en cette partie, qui est de la vertu et qui doit estre principalement considerée, il ne cede à aucun philosophe, non pas à Socrates mesme. En cettuy-cy l'innocence est une qualité propre, maistresse, constante, uniforme, incorruptible, au parangon de laquelle elle paroist en Alexandre subalterne, incertaine, bigarrée, molle et fortuite. Et pour exemple d'une excessive bonté, je veux adjouster icy aucunes de ses opinions. Le plus doux contentement qu'il eust en toute sa vie, il asseuroit que c'estoit le plaisir qu'il avoit donné à son pere et à sa mere de sa victoire de Leuctres : il couche de beaucoup, preferant leur plaisir au sien si juste et si plein d'une tant utile et glorieuse action. Il ne pensoit pas qu'il fut loisible, pour recouvrer mesmes la liberté de son pays, de tuer un homme sans connoissance de cause : voylà pourquoy il fut si froid à l'entreprise de Pelopidas, son compagnon, pour la delivrance de Thebes. Il tenoit aussi qu'en une bataille il falloit fuyr le rencontre d'un amy qui fut au party contraire et l'espargner.

CHAPITRE XXXVII.

De la Ressemblance des enfans aux peres.

E fagotage de tant de diverses pieces se faict en cette condition, que je n'y mets la main que lors qu'une trop lasche oisiveté me presse, et non ailleurs que chez moy. Ainsin il s'est basty à diverses poses et intervalles, comme les occasions me detiennent ailleurs par fois plusieurs mois. Au demeurant, je ne corrige point mes premieres imaginations par les secondes : je veux representer le progrez de mes humeurs, et qu'on voye chaque piece en sa naissance. Je voudrois avoir commencé plustost, et prendrois plaisir à reconnoistre le trein de mes mutations. Un valet qui me servoit à les escrire soubs moy, pensa faire un grand butin de m'en desrober plusieurs pieces choisies à sa poste. Cela me console qu'il n'y fera pas plus de gain que j'y ay fait de perte. Je me suis envieilly de sept ou huict ans depuis que je commençay, ce n'a pas esté sans quelque nouvel acquest : j'y ay pratiqué la colique par la liberalité des ans; leur commerce et longue conversation ne se passe aisément sans quelque tel fruit. Je voudroy bien, de plusieurs autres presens qu'ils ont à faire à ceux qui les hantent long temps, qu'ils en eussent choisi quelqu'un qui m'eust esté plus acceptable : car ils ne m'en eussent sceu faire que j'eusse en plus grande horreur, dés mon enfance;

c'estoit à point nommé, de tous les accidents de la vieillesse, celuy que je craignois le plus. J'avoy pensé mainte-fois à part moy que j'alloy trop avant, et qu'à faire un si long chemin, je ne faudroy pas de m'engager en fin en quelque malplaisant rencontre. Je sentois et protestois assez qu'il estoit heure de partir, et qu'il falloit trencher la vie dans le vif et dans le sain, suyvant la regle des chirurgiens quand ils ont à coupper quelque membre. Mais c'estoient vaines propositions : il s'en faloit tant que j'en fusse prest lors, que en dixhuict mois ou environ qu'il y a que je suis en ce malplaisant estat, j'ay des-jà appris à m'y accommoder. J'entre des-jà en composition de ce vivre coliqueux ; j'y trouve dequoy me consoler et dequoy esperer : tant les hommes sont acoquinez à leur estre miserable, qu'il n'est si rude condition qu'ils n'acceptent pour s'y conserver.

Les souffrances qui nous touchent simplement par l'ame m'affligent beaucoup moins qu'elles ne font la pluspart des autres hommes : partie par jugement, car le monde estime plusieurs choses horribles, ou evitables au pris de la vie, qui me sont à peu prés indifferentes ; partie par une complexion stupide et insensible que j'ay aux accidents qui ne donnent à moy de droit fil, laquelle complexion j'estime l'une des meilleures pieces de ma naturelle condition ; mais les souffrances vrayement essentielles et corporelles, je les gouste bien vifvement. Si est-ce pour tant que, les prevoyant autresfois d'une veuë foible, delicate et amollie par la jouyssance de cette longue et heureuse santé et repos que Dieu m'a presté, la meilleure part de mon aage, je les avoy conceuës par imagination si insupportables qu'à la verité j'en avois plus de peur que je n'y ay trouvé de mal : par où j'augmente tousjours cette creance que la pluspart des facultez de nostre ame troublent plus le repos de nostre vie qu'elles ne nous y servent.

Je suis aux prises avec la pire de toutes les maladies, la plus soudaine, la plus douloureuse, la plus mortelle et la plus irremediable. J'en ay desjà essayé cinq ou six bien longs accez et penibles : toutes-fois, ou je me flatte, ou encores y a-il en cet estat dequoy se soustenir à qui a l'ame deschargée de la crainte de la mort, et deschargée des menasses, conclusions et consequences dequoy la medecine nous enteste. Mais l'effet mesme de la douleur n'a pas cette aigreur si aspre et si poignante qu'un homme rassis en doive entrer en rage et en desespoir. J'ay aumoins ce profit de la cholique, que ce que je n'avoy encore peu sur moy pour me concilier du tout et m'accointer à la mort, elle le parfera : car d'autant plus elle me pressera et importunera, d'autant moins me sera la mort à craindre. J'avoy desjà gaigné cela de ne tenir à la vie que par la vie seulement ; elle desnouera encore cette intelligence : et Dieu veuille qu'en fin, si son aspreté vient à surmonter mes forces, elle ne me rejette à l'autre extremité, non moins vitieuse, d'aymer et desirer à mourir !

Summum nec metuas diem, nec optes.

Ce sont deux passions à craindre, mais l'une a son remede bien plus prest que l'autre.

Au demourant, j'ay tousjours trouvé ce precepte ceremonieux et inepte, qui ordonne de tenir bonne contenance et un maintien grave et posé à la souffrance des maux. Pourquoy la philosophie, qui ne regarde que le vif, que la substance et les effects, se va elle amusant à ces apparences vaines et externes, comme si elle dressoit les hommes aux actes d'une comedie, ou comme s'il estoit en sa jurisdiction d'empescher les mouvemens et alterations que nous sommes naturellement contraints de recevoir? Qu'elle empesche donq Socrates de rougir d'affection ou de honte, de cligner les yeux à la menasse d'un coup, de trembler et de suer aux secousses de la fiévre : la peinture de la poesie, qui est libre et volontaire, n'ose priver des larmes mesmes les personnes qu'elle veut representer accomplies et parfaictes,

> Et se n'aflige tanto
> Che si morde le man, morde le labbia,
> Sparge le guancie di continuo pianto,

elle devroit laisser cette charge à ceux qui font profession de regler nostre maintien et nos mines : qu'elle s'arreste à gouverner nostre entendement qu'elle a pris à instruire; qu'elle luy ordonne ses pas et le tienne en bride et en office; qu'aux efforts de la cholique, elle maintienne nostre ame capable de se reconnoistre, de suyvre son train accoustumé, combatant la douleur et la soustenant, non se prosternant honteusement à ses pieds, esmeuë et eschauffée du combat, non abatue pourtant et renversée. Voylà sa charge : du dehors, il importe peu, et en accidents si extremes c'est cruauté de requerir de nous une démarche si reglée. Pourveu que nous ayons beau jeu, c'est tout un que nous ayons mauvaise mine. C'est bien assez que nous soyons tels que avons nous accoustumé en nos pensées et actions principales; quant au corps, s'il se soulage en se plaignant, qu'il le face; si l'agitation luy plaist, qu'il se tremousse et tracasse à sa fantasie; s'il luy semble que le mal s'evapore aucunement (comme aucuns medecins disent que cela aide à la delivrance des femmes enceintes) pour pousser hors la voix avec plus grande violence, ou, s'il pense que cela amuse son tourment, qu'il crie tout à faict. Nous avons assez de travail du mal, sans y joindre un nouveau travail par discours.

Ce que je dis pour excuser ceux qu'on voit ordinairement se escrier et se tempester aux secousses de la douleur de cette maladie; car, pour moy, je l'ay passée jusques à cette heure avec un peu meilleure contenance : non pourtant que je me mette en peine pour maintenir cette decence exterieure, car je fay peu de compte d'un tel advantage, je preste en cela au mal autant qu'il veut; mais, ou mes douleurs ne sont pas si excessives, ou j'y apporte plus de fermeté que le commun. Je me plains, je me despite quand les aigres pointures me pressent, mais je n'en viens pas au desespoir et à la rage; et aux intervalles de cette douleur excessive, je me remets soudain en ma forme ordinaire : je devise, je ris, j'estudie sans esmotion et alteration, d'autant que mon ame ne prend autre alarme que la sensible et corporelle; ce que je doy certainement au soing que j'ay eu à me preparer par estude et par discours à tels accidens :

Laborum
*Nulla mihi nova nunc facies inopinaque surgit,
Omnia præcepi atque animo mecum ante peregi.*

Je suis essayé pourtant un peu bien rudement pour un apprentis, et, d'un changement bien soudain et bien rude, estant cheu tout à coup d'une trés-douce condition de vie et trés-heureuse à la plus doloreuse et penible qui se puisse imaginer : car, outre ce que c'est une maladie bien fort à craindre d'elle mesme, elle fait en moy ses commencemens beaucoup plus aspres et difficiles qu'elle n'a accoustumé. Les accés me reprennent si souvent que je ne sens quasi plus d'entiere santé et pure de douleurs. Je maintien toutesfois jusques à cette heure mon esprit en telle assiette que, pourveu que j'y puisse apporter de la constance, je me treuve en assez meilleure condition de vie que mille autres qui n'ont ny fiévre ny, mal que celuy qu'ils se donnent eux mesmes par la faute de leur discours.

Il est certaine façon d'humilité subtile qui naist de la presomption, comme cette-cy, que nous reconnoissons nostre ignorance en plusieurs choses, et sommes si courtois d'avouer qu'il y a és ouvrages de nature aucunes qualitez et conditions qui nous sont imperceptibles, et desquelles nostre suffisance ne peut descouvrir les moyens et les causes : par cette honneste et conscientieuse declaration, nous esperons gaigner qu'on nous croira aussi de celles que nous dirons entendre. Nous n'avons que faire d'aller tirer des miracles et des difficultez estrangeres. Il me semble que parmy les choses que nous voyons ordinairement, il y a des estrangetez si incomprehensibles qu'elles surpassent toute la difficulté des miracles. Quel monstre est-ce, que cette goute de semence de quoy nous sommes produits porte en soy les impressions, non de la forme corporelle seulement, mais des pensemens et des inclinations de nos peres? Cette goute d'eau, où loge elle ce nombre infiny de formes? et comme portent elles ces ressemblances, d'un progrez si temeraire et si desreglé que l'arriere fils respondra à son bisayeul, le neveu à l'oncle? En la famille de Lepidus, à Romme, il y en a eu trois, non de suitte, mais par intervalles, qui nasquirent un mesme œil couvert de cartilage. A Thebes, il y avait une race qui portoit, dés le ventre de la mere, la forme d'un fer de lance; et qui ne le portoit estoit tenu illegitime. Aristote dict qu'en certaine nation, où les femmes estoient communes, on assignoit les enfans à leurs peres par la ressemblance.

Il est vraysemblable que je tiens de mon pere cette qualité pierreuse, car il mourut merveilleusement affligé d'une grosse pierre qu'il avoit en la vessie. Il ne s'apperceut de son mal que le soixante-septiesme an de son aage, et avant cela il n'en avoit eu aucune menasse ou ressentiment aux reins, aux costez, ny ailleurs; et avoit vescu jusques lors en une bien heureuse santé et bien peu subjette à maladies; et dura encores sept ans en ce mal, trainant une fin de vie bien douloureuse. J'estoy nay vingt cinq ans, et plus, avant sa maladie, et durant le temps de son meilleur estat, le troisiesme de ses enfans en rang de naissance. Où se couvoit tant de temps la propension à ce mal? et, lors qu'il estoit si loing de s'en sentir, cette legere piece de sa substance dequoy il me bastit, comment en portoit elle pour sa part une si grande impression? et comment encore si couverte que quarante cinq ans aprés j'aye commencé à m'en ressentir, seul jusques à cette heure entre tant de freres et de sœurs, et tous d'une mere? Qui m'esclaircira de tout ce progrez, je le croiray d'autant d'autres miracles qu'il voudra, pourveu que, comme ils font, ils ne me donnent pas en payement une doctrine beaucoup plus difficile et fantastique que n'est la chose mesme.

Que les medecins excusent un peu ma liberté, car par cette mesme infusion et insinuation fatale, j'ay receu la haine et le mespris de leur doctrine. Cette antipathie que j'ay à leur art m'est hereditaire. Mon pere a vescu soixante et quatorze ans, mon ayeul soixante et neuf, mon bisayeul prés de quatre vingts, sans avoir gousté aucune sorte de medecine. Et, entre nous, tout ce qui n'estoit de l'usage ordinaire tenoit lieu de drogue. La medecine se forme par exemples et experience; aussi fait mon opinion. Voylà pas une bien expresse experience et bien advantageuse? Je ne sçay s'ils m'en trouveront trois en leurs registres, nais, nourris et trespassez en mesme maison, ayans autant vescu soubs leurs regles. Il faut qu'ils m'advouent en cela que, si ce n'est la raison, aumoins que la fortune est de mon party; or, chez les medecins, fortune vaut beaucoup mieux que la raison. Qu'ils ne me prennent point à cette heure à leur advantage; qu'ils ne me menassent point, atterré comme je suis : ce seroit supercherie. Aussi, à dire la verité, j'ay assez gaigné sur eux par mes exemples domestiques, encore qu'ils s'arrestent là. Les choses humaines n'ont pas tant de constance : il y a deux cens ans, il ne s'en faut que dixhuict, que cet essay nous dure, car le premier nasquit l'an mil quatre cens deux. C'est vrayement bien raison que cette experience commence à nous faillir. Qu'ils ne me reprochent point les maux qui me tiennent à la gorge : d'avoir vescu quarante six ans pour ma part, n'est-ce pas assez? Quand ce sera le bout de ma carriere, elle est des plus longues.

Mes ancestres avoient la medecine à contre-cœur par quelque inclination occulte et naturelle; car la veuë mesme des drogues faisoit horreur à mon pere. Le seigneur de Gaviac, oncle paternel, homme d'Eglise, maladif dés sa naissance, et qui fit toutefois durer cette vie dèbile jusques à 67 ans, estant tombé autrefois en une grosse et vehemente fiévre continue, il fut ordonné par les medecins qu'on luy declaireroit, s'il ne se vouloit aider (ils appellent secours ce qui le plus souvent est rengregement de mal), qu'il estoit infailliblement mort. Ce bon homme, tout effrayé comme il fut de cette horrible sentence, si respondit-il : « Je suis donq mort. » Mais Dieu rendit tantost aprés vain ce prognostique. Le dernier des freres, ils estoient quatre, sieur de Bussaguet, et de bien loing le dernier, se soubmit seul à cet art, pour le commerce, ce croy-je, qu'il avoit avec les autres arts, car il estoit conseiller en la court de parlement; et luy succeda si mal qu'estant par apparence de plus forte complexion, il mourut pourtant long temps avant les autres, sauf un, le sieur de Sainct Michel.

Il est possible que j'ay receu d'eux cette dispathie

naturelle à la medecine; mais s'il n'y eut eu que cette consideration, j'eusse essayé de la forcer : car toutes ces conditions qui naissent en nous sans raison, elles sont vitieuses, c'est une espece de maladie qu'il faut combatre; il peut estre que j'y avois cette propension, mais je l'ay appuyée et fortifiée par les discours qui m'en ont estably l'opinion que j'en ay. Car je hay aussi cette consideration de refuser la medecine pour l'aigreur de son goust : ce ne seroit aisement mon humeur, qui trouve la santé digne d'estre r'achetée par tous les cauteres et incisions les plus penibles qui se facent. C'est une pretieuse chose que la santé, et la seule qui merite à la verité qu'on y employe, non le temps seulement, la sueur, la peine, les biens, mais encore la vie à sa poursuite; d'autant que sans elle la vie ne peut avoir ny grace ny saveur. La volupté, la sagesse, la science et la vertu, sans elle, se ternissent et esvanouissent; et aux plus fermes et tendus discours que la philosophie nous veuille imprimer au contraire, nous n'avons qu'à opposer l'image de Platon estant frappé du haut mal ou d'une apoplexie, et en cette presupposition le deffier de s'ayder de ces nobles et riches facultez de son ame. Toute voye qui nous meneroit à la santé ne se peut dire pour moy ny aspre, ny espineuse. Mais j'ay quelques autres apparences qui me font estrangement deffier de toute cette marchandise. Je ne dy pas qu'il n'y en puisse avoir quelque art; qu'il n'y ait, parmy tant d'ouvrages de nature, des choses propres à la conservation de nostre santé, cela est vraysemblable: j'entens bien qu'il y a quelque simple qui humecte, quelque autre qui asseche; je sçay, par experience, et que les refforts produisent des vents, et que les feuilles de séné lâchent le ventre; je sçay plusieurs telles experiences, comme je sçay que le mouton me nourrit et que le vin m'eschauffe; et disoit Solon que le menger estoit, comme les autres drogues, une medecine contre la maladie de la faim. Je ne desadvouë pas l'usage que nous tirons du monde, ny ne doubte de la puissance et uberté de nature, et de son application à nostre besoing; je vois bien que les brochets et les arondes se trouvent bien d'elle. Je me deffie des inventions de nostre esprit, de nostre science et art, en faveur duquel nous l'avons abandonnée et ses regles, et auquel nous ne sçavons tenir moderation et limite.

En premier lieu, l'experience me le fait craindre : car, de ce que j'ay de connoissance, je ne voy nulle race de gens si tost malade et si tard guerie que celle qui est sous la jurisdiction de la medecine. Leur santé mesme est alterée et corrompue par la contrainte des regimes. Les medecins ne se contentent point d'avoir la maladie en gouvernement, ils rendent la santé malade, pour garder qu'on ne puisse en aucune saison eschapper leur authorité. D'une santé constante et entiere, n'en tirent ils pas l'argument d'une grande maladie future? J'ay esté assez souvent malade, j'ay trouvé, sans leurs secours, mes maladies aussi douces à supporter (et en ay essayé quasi de toutes les sortes) et aussi courtes qu'à nul' autre; et si n'y ay point meslé l'amertume de leurs drogues. La santé, je l'ay libre et entiere, sans regle et sans autre discipline que de ma coustume et de mon plaisir. Tout lieu m'est bon à m'arrester, car il ne me faut autres commoditez, estant malade, que celles qu'il me faut estant sain. Je ne me passionne point d'estre sans medecin, sans apotiquaire et sans secours; dequoy j'en voy la plus part plus affligez que du mal mesme. Quoy! eux mesmes nous font ils voir de l'heur et de la durée en leur vie, qui nous puisse tesmoigner quelque apparent effet de leur science?

Il n'est nation qui n'ait esté plusieurs siecles sans la medecine, et les premiers siecles, c'est à dire les meilleurs et les plus heureux; et du monde la dixiesme partie ne s'en sert pas encores à cette heure; infinies nations ne la cognoissent pas, où l'on vit et plus sainement et plus longuement qu'on ne fait icy; et parmy nous la plus part du peuple s'en passe heureusement. Les Romains avoyent esté six cens ans avant que de la recevoir; mais, aprés l'avoir essayée, ils la chasserent de leur ville par l'entremise de Caton le Censeur, qui montra combien aysément il s'en pouvoit passer, ayant vescu quatre vingts et cinq ans, et fait vivre sa femme jusqu'à l'extreme vieillesse, non pas sans medecine, mais ouy bien sans medecin : car toute chose qui se trouve salubre à nostre vie se peut nommer medecine. Il entretenoit, ce dict Plutarque, sa famille en santé par l'usage (ce me semble) du lievre : comme les Arcades, dict Pline, guerissent toutes maladies avec du laict de vache; et les gens de village de ce païs, à tous accidens, n'employent que du vin le plus fort qu'ils peuvent, meslé à force safran et espice : tout cela avec une fortune pareille.

Et à dire vray, de toute cette diversité et confusion d'ordonnances, quelle autre fin et effect aprés tout y a il que de vuider le ventre, ce que mille simples domestiques peuvent faire? Et si ne sçay si c'est si utillement qu'ils disent, et si nostre nature n'a point besoing de la residence de ses excremens jusques à certaine mesure, comme le vin a de sa lie pour sa conservation. Vous voyez souvent des hommes tressains tomber en vomissemens, ou flux de ventre par accident estranger, et faire un grand vuidange d'excremens sans besoin aucun precedent et sans aucune utilité suivante, voire avec empirement et dommage.

On demandoit à un Lacedemonien qui l'avoit fait vivre si long temps : « L'ignorance de la medecine », respondit il. Et Adrian l'empereur crioit sans cesse, en mourant, que la presse des medecins l'avoit tué. Un mauvais luicteur se fit medecin : « Courage, luy dit Diogenes, tu as raison : tu mettras à cette heure en terre ceux qui t'y ont mis autresfois. » Mais ils ont cet heur, selon Nicoclés, que le soleil esclaire leur succez, et la terre cache leur faute. Et outre-cela, ils ont une façon bien avantageuse de se servir de toutes sortes d'evenemens, car ce que la fortune, ce que la nature, ou quelque autre cause estrangere (desquelles le nombre est infini) produit en nous de bon et de salutaire, c'est le privilege de la medecine de se l'attribuer. Tous les heureux succez qui arrivent au patient qui est soubs son regime, c'est d'elle qu'il les tient. Les occasions qui m'ont guery à moy et qui guerissent mille autres qui n'appellent point les medecins à leurs secours, ils les usurpent en leurs subjects; et quant aux mauvais accidents : ou ils les desavouent tout à fait, en attribuant la coulpe au patient par des raisons si vaines qu'ils n'ont garde de faillir d'en trouver tousjours assez bon nombre

de telles : « Il a descouvert son bras, il a ouy le bruit d'un coche,
>
> *Rhedarum transitus arcto*
> *Vicorum in flexu;*

ou on luy a entrouvert sa fenestre, ou il s'est couché sur le costé gauche, ou passé par sa teste quelque pensement penible »; somme, une parolle, un songe, une œuillade leur semble suffisante excuse pour se descharger de faute; ou, s'il leur plait, ils se servent encore de cet empirement, et en font leurs affaires par cet autre moyen qui ne leur peut jamais faillir, c'est de nous payer, lors que la maladie se trouve rechaufée par leurs applications, de l'asseurance qu'ils nous donnent qu'elle seroit bien autrement empirée sans leurs remedes. Celuy qu'ils ont jetté d'un morfondement en une fievre quotidienne, il eust eu sans eux la continue. Ils n'ont garde de faire mal leurs besoignes, puis que le dommage leur revient à profit. Vrayement ils ont raison de requerir du malade une application de creance favorable : il faut qu'elle le soit, à la verité, en bon escient et bien souple, pour s'appliquer à des imaginations si mal aisées à croire.

Platon disoit bien à propos qu'il n'apartenoit qu'aux medecins de mentir en toute liberté, puis que nostre salut despend de la vanité et fauceté de leurs promesses. Æsope, autheur de trés-rare excellence et duquel peu de gens descouvrent toutes les graces, est plaisant à nous representer cette authorité tyrannique qu'ils usurpent sur ces pauvres ames affoiblies et abatues par le mal et la crainte; car il conte qu'un malade estant interrogé par son medecin quelle operation il sentoit des medicamens qu'il luy avoit donnez : « J'ay fort sué, respondit-il. — Cela est bon », dit le medecin. A une autre fois il luy demanda encore comme il s'estoit porté depuis : « J'ay eu un froid extreme, fit-il, et ay fort tremblé. — Cela est bon », suyvit le medecin. » A la troisiesme fois il luy demanda de rechef comment il se portoit : « Je me sens, dit-il, enfler et bouffir comme d'ydropisie. — Voylà qui va bien », adjousta le medecin. L'un de ses domestiques venant aprés à s'enquerir à luy de son estat : « Certes, mon amy, respond-il, à force de bien estre je me meurs. »

Il y avoit en Ægypte une loy plus juste par laquelle le medecin prenoit son patient en charge les trois premiers jours aux perils et fortunes du patient ; mais les trois jours passez, c'estoit aux siens propres. Car quelle raison y a il qu'Æsculapius, leur patron, ait esté frappé du foudre pour avoir r'amené Heleine de mort à vie ;

> *Nam Pater omnipotens, aliquem indignatus ab umbris*
> *Mortalem infernis ad lumina surgere vitæ,*
> *Ipse repertorem medicinæ talis et artis*
> *Fulmine Phœbigenam Stygias detrusit ad undas ;*

et ses suyvans soyent absous qui envoyent tant d'ames de la vie à la mort ? Un medecin vantoit à Nicoclés son art estre de grande auctorité : « Vrayment c'est mon, dict Nicoclés, qui peut impunement tuer tant de gens. »

Au demeurant, si j'eusse esté de leur conseil, j'eusse rendu ma discipline plus sacrée et mysterieuse : ils avoyent assez bien commencé, mais ils n'ont pas achevé de mesme. C'estoit un bon commencement d'avoir fait des dieux et des demons autheurs de leur science, d'avoir pris un langage à part, une escriture à part; c'estoit une bonne regle en leur art, et qui accompaigne toutes les arts fantastiques, vaines et supernaturelles, qu'il faut que la foy du patient preoccupe par bonne esperance et asseurance leur effect et operation. Laquelle reigle ils tiennent jusques là que le plus ignorant et grossier medecin, ils le trouvent plus propre à celuy qui a fiance en luy que le plus experimenté. Le chois mesmes de la pluspart de leurs drogues est aucunement mysterieux et divin. Le pied gauche d'une tortue, l'urine d'un lezart, la fiante d'un elephant, le foye d'une taupe, du sang tiré soubs l'aile droite d'un pigeon blanc; et pour nous autres coliqueux (tant ils abusent desdaigneusement de nostre misere), des crotes de rat pulverisées, et telles autres singeries qui ont plus le visage d'un enchantement magicien que de science solide. Je laisse à part le nombre imper de leurs pillules, la destination de certains jours et festes de l'année, la distinction des heures à cuillir les herbes de leurs ingrediens, et cette grimace rebarbative et ceremonieuse de leur port et contenance, dequoy Pline mesme se moque.

Mais ils ont failly, ce veux je dire, de ce qu'à ce beau commancement ils n'ont adjousté cecy, de rendre leurs assemblées et consultations plus religieuses et secretes : aucun homme profane n'y devoit avoir accez, non plus qu'aux secretes ceremonies d'Æsculape. Car il advient de cette faute que leur irresolution, la foiblesse de leurs argumens, divinations et fondements, l'âpreté de leurs contestations, pleines de haine, de jalousie et de consideration particuliere, venant à estre descouverts à un chacun, il faut estre merveilleusement aveuglé si on ne se sent bien hazardé entre leurs mains. Qui veid jamais medecin se servir de la 'recepte de son compaignon sans en retrancher ou y adjouster quelque chose ? Ils trahissent assez par là leur art, et nous font voir qu'ils y considerent plus leur reputation, et par consequent leur profit, que l'interest de leurs patiens. Celuy là de leurs docteurs est plus sage, qui leur a anciennement prescript cette regle, qu'un seul se mesle de traiter un malade : car s'il ne fait rien qui vaille, le reproche à l'art de la medecine n'en sera pas fort grand pour la faute d'un homme seul ; et au rebours, la gloire en sera grande s'il vient à bien r'encontrer : là où, quand ils sont beaucoup, ils descrient tous les coups le mestier, d'autant qu'il leur advient de faire plus souvent mal que bien. Ils se devoyent contenter du perpetuel desaccord qui se trouve és opinions des principaux maistres et autheurs anciens de cette science, lequel n'est conneu que des hommes versez aux livres, sans faire voir encore au peuple les controverses et inconstances de jugement qu'ils nourrissent et continuent entre eux.

Voulons nous veoir un exemple de l'ancien debat de la medecine ? Hierophilus loge la cause originelle des maladies aux humeurs ; Erasistratus, au sang des arteres ; Asclepiades, aux atomes invisibles s'escoulants en noz pores ; Alcmæon, en l'exuperance ou defaut des forces corporelles ; Dioclés, en l'inequalité des elemens du corps et en la qualité de l'air que nous respirons; Strato, en l'abondance, crudité et corruption de l'aliment que nous prenons; Hippocrates la loge aux esprits. Il y a l'un de leurs amis, qu'ils connoissent mieux que moy, qui s'escrie à ce propos là que « la science la plus importante qui soit en nostre usage, comme celle qui a charge de nostre conservation et santé, c'est, de mal'heur, la plus incertaine, la plus trouble et agitée de plus de changemens. » Il n'y a pas grand danger de nous mesconter à la hauteur du soleil ou en la fraction de quelque supputation astronomique; mais icy, où il va de tout nostre estre, ce n'est pas sagesse de nous abandonner à la mercy de l'agitation de tant de vents contraires.

Avant la guerre Peloponesiaque, il n'y avoit pas grands nouvelles de cette science; Hippocrates la mit en credit. Tout ce que cettuy-cy avoit estably, Chrysippus le renversa; depuis, Erasistratus, petit fils d'Aristote, tout ce que Chrysippus en avoit escrit. Aprés ceux-cy survindrent les empiriques, qui prindrent une voye toute diverse des anciens au maniement de cet art. Quand le credit de ces derniers commença à s'envieillir, Herophilus mit en usage une autre sorte de medecine, que Asclepiades vint à combattre et aneantir à son tour. A leur reng vindrent aussi en authorité les opinions de Thremison, et depuis de Musa, et, encore aprés, celles de Vexius Valens, medecin fameux par l'intelligence qu'il avoit avecques Messalina, femme de Claudius Cæsar. L'empire de la medecine tomba du temps de Neron à Tessalus, qui abolit et condamna tout ce qui en avoit esté tenu jusques à luy. La doctrine de cettuy-cy fut abatue par Crinas de Marseille, qui apporta de nouveau de regler toutes les operations medecinales aux ephemerides et mouvemens des astres, manger, dormir et boire, à l'heure qu'il plairoit à la Lune et à Mercure. Son auctorité feut bien tost aprés supplantée par Charinus, medecin de cette mesme ville de Marseille. Cettuy-cy combattoit non seulement la medecine ancienne, mais encore le publique et tant de siecles auparavant accoustumé usage des bains chauds. Il faisoit baigner les hommes dans l'eau froide, en hyver mesme, et plongeoit les malades dans l'eau naturelle des ruisseaux. Jusques au temps de Pline, aucun Romain n'avoit encore daigné exercer la medecine; elle se faisoit par des estrangers et Grecs, comme elle se fait entre nous François par les Latineurs : car, comme dict un tresgrand medecin, nous ne goustons pas aiséement la medecine que nous entendons, non plus que nous ne sçaurions donner pris aux drogues que nous cognoissons : si elle nous est inconnue, si elle ne vient d'outre mer et ne nous est apportée de quelque lointaine region, elle n'a point de force. Si les nations desquelles nous retirons le gayac, la salseperille et le bois desquine ont des medecins, combien pensons nous, par cette mesme industrie de donner prix aux drogues par l'estrangeté, la rareté et la cherté, qu'ils facent feste de nos choux et de nostre persil; car qui oseroit mespriser et estimer vaines les choses recherchées de si loing, au hazard d'une si longue peregrination et si perilleuse? Depuis ces anciennes mutations de la medecine, il y en a eu infinies autres jusques à nous, et le plus souvent mutations entieres et universelles, comme sont celles que font de nostre temps Paracelse, Fioravanti et Argenterius : car ils ne changent pas seulement une drogue ou une recepte, mais, à ce qu'on me dict, toute la contexture et police du corps de la medecine, accusant d'ignorance et de piperie tous ceux qui en ont faict profession jusques à eux. Je vous laisse à penser où en est le pauvre patient.

Si encor nous estions asseurez, quand ils se mescontent, qu'il ne nous nuisist pas s'il ne nous profite, ce seroit une bien raisonnable composition de se hazarder d'acquerir du bien sans nous mettre en aucun danger de perte. Æsope faict ce conte, qu'un qui avoit achepté un More esclave, estimant que cette couleur luy fust venue par accident et mauvais traictement de son premier maistre, le fit medeciner de plusieurs bains et breuvages avec grand soing : il advint que le More n'en amenda aucunement sa couleur basanée, mais qu'il en perdit entierement sa premiere santé. Combien de fois nous advient-il de voir les medecins imputans les uns aux autres la mort de leurs patiens ! Il me souvient d'une maladie populaire qui fut aux villes de mon voisinage, il y a quelques années, mortelle et trés-dangereuse : cet orage estant passé, qui avoit emporté un nombre infiny d'hommes, l'un des plus fameux medecins de toute la contrée vint à publier un livret touchant cette matiere, par lequel il se ravise de ce qu'ils avoient usé de la seignée au secours de cette maladie, et confesse que c'est l'une des causes principales du dommage qui en estoit advenu. Davantage, leurs autheurs tiennent qu'il n'y a aucune medecine qui n'ait quelque partie nuisible, et si celles mesmes qui nous servent nous offencent aucunement, que doivent faire celles qu'on nous a appliquées du tout hors de propos?

De moy, quand il n'y auroit autre chose, j'estime qu'à ceux qui hayssent le goust de la medecine, ce soit un dangereux effort, et de prejudice, de l'aller avaller à une heure si incommode avec tant de contre-cœur; et croy que cela essaye merveilleusement le malade en une saison où il a tant de besoin de repos. Outre ce que à considerer les occasions surquoy ils fondent ordinairement la cause de nos maladies, elles sont si legeres et si delicates que j'argumente par là qu'une bien petite erreur en la dispensation de leurs drogues peut estre cause de nous apporter beaucoup de nuisance. Or, si le mesconte du medecin est dangereux, il nous va bien mal, car il est bien malaisé qu'il n'y retombe souvent : il a besoing de trop de pieces, considerations et circonstances pour affuter justement son dessein ; il faut qu'il connoisse la complexion du malade, sa temperature, ses humeurs, ses inclinations, ses actions, ses pensements mesmes et ses imaginations; il faut qu'il se responde des circonstances externes, de la nature du lieu, condition de l'air et du temps, assiette des planettes et leurs influances; qu'il sçache en la maladie les causes, les signes, les affections, les jours critiques; en la drogue, le poix, la force, le pays, la figure, l'aage, la dispensation; et faut que toutes ces pieces, il les sçache proportionner et raporter l'une à l'autre pour en engendrer une parfaicte symmetrie. A quoy s'il faut tant soit peu, si de tant de ressorts il y en a un tout seul qui tire à gauche, en voylà assez pour nous perdre. Dieu sçait de quelle difficulté est la connoissance de la pluspart de ces parties : car, pour exemple, comment trouvera-il le signe propre de la maladie, chacune estant capable d'un infiny nombre de signes ? Combien ont ils de debats entr'eux et de doubtes sur l'interpretation des urines ? Autrement d'où viendroit cette altercation continuelle que nous voyons entr'eux sur la connoissance du mal ? Comment excuserions nous cette faute, où ils tombent si souvent, de prendre martre pour renard ? Aux maux que j'ay eu, pour peu qu'il y eut de difficulté, je n'en ay jamais trouvé trois d'accord. Je remarque plus volontiers les exemples qui me touchent.

Dernierement, à Paris, un gentil-homme fust taillé par l'ordonnance des medecins, auquel on ne trouva de pierre non plus à la vessie qu'à la main; et là mesmes, un evesque qui m'estoit fort amy avoit esté instamment sollicité, par la pluspart des medecins qu'il appelloit à son conseil, de se faire tailler; j'aydoy moy mesme, soubs la foy d'autruy, à le luy persuader : quand il fust trespassé et qu'il fust ouvert, on trouva qu'il n'avoit mal qu'aux reins. Ils sont moins excusables en cette maladie, d'autant qu'elle est aucunement palpable. C'est par là que la chirurgie me semble beaucoup plus certaine, par ce qu'elle voit et manie ce qu'elle fait; il y a peu à conjecturer et à deviner, là où les medecins n'ont point de *speculum matricis* qui leur descouvre nostre cerveau, nostre poulmon et nostre foye.

Les promesses mesmes de la medecine sont incroiables : car, ayant à prouvoir à divers accidents et contraires qui nous pressent souvent ensemble et qui ont une relation quasi necessaire, comme la chaleur du foye et froideur de l'estomach, ils nous vont persuadant que de leurs ingrediens, cettuy-cy eschaufera l'estomach, cet autre refreschira le foye; l'un a sa charge d'aller droit aux reins, voire jusques à la vessie, sans estaler ailleurs ses operations, et conservant ses forces et sa vertu, en ce long chemin et plein de destourbiers, jusques au lieu au service duquel il est destiné par sa proprieté occulte; l'autre assechera le cerveau; celuy-là humectera le poulmon. De tout cet amas ayant fait une mixtion de breuvage, n'est-ce pas quelque espece de resverie d'esperer que ces vertus s'aillent divisant et triant de cette confusion et meslange, pour courir à charges si diverses? Je craindrois infiniement qu'elles perdissent ou eschangeassent leurs ethiquetes et troublassent leurs quartiers; et qui pourroit imaginer que en cette confusion liquide ces facultez ne se corrompent, confondent et alterent l'une l'autre? Quoy, que l'execution de cette ordonnance dépend d'un autre officier, à la foy et mercy duquel nous abandonnons encore un coup nostre vie?

Quant à la varieté et foiblesse des raisons de cet art, elle est plus apparente qu'en aucun autre art : « Les choses aperitives sont utiles à un homme coliqueus, d'autant qu'ouvrant les passages et les dilatant, elles acheminent cette matiere gluante de laquelle se bastit la grave et la pierre, et conduisent contre-bas ce qui se commence à durcir et amasser aux reins; les choses aperitives sont dangereuses à un homme coliqueus, d'autant qu'ouvrant les passages et les dilatant, elles acheminent vers les reins la matiere propre à bastir la grave, lesquels s'en saisissant volontiers pour ceste propension qu'ils y ont, il est malaisé qu'ils n'en arrestent beaucoup de ce qu'on y aura charrié ; d'avantage, si de fortune il s'y rencontre quelque corps un peu plus grosset qu'il ne faut pour passer tous ces destroicts qui restent à franchir pour l'expeller au dehors, ce corps estant esbranlé par ces choses aperitives et jetté dans ces canaus estroits, venant à les boucher, acheminera une certaine mort et trés-doloreuse. » Ils ont une pareille fermeté aux conseils qu'ils nous donnent de nostre regime de vivre : « Il est bon de tomber souvent de l'eau, car nous voyons par experience qu'en la laissant croupir nous luy donnons loisir de se descharger de ses excremens et de sa lye, qui servira de matiere à bastir la pierre en la vessie ; il est bon de ne tomber point souvent de l'eau, car les poisans excrements qu'elle traine quant et elle ne s'emporteront poinct s'il n'y a de la violence, comme on void par experience, qu'un torrent qui roule avecques roideur baloye bien plus nettement le lieu où il passe que ne faict le cours d'un ruisseau mol et lâche. Pareillement il est bon d'avoir souvent l'accointance des femmes, car cela ouvre les passages et achemine la grave et le sable ; il est bien aussi mauvais, pour cette autre raison que cela eschaufe les reins, les lasse et affoiblit. Il est bon de se baigner aux eaux chaudes, d'autant que cela relâche et amollit les lieux où se croupit le sable et la pierre ; mauvais aussi est-il, d'autant que cette application de chaleur externe aide les reins à cuire, durcir et petrifier la matiere qui y est disposée. A ceux qui sont aux bains, il est plus salubre de manger peu le soir, affin que le breuvage des eaux qu'ils ont à prendre le lendemain matin face plus d'operation, rencontrant l'estomac vuide et non empesché; au rebours, il est meilleur de manger peu au disner pour ne troubler l'operation de l'eau, qui n'est pas encore parfaite, et ne charger l'estomac si soudain aprés cet autre travail, et pour laisser l'office de digerer à la nuict, qui le sçait mieux faire que ne faict le jour, où le corps et l'esprit sont en perpetuel mouvement et action. »

Voilà comment ils vont bastelant et baguenaudant en tous leurs discours, et ne me sçauroient fournir proposition à laquelle je n'en rebatisse une contraire de pareille vray-semblance. Qu'on ne crie donq plus aprés ceux qui en ce trouble se laissent doucement conduire à leur appetit et au conseil de nature, et se remettent à la fortune commune.

J'ay veu, par occasion de mes voyages, quasi tous les bains fameux de chrestienté, et depuis quelques années ay commencé à m'en servir: car en general j'estime le baigner salubre, et croy que nous encourons non legeres incommoditez, en nostre santé, pour avoir perdu cette coustume, qui estoit generalement observée au temps passé quasi en toutes les nations, et est encores en plusieurs, de se laver le corps tous les jours; et ne puis pas imaginer que nous ne vaillions beaucoup moins de tenir ainsi nos membres encroutez et nos pores estouppés de crasse. Et quant à leur boisson, la fortune a faict premierement qu'elle ne soit aucunement ennemie de mon goust; secondement elle est naturelle et simple, qui au moins n'est pas dangereuse si elle est vaine; dequoy je pren pour respondant cette infinité de peuples de toutes sortes et complexions qui s'y assemble. Et encores que je n'y aye apperceu aucun effect extraordinaire et miraculeux, ains que, m'en informant un peu plus curieusement qu'il ne se faict, j'aye trouvé mal fondez et faux tous les bruits de telles operations qui se sement en ces lieux là et qui s'y croient (comme le monde va se pipant aiséement de ce qu'il desire); toutesfois aussi n'ay-je veu guere de personnes que ces eaux ayent empiré, et ne leur peut-on sans malice refuser cela qu'elles n'esveillent l'appetit, facilitent la digestion et nous prestent quelque nouvelle allegresse, si on n'y va trop abbatu de forces, ce que je ne conseille de faire. Elles ne sont pas pour relever une poisante ruyne; elles peuvent appuyer une inclination legere, ou prouvoir à la menace de quelque alteration. Qui n'y apporte assez d'allegresse pour pouvoir gouster le plaisir des compagnies qui s'y trouvent, jouyr des promenades et exercices à quoy nous convie la beauté des lieux où sont communément assises ces eaux, il pert sans doubte la meilleure piece et plus asseurée de leur effect. A cette cause, j'ay choisi jusques à cette heure à m'arrester et à me servir de celles où il y avoit plus d'amenité de lieu, commodité de logis, de vivres et de compaignies, comme sont en France les bains de Banieres; en la frontiere d'Allemaigne et de Lorraine, ceux de Plombieres; en Souysse, ceux de Bade; en la Toscane, ceux de Lucques, et notamment ceux *della Villa*, desquels j'ay usé plus souvent et à diverses saisons.

Chaque nation a des opinions particulieres touchant

leur usage et des loix et formes de s'en servir toutes diverses, et, selon mon experience, l'effect quasi pareil. Le boire n'est aucunement receu en Allemaigne ; pour toutes maladies ils se baignent et sont à grenouiller dans l'eau quasi d'un soleil à l'autre. En Italie, quand ils boivent neuf jours, ils s'en beignent pour le moins trente, et communement boivent l'eau mixtionnée d'autres drogues pour secourir son operation. On nous ordonne icy de nous promener pour la digerer ; là, on les arreste au lict, où ils l'ont prise, jusques à ce qu'ils l'ayent vuidée, leur eschauffant continuellement l'estomach et les pieds. Comme les Allemans ont de particulier de se faire generallement tous corneter et vantouser avec scarification, dans le bain ; ainsin ont les Italiens leur *doccie*, qui sont certaines gouttieres de cette eau chaude qu'ils conduisent par des cannes, et vont baignant une heure le matin et autant l'apresdinée, par l'espace d'un mois, ou la teste, ou l'estomac, ou autre partie du corps à laquelle ils ont affaire. Il y a infinies autres differences de coustumes en chasque contrée ; ou, pour mieux dire, il n'y a quasi aucune ressemblance des unes aux autres. Voilà comment cette partie de medecine à laquelle seule je me suis laissé aller, quoy qu'elle soit la moins artificielle, si a elle sa bonne part de la confusion et incertitude qui se voit par tout ailleurs en cet art.

Les poëtes disent tout ce qu'ils veulent avec plus d'emphase et de grace, tesmoing ces deux epigrammes :

Alcon hesterno signum Jovis attigit. Ille,
Quamvis marmoreus, vim patitur medici.

Ecce hodie, jussus transferri ex æde vetusta,
Effertur, quamvis sit deus atque lapis :

et l'autre :

Lotus nobiscum est, hilaris cœnavit, et idem
Inventus mane est mortuus Andragoras.
Tam subitæ mortis causam, Faustine, requiris?
In somnis medicum viderat Hermocratem :

sur quoy je veux faire deux contes :

Le baron de Caupene en Chalosse et moy avons en commun le droict de patronage d'un benefice qui est de grande estenduë, au pied de nos montaignes, qui se nomme Lahontan. Il est des habitans de ce coin, ce qu'on dit de ceux de la valée d'Angrougne : ils avoient une vie à part, les façons, les vestemens et les meurs à part ; regis et gouvernez par certaines polices et coustumes particulieres, receuës de pere en fils, ausquelles ils s'obligeoient sans autre contrainte que de la reverence de leur usage. Ce petit estat s'estoit continué de toute ancienneté en une condition si heureuse que aucun juge voisin n'avoit esté en peine de s'informer de leur affaire, aucun advocat employé à leur donner advis, ny estranger appellé pour esteindre leurs querelles, et n'avoit on jamais veu aucun de ce destroict là à l'aumosne. Ils fuyoient les alliances et le commerce de l'autre monde, pour n'alterer la pureté de leur police : jusques à ce, comme ils recitent, que l'un d'entre eux, de la memoire de leurs peres, ayant l'ame espoinçonnée d'une noble ambition, s'alla adviser, pour mettre son nom en credit et reputation, de faire l'un de ses enfans maistre Jean ou maistre Pierre, et, l'ayant faict instruire à escrire en quelque ville voisine, en rendit en fin un beau notaire de village. Cettuy-cy, devenu monsieur, commença à desdaigner leurs anciennes coustumes et à leur mettre en teste la pompe des regions de deçà. Le premier de ses comperes à qui on escorna une chevre, il luy conseilla d'en demander raison aux juges royaux d'autour de là, et de celuy là à un autre, jusques à ce qu'il eust tout abastardy. A la suite de cette corruption, ils disent qu'il y en survint incontinent un'autre de pire consequence, par le moyen d'un medecin à qui il print envie d'espouser une de leurs filles et de s'habituer parmy eux. Cettuy-cy commença à leur apprendre premierement le nom des fiebvres, des reumes et des apostumes, la situation du cœur, du foye et des intestins, qui estoit une science jusques lors trés-esloignée de leur connoissance; et au lieu de l'ail, dequoy ils avoyent apris à chasser toutes sortes de maux, pour aspres et extremes qu'ils fussent, il les accoustuma, pour une tous ou pour un morfondement, à prendre les mixtions estrangeres, et commença à faire trafique non de leur santé seulement, mais aussi de leur mort. Ils jurent que depuis lors seulement ils ont aperçeu que le serain leur appesantissoit la teste, que le boyre, ayant chaut, apportoit nuisance, et que les vents de l'automne estoyent plus griefs que ceux du printemps; que depuis l'usage de cette medecine ils se trouvent accablez d'une legion de maladies inaccoustumées, et qu'ils apperçoivent un general deschet en leur ancienne vigueur, et leurs vies de moitié racourcies. Voylà le premier de mes contes.

L'autre est qu'avant ma subjection graveleuse, oyant faire cas du sang de bouc à plusieurs, comme d'une manne celeste envoyée en ces derniers siecles pour la tutelle et conservation de la vie humaine, et en oyant parler à des gens d'entendement comme d'une drogue admirable et d'une operation infaillible ; moy qui ay tousjours pensé estre en bute à tous les accidens qui peuvent toucher tout autre homme, prins plaisir en pleine santé à me garnir de ce miracle, et commanday chez moy qu'on me nourrit un bouc selon la recepte : car il faut que ce soit aux mois les plus chaleureux de l'esté qu'on le retire, et qu'on ne luy donne à manger que des herbes aperitives, et à boire que du vin blanc. Je me rendis de fortune chez moy le jour qu'il devoit estre tué ; on me vint dire que mon cuysinier trouvoit dans la panse deux ou trois grosses boules qui se choquoient l'une l'autre parmy sa mengeaille. Je fus curieux de faire apporter toute cette tripaille en ma presence, et fis ouvrir cette grosse et large peau : il en sortit trois gros corps, legiers comme des esponges, de façon qu'il semble qu'ils soyent creuz, durs au demeurant par le dessus et fermes, bigarrez de plusieurs couleurs mortes ; l'un perfect en rondeur, à la mesure d'une courte boule ; les autres deux, un peu moindres, ausquels l'arrondissement est imperfect, et semble qu'il s'y acheminat. J'ay trouvé, m'en estant fait enquerir à ceux qui ont accoustumé d'ouvrir de ces animaux, que c'est un accident rare et inusité. Il est vraysemblable que ce sont des pierres cousines des nostres ; et s'il est ainsi, c'est une esperance bien vaine aux graveleux de tirer leur guerison du sang d'une beste qui s'en aloit elle mesme mourir d'un pareil mal. Car de dire que le sang ne se sent pas de cette contagion et n'en altere sa vertu accoustumée, il est plustost à croire qu'il ne s'engendre rien en un corps que par la conspiration et communication de toutes les parties : la masse agit tout' entiere, quoy que l'une piece y contribue plus que l'autre, selon la diversité des operations. Parquoy il y a grande apparence qu'en toutes les parties de ce bouc il y avoit quelque qualité petrifiante. Et si cette beste est subjette à cette maladie, je trouve qu'elle a esté mal choisie pour nous y servir de medicament. Ce n'estoit pas tant pour mon usage que j'estoy curieux de cette experience; mais il advient chez moy, comme en plusieurs maisons, que les femmes y font amas de telles menues drogueries pour en secourir le peuple, usant de mesme recepte à cinquante maladies, et de telle recepte qu'elles ne prennent pas pour elles, et si triomphent en bons evenemens.

Au demeurant, j'honore les medecins, non pas suyvant le precepte pour la necessité, car à ce passage on en oppose un autre du prophete reprenant le roy Asa d'avoir eu recours au medecin, mais pour l'amour d'eux mesmes, en ayant veu beaucoup d'honnestes hommes et dignes d'estre aimez. Ce n'est pas à eux que j'en veux, c'est à leur art, et ne leur donne pas grand blasme de faire leur profit de nostre sotise, car la plus part du monde faict ainsi. Plusieurs vacations et moindres et plus dignes que la leur n'ont fondement et appuy qu'aux abuz publiques. Je les appelle en ma compaignie quand je suis malade, s'ils se r'encontrent à propos, et demande à en estre entretenu, et les paye comme les autres. Au demeurant, je leur donne loy de me commander de me coucher sur le costé droit, si j'ayme autant y estre que sur le gauche; ils peuvent choisir, d'entre les porreaux et les laictues, dequoy il leur plaira que mon bouillon se face, et m'ordonner le blanc ou le clairet; et ainsi de toutes autres choses qui sont indifferentes à mon goust et usage. J'entans bien que ce n'est rien faire pour eux, d'autant que l'aigreur et l'estrangeté sont accidans de l'essance propre de la medecine. Licurgus ordonnoit le vin aux Spartiates malades; pourquoy? par ce qu'ils en haissoyent l'usage, sains : tout ainsi qu'un gentil'homme, mon voisin, s'en sert pour drogue tressalutaire à ses fiebvres, parce que de sa nature il en hait mortellement le goust. Combien en voyons nous d'entr'eux estre de mon humeur? desdaigner la medecine pour leur service, et prendre une forme de vie libre et toute contraire à celle qu'ils ordonnent à autruy? Qu'est-ce cela, si ce n'est abuser tout destroussément de nostre simplicité? Car ils n'ont pas leur vie et leur santé moins chere que nous, et accommoderoyent leurs effets à leur doctrine, s'ils n'en cognoissoyent eux-mesmes la fauceté.

C'est la crainte de la mort et de la douleur, l'impatience du mal, une furieuse et indiscrete faim de la guerison, qui nous aveugle ainsi : c'est pure lâcheté qui nous rend nostre croyance si molle et si maniable. Y a il aucun de ceux qui se sont laissez aller à cette miserable subjection qui ne se rende esgalement à toute sorte d'impostures? qui ne se mette à la mercy de quiconque a cette impudence de luy donner promesse de sa guerison? Ouy, il n'est pas une simple femmelette de qui nous n'employons les barbotages et les brevets; et, selon mon humeur, si j'avoy à en accepter quelqu'une, j'accepterois plus volontiers cette medecine que null' autre, d'autant qu'aumoins il n'y a nul dommage à craindre. J'estoy l'autre jour en une compagnie, où je ne sçay qui de ma confrairie aporta la nouvelle d'une sorte de pillules compilées de cent et tant d'ingrediens de conte fait. Il s'en esmeut une feste et une consolation singuliere : car quel rocher soustiendroit l'effort d'une si nombreuse baterie? J'entens toutesfois, par ceux qui l'essayerent, que la moindre petite grave ne daigna s'en esmouvoir.

Je ne me puis desprendre de ce papier, que je n'en die encore ce mot sur ce qu'ils nous donnent pour respondant de la certitude de leurs drogues l'experience qu'ils ont faite. La plus part, et, ce croy-je, plus des deux tiers des vertus medecinales, consistent en la quinte essence ou proprieté occulte des simples, de laquelle nous ne pouvons avoir autre instruction que l'usage, car quinte essence n'est autre chose qu'une qualité de laquelle par nostre raison nous ne pouvons concevoir la cause. En telles preuves, celles qu'ils disent avoir acquises par l'inspiration de quelque dæmon, je suis content de les recevoir (car, quant aux miracles, je n'y touche jamais); ou bien encore les preuves qui se tirent des choses qui, pour autre consideration, tombent souvent en nostre usage, comme si en la laine, dequoy nous avons accoustumé de nous vestir, il s'est trouvé par accident quelque occulte proprieté desiccative qui guerisse les mules au talon, et si au reffort, que nous mangeons pour le goust, il s'y est rencontré avec l'usage quelque operation apperitive : tout ainsi comme Galen recite (à ce qu'on m'a dict) qu'il advint à un ladre de recevoir guerison par le moyen du vin qu'il beut, d'autant que de fortune une vipere s'estoit coulée dans le vaisseau. Car nous trouvons en cest exemple le moyen et une conduite vraysemblable à cette experience, comme aussi en celles ausquelles les medecins disent avoir esté acheminez par l'exemple d'aucunes bestes. Mais en la plus part des autres experiences à quoy ils disent avoir esté conduis par la fortune, et n'avoir eu autre guide que le hazard, je trouve le progrez de cette information incroyable.

J'imagine l'homme regardant au tour de luy le nombre infiny des choses, plantes, animaux, metaux. Je ne sçay par où luy faire commencer son essay ; et quand sa premiere fantasie se jettera sur la corne d'un elan, à quoy il faut prester une creance bien molle et aisée, il se trouve encore autant empesché en sa seconde operation. Il luy est proposé tant de maladies et tant de circonstances, qu'avant qu'il soit venu à la certitude de ce point où doit joindre la perfection de son experience, le sens humain y perd son latin ; et avant qu'il ait trouvé parmy cette infinité de choses que c'est cette corne, parmy cette infinité de maladies l'epilepsie, tant de complexions au melancolique, tant de saisons en hyver, tant de nations au François, tant d'aages en la vieillesse, tant de mutations celestes en la conjonction de Venus et de Saturne, tant de parties du corps au doigt : à tout cela n'estant guidé ny d'argument, ny de conjecture, ny d'exemple, ny d'inspiration divine, ains du seul mouvement de la fortune, il faudroit que ce fut par une fortune parfectement artificielle, reglée et methodique. Et puis, quand la guerison fut faicte, comment se peut il asseurer que ce ne fut que le mal fut arrivé à sa periode, ou un effect de la fortune, ou l'operation de quelque autre chose qu'il eust ou mangé, ou beu, ou touché ce jour là, ou le merite des prieres de sa mere grand? Davantage, quand cette preuve auroit esté parfaicte, combien de fois fut elle reiterée, et cette longue cordée de fortunes et de r'encontres r'enfilée, pour en conclurre une regle? Quand elle sera conclue, par qui est-ce? De tant de millions il n'y a que trois hommes qui se meslent d'enregistrer leurs experiences. Le hazard aura il r'encontré à point nommé l'un de ceux cy? Quoy, si un autre et si cent autres ont faict des experiences contraires? A l'avanture verrions nous quelque lumiere si tous les jugements et raisonnements des hommes nous estoyent cogneuz. Mais que trois tesmoins et trois docteurs regentent l'humain genre, ce n'est pas la raison : il faudroit que l'humaine nature les eust deputez et choisis, et qu'ils fussent nos syndics.

A Madame de Duras.

« Madame, vous me trouvates sur ce pas dernierement que vous me vintes voir. Par ce qu'il pourra estre que ces inepties se verront quelque fois entre vos mains, je veux aussi qu'elles portent tesmoignage que l'autheur se sent bien fort honoré de la faveur que vous leur ferez. Vous y reconnoistrez ce mesme port et ce mesme air que vous avez veu en sa conversation. Quand j'eusse peu prendre quelque autre façon que la mienne ordinaire et quelque autre forme plus honorable et meilleure, je ne l'eusse pas faict, car je ne veux tirer de ces escrits autre effait sinon qu'ils me representent à vostre memoire au naturel. Ces mesmes conditions et facultez, que vous avez pratiquées et receuillies, Madame, avec beaucoup plus d'honneur et de courtoisie qu'elles ne meritent, je les veux loger (mais sans alteration et changement) en un corps solide qui puisse durer quelques années ou quelques jours aprés moy, où vous les retrouverez quand il vous plaira vous en refreschir la memoire, sans prendre autrement la peine de vous en souvenir : aussi ne le valent elles pas. Je desire que vous continuez en moy la faveur de vostre amitié, par ces mesmes qualitez par le moyen desquelles elle a esté produite.

« Je ne cherche aucunement qu'on m'ayme et estime mieux mort que vivant. L'humeur de Tibere est ridicule, et commune pourtant. Il avoit, dict Tacitus, plus de soin d'estendre sa renommée à l'advenir qu'il n'avoit de se rendre estimable et agreable aux hommes de son temps. Ce seroit une sotte humeur d'aller, à cette heure que je suis prest d'abandonner le commerce des hommes, me produire à eux par une nouvelle recommandation. Je ne fay nulle recepte des biens que je n'ay peu employer à l'usage de ma vie. Quel que je soye, je le veux estre ailleurs qu'en papier.

Mon art et mon industrie ont esté employez à me faire valoir moy-mesme; mes estudes, à m'apprendre à faire, non pas à escrire. J'ay mis tous mes efforts à former ma vie. Voylà mon mestier et mon ouvrage. Je suis moins faiseur de livres que de nulle autre besoigne. J'ay desiré de la suffisance et de la valeur pour le service de mes commoditez presentes et essentielles, non pour en faire magasin et reserve à mes heritiers. Mon Dieu, Madame, que je haïrois une telle recommandation, d'estre habile homme par escrit, et avoir esté un homme de neant et un sot ailleurs. J'ayme mieux encore estre un sot, et icy, et là, que d'avoir mal choisi où employer ma valeur. Aussi il s'en faut tant que j'attende à me faire quelque nouvel honneur par ces sotises, que je feray beaucoup si je n'y en pers point de ce peu que j'en avois aquis. Car, outre ce que cette peinture morte et muete desrobera à mon estre naturel, elle ne se raporte pas à mon meilleur estat, mais beaucoup descheu de ma premiere vigueur et allegresse, tirant sur le flestry et le rance. Je suis sur le fond du vaisseau, qui sent tantost au bas et à la lye.

« Au demeurant, Madame, je n'eusse pas osé remuer si hardiment les misteres de la medecine, attendu le credit que vous et tant d'autres luy donnez, si je n'y eusse esté acheminé par ses autheurs mesme. Je croy qu'ils n'en ont que deux anciens latins, Pline et Celsus. Si vous les voyez quelque jour, vous trouverez qu'ils parlent bien plus rudement à leur art que je ne fay : je ne fay que la pincer, ils l'esgorgent. Pline se mocque, entre autres choses, dequoy, quand ils sont au bout de leur latin, ils ont inventé cette belle deffaite de r'envoyer les malades qu'ils ont agitez et tormentez pour neant de leurs drogues et regimes, les uns au secours des vœuz et miracles, les autres aux eaux chaudes. (Ne vous courroussez pas, Madame, il ne parle pas de celles de deçà qui sont soubs la protection de vostre maison, et qui sont toutes Gramontoises.) Nos medecins sont encore plus hardis, car ils ont une tierce sorte de deffaite pour nous chasser d'auprés d'eux et se descharger des reproches que nous leur pouvons faire du peu d'amendement que nous trouvons à noz maux, qu'ils ont eu si long temps en leur gouvernement qu'il ne leur reste plus aucune invention à nous amuser : c'est de nous envoyer cercher la bonté de l'air de quelque autre contrée. Madame, en voylà assez :' vous me donnez bien congé de reprendre le fil de mon propos, duquel je m'estoy destourné pour vous entretenir. »

Ce fut, ce me semble, Periclés, lequel estant enquis comme il se portoit : « Vous le pouvez, fit-il, juger par là, » en montrant des brevets qu'il avoit, attachez au col et au bras. Il vouloit inferer qu'il estoit bien malade, puis qu'il en estoit venu jusques-là d'avoir recours à choses si vaines et de s'estre laissé equipper en cette façon. Je ne dy pas que je ne puisse me laisser emporter un jour à cette opinion ridicule de remettre ma vie et ma santé à la mercy et gouvernement des medecins: je pourray tomber en cette resverie, je ne me puis respondre de ma fermeté future; mais lors aussi, si quelqu'un s'enquiert à moy comment je me porte, je luy pourray dire, comme Periclés : « Vous le pouvez juger par là », en luy montrant ma main chargée de six dragmes d'opiate : ce sera un bien evident signe d'une maladie violente, et qui aura troublé l'assiette de mon entendement et de ma raison ; j'auray mon jugement merveilleusement disloqué. Si l'impatience et la frayeur gaignent cela sur moy, on en pourra conclurre une bien aspre et forte fiévre en mon ame.

J'ay pris la peine de plaider cette cause, que j'entens assez mal, pour appuyer un peu et conforter cette propension naturelle contre les drogues et pratique de nostre medecine, qui s'est derivée en moy par mes ancestres, afin que ce ne fust pas seulement une inclination stupide et temeraire, et qu'elle eust un peu plus de forme ; et aussi que ceux qui me voyent si ferme contre les enhortemens et menaces qu'on me fait quand mes maladies me pressent ne pensent pas que ce soit simple opiniastreté, ou qu'il y ait quelqu'un si fâcheux qui juge encore que ce soit quelque esguillon de gloire : qui seroit un desir bien assené de vouloir tirer honneur d'une action qui m'est commune avec mon jardinier et mon muletier. Certes je n'ay point le cœur si enflé ne si venteux, qu'un plaisir solide, charnu et moëleus comme la santé, je l'alasse eschanger pour un plaisir imaginaire, spirituel et aëré. La gloire, voire celle des quatre fils Aymon, est trop cher achetée à un homme de mon humeur, si elle luy couste trois bons accez de cholique. La santé, de par Dieu !

Au demeurant, ceux qui ayment nostre medecine peuvent avoir aussi leurs considerations bonnes, grandes et fortes : je ne hay point les fantasies contraires à la mienne. Il s'en faut tant que je m'effarouche de voir de la discordance de mes jugemens à ceux d'autruy, et que je me rende incompatible à la societé des hommes pour estre d'autre sens que le mien, qu'au rebours, comme c'est la plus generale forme que nature ait suivy que la varieté, je trouve bien plus nouveau et plus rare de voir convenir nos humeurs et nos fantasies. Et à l'advanture ne fut-il jamais au monde deux opinions entierement pareilles, non plus que deux visages. Leur plus propre qualité, c'est la diversité et la discordance.

FIN DU SECOND LIVRE.

LIVRE TROISIESME

CHAPITRE PREMIER.

De l'Utile et de l'Honneste.

PERSONNE n'est exempt de dire des fadaises ; le malheur est de les dire curieusement :

Næ iste magno conatu magnas nugas dixerit.

Cela ne me touche pas : les miennes m'eschappent aussi nonchallamment qu'elles le valent, d'où bien leur prend : je les quitterois soudain, à peu de coust qu'il y eust, et ne les achette et ne les vens que ce qu'elles poisent ; je parle au papier comme je parle au premier que je rencontre. Qu'il soit vray, voicy dequoy.

A qui ne doit estre la perfidie detestable, puis que Tybere la refusa à si grand interest ? On luy manda d'Allemaigne que, s'il le trouvoit bon, on le defferoit d'Arminius par poison : c'estoit le plus puissant ennemy que les Romains eussent, qui les avoit si vilainement traictez soubs Varus, et qui seul empeschoit l'accroissement de sa domination en ces contrées là.

Il fit responce que « le peuple romain avoit accoustumé de se venger de ses ennemis par voye ouverte, les armes en main, non par fraude et en cachette » : il quitta l'utile pour l'honneste. C'estoit (me direz vous) un affronteur. Je le croy ; ce n'est pas grand miracle à gens de sa profession. Mais la confession de la vertu ne porte pas moins en la bouche de celuy qui la hayt; d'autant que la verité la luy arrache par force, et que, s'il ne la veut recevoir en soy, aumoins il s'en couvre pour s'en parer.

Nostre bastiment, et public et privé, est plain d'imperfection ; mais il n'y a rien d'inutile en nature, non pas l'inutilité mesmes ; rien ne s'est ingeré en cet univers qui n'y tienne place opportune. Nostre estre est simenté de qualitez maladives : l'ambition, la jalousie, l'envie, la vengeance, la superstition, le desespoir, logent en nous d'une si naturelle possession que l'image s'en reconnoist aussi aux bestes ; voire et la cruauté, vice si desnaturé : car, au milieu de la compassion, nous sentons au dedans je ne sçay quelle aigre-douce poincte de volupté maligne à voir souffrir autruy ; et les enfans le sentent :

> *Suave, mari magno, turbantibus æquora ventis,*
> *E terra magnum alterius spectare laborem.*

Desquelles qualitez qui osteroit les semences en l'homme destruiroit les fondamentalles conditions de nostre vie. De mesme, en toute police, il y a des offices necessaires non seulement abjects, mais encore vitieux : les vices y trouvent leur rang et s'employent à la cousture de nostre liaison, comme les venins à la conservation de nostre santé. S'ils deviennent excusables, d'autant qu'ils nous font besoing et que la necessité commune efface leur vraye qualité, il faut laisser jouer cette partie aux citoyens plus vigoureux et moins craintifs qui sacrifient leur honneur et leur conscience, comme ces autres antiens sacrifierent leur vie pour le salut de leur pays; nous autres, plus foibles, prenons des rolles et plus aisez et moins hazardeux. Le bien public requiert qu'on trahisse et qu'on mente; resignons cette commission à gens plus obeissans et plus soupples.

Certes j'ay eu souvent despit de voir des juges attirer par fraude et fauces esperances de faveur ou pardon le criminel à descouvrir son fait, et y employer la piperie et l'impudence. Il serviroit bien à la justice, et à Platon mesmes qui favorise cet usage, de me fournir d'autres moyens plus selon moy. C'est une justice malitieuse, et ne l'estime pas moins blessée par soy-mesme que par autruy. Je respondy, n'y a pas long temps, qu'à peine trahirois-je le prince pour un particulier, qui serois trés-marry de trahir aucun particulier pour le prince; et ne hay pas seulement à piper, mais je hay aussi qu'on se pipe en moy : je n'y veux pas seulement fournir de matiere et d'occasion.

En ce peu que j'ay eu à negotier entre nos princes, en ces divisions et subdivisions qui nous deschirent aujourd'huy, j'ay curieusement evité qu'ils se mesprinssent en moy et s'enferrassent en mon masque. Les gens du mestier se tiennent les plus couverts, et se presentent et contrefont les plus moyens et les plus voisins qu'ils peuvent ; moy, je m'offre par mes opinions les plus vives et par la forme plus mienne : tendre negotiateur et novice, qui ayme mieux faillir à l'affaire qu'à moy. C'a esté pourtant jusques à cette heure avec tel heur (car certes la fortune y a la principalle part) que peu ont passé de main à autre avec moins de soubçon, plus de faveur et de privauté. J'ay une façon ouverte, aisée à s'insinuer et à se donner credit aux premieres accointances. La naifveté et la verité pure, en quelque siecle que ce soit, trouvent encore leur opportunité et leur mise. Et puis de ceux-là est la liberté peu suspecte et peu odieuse, qui besoingnent sans aucun leur interest, et peuvent veritablement employer la responce de Hipperides aux Atheniens, lesquels se plaingnoient de l'aspreté de son parler : « Messieurs, ne considerez pas si je suis libre, mais si je suis sans rien prendre et sans amender par là mes affaires. » Ma liberté m'a aussi aiséement deschargé du soubçon de faintise par sa vigueur : n'espargnant rien à dire pour poisant et cuisant qu'il fut, je n'eusse peu dire pis absent : et qu'elle a une montre apparente de simplesse et de nonchalance. Je ne pretens autre fruict en agissant que d'agir, et n'y attache longues suittes et propositions : chaque action fait particulierement son jeu ; porte s'il peut.

Au demeurant, je ne suis pressé de passion, ou hayneuse, ou amoureuse, envers les grands, ny n'ay ma volonté garrotée d'offence ou obligation particuliere. La cause generale et legitime ne m'attache non plus que moderéement et sans fiévre ; je ne suis pas subjet à ces hypotheques et engagemens penetrans et intimes : la colere et la hayne sont au delà du devoir de la justice, et sont passions servans seulement à ceux qui ne tiennent pas assez à leur devoir par la raison simple. Toutes intentions legitimes sont d'elles mesmes temperées, sinon elles s'alterent en seditieuses et illegitimes. C'est ce qui me faict marcher par tout la teste haute, le visage et le cœur ouvert. A la verité, et ne crains point de l'advouer, je porterois facilement au besoing une chandelle à S. Michel, l'autre à son serpent, suivant le dessein de la vieille ; je suivray le bon party jusques au feu, mais exclusivement si je puis. Que Montaigne s'engouffre quant et la ruyne publique, si besoin est ; mais, s'il n'est pas besoin et s'il ne sert, je sçauray bon gré à la fortune qu'il se sauve ; et autant que mon devoir me donne de corde, je l'employe à sa conservation. Fut-ce pas Atticus, lequel se tenant au juste party, et au party qui perdit, se sauva par sa moderation en cet universel naufrage du monde, parmy tant de mutations et diversitez ? Mais aux hommes, comme luy, privez, il est plus aisé : car, en telle sorte de besongne, je trouve qu'on peut justement n'estre pas ambitieux à s'ingerer et convier soymesmes.

De se tenir chancelant et mestis, de tenir son affection immobile et sans inclination aus troubles de son pays et en une division publique, je ne le trouve ny beau ny honneste : il faut prendre party. Mais de ne s'embesongner point, à homme qui n'a ny charge ny commandement exprés qui le presse, je le trouve plus excusable (et si ne me sers pour moy de cette excuse) qu'aux guerres estrangeres, desquelles pourtant, selon nos loix, ne s'empesche qui ne veut. Toutesfois ceux encore qui s'y engagent tout à faict le peuvent, avec tel ordre et attrempance que l'orage devra couler par dessus leur teste sans offence. N'avions nous pas raison de l'esperer ainsi du feu evesque d'Orleans, sieur de Morvilliers? Et j'en cognois, entre ceux qui y ouvrent valeureusement à cette heure, de meurs ou si equables ou si douces qu'ils seront pour demeurer debout, quelque injurieuse mutation et cheute que le ciel nous appreste. Je tiens que c'est aux roys proprement de s'animer contre les roys, et me moque de ces esprits qui de gayeté de cœur se presentent à querelles si disproportionnées : car on ne prend pas querelle particuliere avec un prince pour marcher contre luy ouvertement et courageusement pour son honneur et selon son devoir ; s'il n'aime un tel personnage, il fait mieux, il l'estime. Et notamment la cause des loix et defence de l'ancien estat a tousjours cela que ceux mesmes qui, pour leur dessein particulier, le troublent, en excusent les protecteurs, s'ils ne les honorent.

Mais il ne faut pas appeller devoir, comme nous faisons tous les jours, une aigreur et aspreté intestine qui naist de l'interest et passion privée, ny courage une conduitte traistresse et malitieuse. Ils nomment zele leur propension vers la malignité et violence : ce n'est pas la cause qui les embesongne, c'est leur interest ; ils attirent la guerre non par ce qu'elle est juste, mais par ce que c'est guerre.

Rien n'empéche qu'on ne se puisse comporter commodément entre des hommes qui se sont ennemis, et loyalement : conduisez vous y d'une sinon par tout esgale affection (car elle peut souffrir differentes mesures), mais au moins temperée, et qui ne vous engage tant à l'un qu'il puisse tout requerir de vous ; et vous contentez aussi d'une moienne mesure de leur grace, et de couler en eau trouble sans y vouloir pescher.

L'autre maniere, de s'offrir de toute sa force aux uns et aux autres, a encore moins de prudence que de conscience. Celuy envers qui vous en trahissez un, duquel vous estes pareillement bien venu, sçait-il pas que de soy vous en faites autant à son tour ? Il vous tient pour un meschant homme ; ce pendant il vous oit et tire de vous, et fait ses affaires de vostre desloyauté : car les hommes doubles sont utiles en ce qu'ils apportent, mais il faut se garder qu'ils n'emportent que le moins qu'on peut.

Je ne dis rien à l'un que je ne puisse dire à l'autre, à son heure, l'accent seulement un peu changé ; et ne rapporte que les choses ou indifferentes ou cogneuës, ou qui servent en commun. Il n'y a point d'utilité pour laquelle je me permette de leur mentir. Ce qui a esté fié à mon silence, je le cele religieusement ; mais je prens à celer le moins que je puis : c'est une importune garde du secret des princes, à qui n'en a que faire. Je presente volontiers ce marché, qu'ils me fient peu, mais qu'ils se fient hardiment de ce que je leur apporte. J'en ay tousjours plus sceu que je n'ay voulu : car Philippides respondit sagement, à mon gré, au roy Lyzimachus, qui luy disoit : « Que veux-tu que je te communique de mes biens ? — Ce que tu voudras, pourveu que ce ne soit de tes secrets. » Je vois que chacun se mutine si on luy cache le fons des affaires ausquels on l'emploie, et si on luy en a desrobé quelque arriere sens. Pour moy, je suis contant qu'on ne m'en die non plus qu'on veut que j'en mette en besoigne, et ne desire pas que ma science outrepasse et contraigne ma parole. Si je dois servir d'instrument de tromperie, que ce soit au moins sauve ma conscience. Je ne veus estre tenu serviteur ny si affectionné ny si loyal qu'on me treuve bon à trahir personne. Qui est infidelle à soymesme l'est excusablement à son maistre.

Mais ce soit princes qui n'acceptent pas les hommes à moytié et mesprisent les services limitez et conditionnez, il n'y a remede, je leur dis franchement mes bornes : car esclave, je ne le doibts estre que de la raison, encore ne puis-je bien en venir à bout. Les loix m'ont osté de grand peine, elles m'ont choisy party et donné un maistre : toute autre superiorité et obligation doibt estre relative à celle là et retrenchée. Si n'est pas à dire, quand mon affection me porteroit autrement, qu'incontinent j'y portasse la main : la volonté et les desirs se font loy eux mesmes, les actions ont à la recevoir de l'ordonnance publique.

Tout ce mien proceder est un peu bien dissonant à nos formes ; ce ne seroit pas pour produire grands effets ny pour y durer : l'innocence mesme ne sçauroit ny negotier sans dissimulation, ny marchander sans manterie. Aussi ne sont aucunement de mon gibier les occupations publiques : ce que ma profession en requiert, je l'y fournis en la forme que je puis la plus privée. Enfant, on m'y plongea jusques aux oreilles, et il succedoit : si m'en desprins je de belle heure. J'ay souvant depuis evité de m'en mesler, rarement accepté, jamais requis ; tenant le dos tourné à l'ambition, mais, sinon comme les tireurs d'aviron qui s'avancent ainsin à reculons, tellement toutesfois que, de ne m'y estre poinct embarqué, j'en suis moings obligé à ma resolution qu'à ma bonne fortune : car il y a des voyes moings ennemyes de mon goust et plus conformes à ma portée, par lesquelles si elle m'eut appellé autrefois au service public et à mon avancement vers le credit du monde, je sçay que j'eusse passé par dessus la raison de mes discours pour la suyvre.

Ceux qui disent communément contre ma profession que ce que j'appelle franchise, simplesse et nayfveté en mes mœurs, c'est art et finesse, et plustost prudence que bonté, industrie que nature, bon sens que bon heur, me font plus d'honneur qu'ils ne m'en ostent. Mais certes ils font ma finesse trop fine ; et qui m'aura suyvi et espié de prés, je luy donray gaigné, s'il ne confesse qu'il n'y a point de reigle en leur escolle qui sceut r'aporter ce naturel mouvement et maintenir une apparence de liberté et de licence si pareille et inflexible parmy des routes si tortues et diverses, et que toute leur attention et engin ne les y sçauroit conduire. La voye de la verité est une et simple, celle du profit particulier et de la commodité des affaires qu'on a en charge, double, inegalle et fortuite. J'ay veu souvant en usage ces libertez contrefaites et artificielles, mais le plus souvent sans succez. Elles sentent volontiers à l'asne d'Esope, lequel, par emulation du chien, vint à se jetter tout gayement à deux pieds sur les espaules de son maistre ; mais autant que le chien recevoit de caresses de pareille feste, le pauvre asne en receut deux fois autant de bastonnades. Je ne veux pas priver la tromperie de son rang, ce seroit mal entendre le monde ; je sçay qu'elle a servy souvant bien utilement, et qu'elle maintient et nourrit la plus part des vacations des hommes. Il y a des vices legitimes, comme plusieurs actions, ou bonnes ou excusables, illegitimes.

La justice en soy, naturelle et universelle, est autrement reiglée, et plus noblement, que n'est cette autre justice contrainte au besoing de nos polices : si que le sage Dandamys, oyant reciter les vies de Socrates, Pythagoras, Diogenes, les jugea grands personnages en toute autre chose, mais trop asservis à la reverence des loix, pour lesquelles auctoriser et seconder, la vraye vertu et philosophique a beaucoup à se desmettre de sa vigueur originelle ; et non seulement par leur permission plusieurs actions vitieuses ont lieu, mais encores à leur suasion. Je suy le langage commun, qui faict difference entre les choses utiles et les honnestes : si que d'aucunes actions naturelles, non seulement utiles, mais necessaires, il les nomme deshonnestes et sales.

Mais continuons nostre exemple de la trahison. Deux pretendans au royaume de Thrace estoyent tombez en debat de leurs droicts. L'empereur les empescha de venir aux armes ; mais l'un d'eux, sous couleur de conduire un accord amiable par leur entreveüe, ayant assigné son compagnon pour le festoyer en sa maison, le fit emprisonner et tuer. La justice requeroit que les Romains eussent raison de ce forfaict ; la difficulté en empéchoit les voyes ordinaires : ce qu'ils ne peurent legitimement sans guerre et sans hazard, ils entreprindrent de le faire par trahison ; ce qu'ils ne peurent honnestement, ils le firent utilement. A quoy se trouva propre un Pomponius Flaccus : cettuy-cy, soubs feintes parolles et asseurances, ayant attiré cest homme dans ses rets, au lieu de l'honneur et faveur qu'il luy promettoit, l'envoya pieds et poings liez à Romme. Un traistre y trahit l'autre, contre l'usage commun; car ils sont pleins de deffiance, et est mal-aysé de les surprendre par leur art : tesmoing la poisante experience que nous venons d'en sentir.

Sera Pomponius Flaccus qui voudra, et en est assez qui le voudront; quant à moy, ma parolle et ma foy sont comme le demeurant pieces de ce commun corps : leur meilleur effect, c'est le service public; je tiens cela pour presupposé. Mais comme, si on me commandoit que je prinse la charge du Palais et des plaids, je responderoy, « Je n'y entens rien »; ou la charge de conducteur de pioniers, je diroy, « Je suis appellé à un rolle plus digne »; de mesmes qui me voudroit employer à mentir, à trahir et à me parjurer pour quelque service notable, non que d'assassiner ou empoisonner, je diroy, « Si j'ay volé ou desrobé quelqu'un, envoyez moy plustost en gallere. » Car il est loisible à un homme d'honneur de parler ainsi que firent les Lacedemoniens, ayans esté deffaicts par Antipater, sur le poinct de leurs accords : « Vous nous pouvez commander des charges poisantes et dommageables autant qu'il vous plaira; mais de honteuses et deshonnestes, vous perdrez vostre temps de nous en commander. » Chacun doit avoir juré à soy mesme ce que les roys d'Ægypte faisoyent solemnellement jurer à leurs juges, « qu'ils ne se desvoyeroyent de leur conscience, pour quelque commandement qu'eux mesmes leur en fissent. » A telles commissions, il y a notte evidente d'ignominie et de condemnation ; et qui vous la donne vous accuse, et vous la donne, si vous l'entendez bien, en charge et en peine : autant que les affaires publiques s'amendent de vostre exploit, autant s'en empirent les vostres ; vous y faictes d'autant pis que mieux vous y faites. Et ne sera pas nouveau, ny à l'avanture sans quelque air de justice, que celuy mesmes vous ruine qui vous aura mis en besoigne.

Il se trouve assez de trahisons non seulement refusées, mais chastiées par ceux en faveur desquels elles avoyent esté entreprises. Qui ne sçait la sentence de Fabricius à l'encontre du medecin de Pyrrhus ? Mais cecy encore se trouve, que tel l'a commandée qui l'a vengée rigoureusement sur celuy qu'il y avoit employé, refusant un credit et pouvoir si effrené, et desadvouant une obeïssance si abandonnée et si lâche. Iaropelc, duc de Russie, practiqua un gentil-homme de Hongrie pour trahir le roy de Poulongne Boleslaus en le faisant mourir, ou donnant aux Russiens moyen de luy faire quelque notable dommage. Cettuy cy s'y porta en galand homme, s'adonna plus que devant au service de ce roy, obtint d'estre de son conseil et de ses plus feaux. Avec ces advantages, et choisissant à point l'opportunité de l'absence de son maistre, il trahit aux Russiens Visilicie, grande et riche cité, qui fut entierement saccagée et arse par eux, avec occision totale non seulement des habitans d'icelle de tout sexe et aage, mais de grand nombre de noblesse de là autour qu'il y avoit assemblé à ces fins. Iaropelc, assouvy de sa vengeance et de son courroux, qui pourtant n'estoit pas sans titre (car Boleslaus l'avoit fort offencé et en pareille conduitte), et saoul du fruict de cette trahison, venant à en considerer la laideur nue et seule, et la regarder d'une veuë saine et non plus troublée par sa passion, la print à un tel remors et contre-cueur qu'il en fit crever les yeux et couper la langue et les parties honteuses à son executeur.

Antigonus persuada les soldats Argyraspides de luy trahir Eumenes, leur capitaine general, son adversaire; mais l'eust-il faict tuer aprés qu'ils le luy eurent livré, il desira estre luymesme commissaire de la justice divine pour le chastiement d'un forfaict si detestable; et les consigna entre les mains du gouverneur de la province, luy donnant trés-exprés commandement de les perdre et mettre à malefin, en quelque maniere que ce fut, tellement que, de ce grand nombre qu'ils estoyent, aucun ne vit onques puis l'air de Macedoine. Mieux il en avoit esté servy, d'autant le jugea il avoir esté plus meschamment et punissablement.

Et à ceux mesme qui ne valent rien, il est si doux, ayant tiré l'usage d'une action vicieuse, y pouvoir hormais coudre en toute seurté quelque traict de bonté et de justice, comme par compensation et correction conscientieuse. Or, si par fortune on vous en recompence pour ne frustrer la necessité publique de cet extreme et desesperé remede, celuy qui le faict ne laisse pas de vous tenir, s'il ne l'est luy-mesme, pour un homme maudit et execrable, et vous tient plus traistre que ne faict celuy contre qui vous l'estes; car il touche la malignité de vostre courage par voz mains, sans desadveu, sans object. Mais il vous y employe, tout ainsi qu'on faict les hommes perdus aux executions de la haute justice, charge autant utile comme elle est peu honeste. Outre la vilité de telles commissions, il y a de la prostitution de conscience. La fille à Seyanus, ne pouvant estre punie à mort en certaine forme de jugement à Romme, d'autant qu'elle estoit vierge, fut, pour donner passage aux loix, forcée par le bourreau avant qu'il l'estranglat : non sa main seulement, mais son ame est esclave à la commodité publique.

Le prince mesme, quand une urgente circonstance et quelque impetueux et inopiné accident du besoing de son Estat luy faict gauchir sa parolle et sa foy, ou autrement le jette hors de son devoir ordinaire, doibt attribuer cette necessité à un coup de la verge divine : vice n'est-ce pas, car il a quitté sa raison à une plus universelle et puissante raison, mais certes c'est mal'heur. De maniere qu'à quelqu'un qui me demandoit, « Quel remede? — Nul remede, fis je, s'il fut veritablement geiné entre ces deux extremes : il le falloit faire; mais s'il le fit sans regret, s'il ne luy greva de le faire, c'est signe que sa conscience est en mauvais termes. » Ce sont dangereux exemples, rares et maladifves exceptions à nos reigles naturelles; il y faut ceder, mais avec grande moderation et circonspection : aucune utilité privée n'est digne pour laquelle nous façions cest effort à nostre conscience; la publique, bien, lors qu'elle est et trés-apparente et trés-importante.

J'ay autrefois logé Epaminondas au premier rang des hommes excellens, et ne m'en desdy pas. Jusques où montoit il la consideration de son particulier devoir; qui ne tua jamais homme qu'il eust vaincu; qui, pour ce bien inestimable de rendre la liberté à son pays, faisoit conscience de tuer un tyran sans les formes de la justice; et qui jugeoit meschant homme, quelque bon citoyen qu'il fut, celuy qui, entre les ennemys et en la bataille, n'espargnoit son amy et son hoste? Voylà une ame de riche composition : il marioit aux plus rudes et violentes actions humaines la bonté et l'humanité, voire la plus delicate qui se treuve en l'escole de la philosophie. Ce courage si gros, enflé et obstiné contre la douleur, la mort, la pauvreté, estoit ce nature ou art qui l'eust attendry jusques au poinct d'une si extreme douceur et debonnaireté de complexion? Horrible de fer et de sang, il va fracassant et rompant une nation invincible contre tout autre que contre luy seul, et gauchit, au milieu d'une telle meslée, au rencontre de son hoste et de son amy. Vrayement celuy là proprement commandoit à la guerre, qui luy faisoit souffrir le mors de la benignité sur le poinct de sa plus forte chaleur, ainsin enflammée qu'elle estoit et escumeuse de fureur et de meurtre. C'est miracle de pouvoir mesler à telles actions quelque image de justice, mais il n'appartient qu'à la vigueur d'Epaminondas d'y pouvoir mesler la douceur et la facilité des meurs les plus molles. Et où l'un dict aux Mammertins que « les statuts n'avoyent point de mise envers les hommes armez »; l'autre, au tribun du peuple, que « le temps de la justice et de la guerre estoyent deux »; le tiers, que « le bruit des armes l'empeschoit d'entendre la voix des loix », cettuy-cy n'estoit pas seulement empesché d'entendre celle de la civilité et pure courtoisie. Avoit il pas emprunté de ses ennemis l'usage de sacrifier aux Muses, allant à la guerre, pour destremper par leur douceur et gayeté cette furie et aspreté martiale?

Ne craignons point, aprés un si grand precepteur, d'estimer que l'interest commun ne doibt pas tout requerir de tous contre l'interest privé :

> *Et nulla potentia vires*
> *Præstandi, ne quid peccet amicus, habet;*

et que toutes choses ne sont pas loisibles à un homme de bien pour le service de la cause generalle et des loix. C'est une instruction propre au temps : nous n'avons que faire de durcir nos courages par ces lames de fer; c'est assez que nos espaules le soyent; c'est assez de tramper nos plumes en ancre, sans les tramper en sang. Si c'est grandeur de courage et l'effect d'une vertu rare et singuliere de mespriser l'amitié, les obligations privées, sa parolle et la parenté, pour le bien commun et obeïssance du magistrat, c'est assez vrayement, pour nous en excuser, que c'est une grandeur qui ne peut loger au courage d'Epaminondas.

J'abomine les enhortemens enragez de cette autre ame des-reiglée,

> *Dum tela micant, nos vos pietatis imago*
> *Ulla, nec adversa conspecti fronte parentes*
> *Commoveant; vultus gladio turbate verendos.*

Ostons aux meschants naturels, et sanguinaires, et traistres, ce pretexte de raison; laissons là cette justice enorme et hors de soy, et nous tenons aus plus humaines imitations. Combien peut le temps et l'exemple! En une rencontre de la guerre civile contre Cynna, un soldat de Pompeius, ayant tué sans y penser son frere qui estoit au parti contraire, se tua sur le champ soy mesme, de honte et de regret; et quelques années aprés, en une autre guerre civile de ce mesme peuple, un soldat, pour avoir tué son frere, demanda recompense à ses capitaines.

On argumente mal l'honneur et la beauté d'une action par son utilité, et conclud on mal d'estimer que chacun y soit obligé, si elle est utile. Choisissons la plus necessaire et plus utile de l'humaine societé, ce sera le mariage : si est-ce que le conseil des saincts trouve le contraire party plus digne et en exclut la plus venerable vacation des hommes, comme nous assignons au haras les bestes qui sont de moindre estime.

CHAPITRE II.

Du Repentir.

Les autres forment l'homme : je le recite et en represente un particulier bien mal formé, et lequel, si j'avoy à façonner de nouveau, je ferois vrayement bien autre qu'il n'est; mes-huy c'est fait. Or les traits de ma peinture ne se forvoyent point, quoy qu'ils se changent et diversifient. Le monde n'est qu'une branloire perenne : toutes choses y branlent sans cesse, la terre, les rochers du Caucase, les pyramides d'Ægypte, et du branle public et du leur; la constance mesme n'est autre chose qu'un branle plus languissant. Je ne puis asseurer mon object; il va trouble et chancelant, d'une yvresse naturelle. Je le prens en ce point, comme il est en l'instant que je m'amuse à luy. Je ne peints pas l'estre, je peints le passage, non un passage d'aage en autre, ou, comme dict le peuple, de sept en sept ans, mais de jour en jour, de minute en minute. Il faut accommoder mon histoire à l'heure. Je pourray tantost changer, non de fortune seulement, mais aussi d'intention : c'est un contrerolle de divers et muables accidens et d'imaginations irresoluës et, quand il y eschet, contraires, soit que je sois autre moymesme, soit que je saisisse les subjects par autres circonstances et considerations. Tant y a que je me contredits bien à l'adventure, mais la verité, comme disoit Demades, je ne la contredy point. Si mon ame pouvoit prendre pied et forme, je ne m'essaierois pas, je me resoudrois : elle est tousjours en apprentissage et en espreuve.

Je propose une vie basse et sans lustre, c'est tout un : on attache aussi bien toute la philosophie morale à une vie populaire et privée que à une vie de plus riche estoffe; chaque homme porte la forme entiere de l'humaine condition. Mais est-ce raison que, si particulier en usage, je pretende me rendre public en cognoissance? Est-il aussi raison que je produise au monde, où la façon et l'art ont tant de credit et de commandement, des effects de nature crus et simples, et d'une nature encore bien foiblette? Est-ce pas faire une muraille sans pierre, ou chose semblable, que de bastir des livres sans science? Les fantasies de la musique sont conduictes par art, les miennes par la fortune. Aumoins j'ay cecy selon la discipline, que jamais homme ne traicta subject qu'il entendit ne cogneust mieux que je fay celuy que j'ay entrepris, et qu'en celuy-là je suis le plus sçavant homme qui vive; secondement, que jamais aucun n'arriva plus exactement et plus plainement à la fin qu'il s'estoit proposé à sa besoigne. Pour la parfaire, je n'ay besoing n'y apporter que de la fidelité: celle-là y est, la plus sincere et pure qui se trouve. Je dy vray, non pas tout mon saoul, mais autant que je l'ose dire; et l'ose un peu plus en vieillissant, car il semble que la coustume concede à cet aage plus de liberté de bavasser, et d'indiscretion à parler de soy. Il ne peut advenir icy ce que je voy advenir souvent, que l'artizan et sa besoigne se contrarient: un homme de si honneste conversation a-il faict un si sot escrit? ou des escrits si sçavans sont-ils partis d'un homme de si foible conversation? Icy, nous allons conformément et tout d'un trein, mon livre et moy. Ailleurs, on peut recommander et accuser l'ouvrage à part de l'ouvrier; icy, non : qui touche l'un touche l'autre. Celuy qui en jugera sans le connoistre se fera plus de tort qu'à moy; celuy qui l'aura conneu m'a du tout satisfaict. Heureux outre mon merite, si j'ay seulement cette part à l'approbation publique, que je face sentir aux gens d'entendement que j'estoy capable de faire mon profit de la science si j'en eusse eu, et que je meritoy que la memoire me secourut mieux.

Excusons icy que je dy souvent que je me repens rarement : adjoustant tousjours ce refrein, non pas un refrein de ceremonie, mais de naïfve et essentielle submission, que je parle enquerant et ignorant, me rapportant de la resolution, purement et simplement, aux creances communes et legitimes. Je n'enseigne poinct, je narre.

Il n'est vice veritablement vice qui n'offence, et qu'un jugement entier n'accuse; car il a de la laideur et incommodité si apparente, qu'à l'advanture ceux-là ont raison qui disent qu'il est principalement produict par bestise et ignorance : tant est-il malaisé d'imaginer qu'on le cognoisse sans le haïr. Le vice laisse, comme un ulcere en la chair, une repentance en l'ame, qui tousjours s'esgratigne et s'ensanglante elle mesme. Car la raison efface les autres tristesses et douleurs, mais elle engendre celle de la repentance, qui est plus griefve, d'autant qu'elle naist au dedans, comme le froid et le chaut des fiévres est plus poignant que celuy qui vient du dehors. Je tiens pour vices (mais chacun selon sa mesure) non seulement ceux que la raison et la nature condamnent, mais ceux aussi que l'opinion des hommes a forgé, voire fauce et erronée, si les loix et l'usage l'auctorise.

Il n'est pareillement bonté qui ne resjouysse une nature bien née. Il y a certes je ne sçay quelle congratulation de bien faire qui nous resjouit en nous mesmes, et une fierté genereuse qui accompaigne la bonne conscience. Une ame courageusement vitieuse se peut à l'adventure garnir de securité, mais de cette complaisance et satis-faction elle n'en peut fournir. Ce n'est pas un leger plaisir de se sentir preservé de la contagion d'un siecle si gasté, et de dire en soy : « Qui me verroit jusques dans l'ame, encore ne me trouveroit-il coulpable, ny de l'affliction et ruyne de personne, ny de vengence ou d'envie, ny d'offence publique des loix, ny de nouvelleté et de trouble, ny de faute à ma parole ; et quoy que la licence du temps permit à chacun, si n'ay-je mis la main ny és biens ny en la bourse d'homme françois, et n'ay vescu que sur la mienne, non plus en guerre qu'en paix, ny ne me suis servy du travail de personne sans loyer. » Ces tesmoignages de la conscience plaisent ; et nous est grand benefice que cette esjouyssance naturelle, et le seul payement qui jamais ne nous faut.

De fonder la recompense des actions vertueuses sur l'approbation d'autruy, c'est prendre un trop incertain et trouble fondement. Nous autres principalement, qui vivons une vie privée qui n'est en montre qu'à nous, devons avoir estably un patron au dedans, auquel toucher nos actions, et, selon iceluy, nous caresser tantost, tantost nous chastier. J'ay mes loix et ma court pour juger de moy, et m'y adresse plus qu'ailleurs. Je restrains bien selon autruy mes actions, mais je ne les estends que selon moy. Il n'y a que vous qui sçache si vous estes lâche et cruel, ou loyal et devotieux; les autres ne vous voyent poinct, ils vous devinent par conjectures incertaines, ils voyent non tant vostre naturel que vostre art. Par ainsi ne vous tenez pas à leur sentence, tenez vous à celle de vostre conscience.

Mais ce qu'on dit, que la repentance suit de prés le peché, ne semble pas regarder le peché qui est en son haut appareil, qui loge en nous comme en son propre domicile. On peut desavouër et desdire les vices qui nous surprennent et vers lesquels les passions nous emportent; mais ceux qui par longue habitude sont enracinés en une volonté forte et vigoureuse ne sont subjects à contradiction. Le repentir n'est qu'une desditte de nostre volonté et opposition de nos fantasies, qui nous pourmene à tout sens. Il faict desavouër à celuy-là sa vertu passée et sa continence :

> *Quæ mens est hodie, cur eadem non puero fuit?*
> *Vel cur his animis incolumes non redeunt genæ?*

C'est une vie exquise, celle qui se maintient en ordre jusques en son privé. Chacun peut avoir part au battelage et representer un honneste rolle en l'eschaffaut; mais au dedans et en sa poictrine, où tout nous est loisible, où tout est caché, d'y estre reglé, c'est le poinct; le voisin degré, c'est de l'estre en sa maison, en ses actions ordinaires et privées, desquelles nous n'avons à rendre compte à personne, où il n'y a point d'estude, point d'artifice. Et pourtant Bias, ayant à peindre un excellent estat de famille, « de laquelle, dit-il, le maistre soit tel au dedans par luy-mesme comme il est au dehors par la crainte de la loy et du dire des hommes. » Et fut une digne parole de Julius Drusus aux ouvriers qui luy offroient pour trois mille escus mettre sa maison en tel poinct que ses voisins n'y auroient plus la veuë qu'ils y avoient : « Je vous en donneray, dit-il, six mille, et faictes que chacun y voye de toutes parts. » On remarque avec honneur l'usage d'Agesilaus, de faire en voyageant son logis dans les eglises, affin que le peuple et les dieux mesmes vissent dans ses actions domestiques et privées. Tel a esté miraculeux au monde, auquel sa femme et son valet n'ont rien veu seulement de louable; peu d'hommes ont esté admirez par leurs domestiques. Le peuple reconvoye celuy-là, d'un acte public, avec estonnement, jusqu'à sa porte : il laisse avec sa robbe ce rolle, il en retombe d'autant plus bas qu'il s'estoit plus haut monté; au dedans chez luy, tout est tumultuaire et vile. Quand le reiglement s'y trouveroit, il faut un jugement vif et bien trié pour l'appercevoir en ces actions basses et privées : joint que l'ordre est une vertu morne et sombre. Gaigner une bresche, conduire une ambassade, regir un peuple, ce sont actions esclatantes; tancer, rire, vendre, payer, aymer, hayr et converser avec les siens et avec soy mesme doucement et justement, ne relâcher poinct, ne se desmentir poinct, c'est chose plus rare, plus difficile et moins remerquable. Les vies retirées et privées soustiennent par là, quoy qu'on die, des devoirs autant ou plus aspres et tendus que ne font les autres vies. Nous nous préparons aux occasions eminentes plus par gloire que par conscience. Et la vertu d'Alexandre me semble representer assez moins de vigueur en son theatre que ne fait celle de Socrates en cette exercitation basse et obscure. Je conçois aisément Socrates en la place d'Alexandre ; Alexandre au rolle de Socrates, je ne puis. Qui demandera à celuy-là ce qu'il sçait faire, il respondra « subjuguer le monde »; qui le demandera à cettuy-cy, il dira qu'il « sçait conduire l'humaine vie conformément à sa naturelle condition » : science bien plus generale, plus poisante et plus legitime.

Le pris de l'ame ne consiste pas à aller haut, mais ordonnéement : comme les ames vicieuses sont incitées souvent à bien faire par quelque impulsion estrangere, aussi sont les vertueuses à faire mal. Il les faut doncq juger par leur estat rassis, quand elles sont chez elles, si quelque fois elles y sont; ou aumoins quand elles sont plus voisines du repos et en leur naïfve assiette. Les inclinations naturelles s'aident et fortifient par institution, mais elles ne se changent guiere et surmontent. Mille natures, de mon temps, ont eschappé vers la vertu ou vers le vice au travers d'une discipline contraire :

Sic ubi desuetæ silvis in carcere clausæ

Mansuevere feræ, et vultus posuere minaces,
Atque hominem didicere pati, si torrida parvus
Venit in ora cruor, redeunt rabiesque furorque,
Admonitæque tument gustato sanguine fauces;
Fervet, et a trepido vix abstinet ira magistro.

On n'extirpe pas ces qualitez originelles, on les couvre, on les cache. Le langage latin m'est comme naturel, je l'entens mieux que le françois, mais il y a quarante ans que je ne m'en suis du tout poinct servy à parler, ny guere à escrire : si est-ce que à des extremes et soudaines esmotions où je suis tombé deux ou trois fois en ma vie, et l'une, voyant mon pere tout sain se renverser sur moy pasmé, j'ay tousjours eslancé du fond des entrailles les premieres paroles latines ; et cet exemple se dict d'assez d'autres.

Ceux qui ont essaié de r'aviser les meurs du monde, de mon temps, par nouvelles opinions, reforment les vices de l'apparence ; ceux de l'essence ils les laissent là, s'ils ne les augmentent : et l'augmentation y est à craindre ; on se sejourne volontiers de tout autre bien faire sur ces reformations externes de moindre coust et de plus grand merite ; et satisfait-on par là les autres vices naturels et internes. Regardez un peu comment s'en porte nostre experience : il n'est personne, s'il s'escoute, qui ne descouvre en soy une forme sienne, une forme maistresse, qui luicte contre l'art et l'institution, et contre la tempeste des passions qui luy sont contraires. De moy, je ne me sens guere agiter par secousse, je me trouve quasi tousjours en ma place, comme font les corps lourds et poisans. Si je ne suis chez moy, j'en suis tousjours bien prés : mes desbauches ne m'emportent pas fort loing, il n'y a rien d'extreme et d'estrange ; et si ay des ravisemens sains et vigoureux.

La vraie condamnation, et qui touche la commune façon de nos hommes, c'est que leur retraicte mesme est pleine de corruption et d'ordure ; l'idée de leur amendement, chafourrée ; leur penitence, malade et en coulpe autant à peu prés que leur peché. Aucuns, ou pour estre collez au vice d'une attache naturelle, ou par la longue accoustumance, n'en trouvent plus la laideur. A d'autres (duquel regiment je suis) le vice poise, mais ils le contrebalancent avec le plaisir ou autre occasion, et le souffrent et s'y prestent à certain prix, vitieusement pourtant et injustement. Si se pourroit-il à l'advanture imaginer si esloignée disproportion de mesure où avec justice le plaisir excuseroit le peché, comme nous disons de l'utilité ; notamment s'il estoit accidental et hors du peché, comme au larrecin, mais en l'exercice mesme d'iceluy, comme en l'accointance des femmes, où l'incitation est violente et, dit-on, par fois invincible.

En la terre d'un mien parent, l'autre jour que j'estois en Armaignac, je vy un paisan que chacun surnomme le larron. Il faisoit ainsi le conte de sa vie : qu'estant né mendiant, et trouvant que à gaigner son pain au travail de ses mains il n'arriveroit jamais à se fortifier assez contre l'indigence, il s'advisa de se faire larron ; et avoit employé à ce mestier toute sa jeunesse en seureté, par le moyen de sa force corporelle : car il moissonnoit et vendangeoit des terres d'autruy, mais c'estoit au loing et à si gros monceaux qu'il estoit inimaginable qu'un homme en eust tant rapporté en une nuict sur ses espaules; et avoit soing outre cela d'egaler et disperser le dommage qu'il faisoit, si que la foule estoit moins importable à chaque particulier. Il se trouve à cette heure, en sa vieillesse, riche pour un homme de sa fortune, mercy à cette trafique, dequoy il se confesse ouvertement; et pour s'accommoder avec Dieu de ses acquests, il dict estre tous les jours aprés à satisfaire par bien-faicts aux successeurs de ceux qu'il a desrobez; et, s'il n'acheve, car d'y pourvoir tout à la fois il ne peut, qu'il en chargera ses heritiers, à la raison de la science qu'il a luy seul du mal qu'il a faict à chacun. Par ceste description, soit vraye ou fauce, cettuy-cy regarde le larrecin comme action des-honneste, et le hayt, mais moins que l'indigence; s'en repent bien simplement, mais, en tant qu'elle estoit ainsi contrebalancée et compencée, il ne s'en repent pas. Cela, ce n'est pas cette habitude qui nous incorpore au vice et y conforme nostre entendement mesme, ny n'est ce vent impetueux qui va troublant et aveuglant à secousses nostre ame, et nous precipite pour l'heure, jugement et tout, en la puissance du vice.

Je fay coustumierement entier ce que je fay, et marche tout d'une piece; je n'ay guere de mouvement qui se cache et desrobe à ma raison, et qui ne se conduise à peu prés par le consentement de toutes mes parties, sans division, sans sedition intestine : mon jugement en a la coulpe ou la louange entiere ; et la coulpe qu'il a une fois, il l'a tousjours, car quasi dés sa naissance il est un, mesme inclination, mesme route, mesme force. Et en matiere d'opinions universelles, dés l'enfance je me logeay au poinct où j'avois à me tenir.

Il y a des pechez impetueux, prompts et subits : laissons les à part; mais en ces autres pechez à tant de fois reprins, deliberez et consultez, ou pechez de complexion, je ne puis pas facilement concevoir qu'ils soient plantez si long temps en un mesme courage sans que la raison et la conscience de celuy qui les possede le veuille constamment et l'entende ainsi; et le repentir qu'il se vante luy en venir à certain instant prescript m'est un peu dur à imaginer et former. Ils font tout à l'opposite des preceptes stoïques, qui nous ordonnent bien de corriger les imperfections et vices que nous reconnoissons en nous, mais nous deffendent d'en estre marris et desplaisants : ceux-cy nous font à croire qu'ils en ont grand regret et remors au dedans, mais d'amendement et correction ils ne nous en font rien apparoir. Si n'est-ce pas guerison si on ne se descharge du mal : si la repentance pesoit sur le plat de la balance, elle emporteroit le peché. Je ne trouve aucune qualité si aysée à contrefaire que la devotion, si on n'y conforme les meurs et la vie : son essence est abstruse et occulte; les apparences, faciles et pompeuses.

Quant à moy, je puis desirer en general estre autre; je puis condamner et me desplaire de ma forme universelle, et supplier Dieu pour mon entiere reformation et pour l'excuse de ma foiblesse naturelle; mais cela, je ne le doits nommer repentir, ce me semble, non plus que le desplaisir de n'estre ny ange ny Caton. Mes operations sont reglées et conformes à ce que je suis et à ma condition. Je ne puis faire mieux : et le repentir ne touche pas proprement les choses qui ne sont pas en nostre force, ouy bien le regret. J'imagine infinies natures plus hautes et plus reglées que la mienne ; je n'amande pourtant mes facultez : comme ny mon bras ny mon esprit ne deviennent plus vigoreux pour en concevoir un autre qui le soit. Si d'imaginer et desirer un agir plus noble que le nostre produisoit la repentance du nostre, nous aurions à nous repentir de nos operations les plus innocentes : d'autant que nous jugeons bien qu'en la nature plus excellente telles operations auroyent esté conduites d'une plus grande perfection et dignité ; et voudrions faire de mesme. Lors que je consulte des deportemens de ma jeunesse avec ma vieillesse, je trouve que je les ay communement conduits avec ordre, selon moy ; c'est tout ce que peut ma resistance. Je ne me flatte pas : à circonstances pareilles, je seroy tousjours tel. Ce n'est pas tache, c'est plustost une teinture universelle qui me noircist. Je ne cognoy pas de repentance superficielle, moyenne et de ceremonie : il faut qu'elle me touche de toutes pars avant que je la nomme ainsin, et qu'elle pinse mes entrailles et les afflige autant profondement que Dieu me voit, et autant universellement.

Quant aux negoces, il m'est eschappé plusieurs bonnes avantures à faute d'heureuse conduitte : mes conseils ont pourtant bien choisi, selon les occurrences qu'on leur presentoit ; leur façon est de prendre tousjours le plus facile et seur party. Je trouve qu'en mes deliberations passées j'ay, selon ma regle, sagement procedé pour l'estat du subject qu'on me proposoit, et en ferois autant d'icy à mille ans en pareilles occasions. Je ne regarde pas quel il est à cette heure, mais quel il estoit quand j'en consultois. Si l'evenement a favorisé le party que j'ay refusé, il n'y a remede ; je ne m'en prens pas à moy de ne l'avoir sceu prevoir, j'accuse ma fortune, non pas mon operation : cela ne s'appelle pas repentir.

Phocion avoit donné aux Atheniens certain advis qui ne fut pas suyvi. L'affaire pourtant se passant contre son opinion avec prosperité, quelqu'un lui dict : « Et bien, Phocion, es tu content que la chose aille si bien ? — Bien suis-je content, fit-il, qu'il soit advenu cecy, mais je ne me repens point d'avoir conseillé cela. » Quand mes amis s'adressent à moy pour estre conseillez, je le fay librement et clairement, sans m'arrester, comme faict quasi tout le monde, à ce que, la chose estant hazardeuse, il peut advenir au rebours de mon sens, par où ils ayent à me faire reproche de mon conseil : dequoy il ne me chaut. Car ils auront tort, et cependant je n'ay peu leur refuser cest office.

En tous affaires, quand ils sont passés, comment que ce soit, j'y ay peu de regret, car cette imagination me met hors de peine, qu'ils devoyent ainsi passer : les voylà dans le grand cours de l'univers et dans l'encheineure des causes stoïques ; vostre fantasie n'en peut, par souhait et imagination, remuer un point que tout l'ordre des choses ne renverse, et le passé, et l'advenir.

Au demeurant, je hay cest accidental repentir que l'aage apporte. Celuy qui disoit anciennement estre obligé aux années dequoy elles l'avoyent deffaict de la volupté, avoit autre opinion que la mienne : je ne sçauray jamais bon gré à l'impuissance de bien qu'elle me face. Nos appetits sont rares en la vieillesse; une profonde satieté nous saisit aprés : en cela je ne voy rien de conscience; le chagrin et la foiblesse nous impriment une vertu lache et catarreuse. Il ne nous faut pas laisser emporter si entiers aux alterations naturelles, que d'en abastardir nostre jugement.

La jeunesse et le plaisir n'ont pas faict autrefois que j'aie mescogneu le visage du vice en la volupté; ny ne faict à cette heure le degoust que les ans m'apportent que je mescognoisse celuy de la volupté au vice. Ores que je n'y suis plus, j'en juge comme si j'y estoy : ma raison est celle mesme que j'avoy en l'aage plus licencieux, sinon, à l'avanture, d'autant qu'elle s'est affoiblie et empirée en vieillissant; pour la voir hors de combat, je ne l'estime pas plus valeureuse. Mes tentations sont si cassées et mortifiées qu'elles ne valent pas qu'elle s'y oppose; tandant seulement les mains audevant, je les esconjure. Qu'on luy remette en teste cette ancienne concupiscence, je crains qu'elle auroit moins de force à la soustenir qu'elle n'avoit autrefois. Je ne luy voy rien juger apar soy que lors elle ne jugeast; il n'y a aucune nouvelle clarté. Parquoy, s'il y a convalescence, c'est une convalescence maladifve.

Il faut que Dieu nous touche le courage, il faut que nostre conscience s'amende d'elle mesme par r'enforcement de nostre raison, non par la defaillance de nos forces. La volupté n'en est en soy ny pasle ny descolorée pour estre aperceuë par des yeux chassieux et troubles. On doibt aymer la temperance par elle mesme et pour le respect de Dieu qui nous l'a ordonnée, et la chasteté; celle que les catarres nous prestent et que je doibts au benefice de ma cholique, ce n'est ny chasteté ny temperance. On ne peut se vanter de mespriser et combatre la volupté si on ne la voit, si on l'ignore, et ses graces, et ses forces, et sa beauté plus attrayante. Je cognoy l'une et l'autre, c'est à moy à le dire; mais il me semble qu'en la vieillesse nos ames sont subjectes à des maladies et imperfections plus importunes qu'en la jeunesse. Je le disois estant jeune, lors on me donnoit de mon menton par le nez; je le dis encores à cette heure, que mon poil m'en donne le credit. Nous appellons sagesse la difficulté de nos humeurs, le desgoust des choses presentes; mais à la verité nous ne quittons pas tant les vices comme nous les changeons, et, à mon opinion, en pis. Outre une sotte et caduque fierté, un babil ennuyeux, ces humeurs espineuses et inassociables, et la superstition, et un soin ridicule des richesses lors que l'usage en est perdu, j'y trouve plus d'envie, d'injustice et de malignité. Elle nous attache plus de rides en l'esprit qu'au visage; et ne se void point d'ames, ou fort rares, qui en vieillissant ne sentent à l'aigre et au moisi.

L'homme marche entier vers son croist et vers son décroist. Quelles metamorphoses luy voy-je faire tous les jours en plusieurs de mes cognoissans! C'est une violente maladie, et qui se coule naturellement et imperceptiblement; il y faut grande provision d'estude et grande precaution pour eviter les imperfections qu'elle nous charge, ou au moins affoiblir leur progrets. Je sens que, nonobstant tous mes retranchemens, elle gaigne pied à pied sur moy : je soustien tant que je puis, mais je ne sçay en fin où elle me menera moymesme. A toutes avantures, je suis content qu'on sçache d'où je seray tombé.

CHAPITRE III.

De trois commerces.

Il ne faut pas se clouër si fort à ses humeurs et complexions. Nostre principalle suffisance, c'est sçavoir s'appliquer à divers usages. C'est estre, mais ce n'est pas vivre, que se tenir attaché et obligé par necessité à un seul train. Les plus belles ames sont celles qui ont le plus de varieté et de soupplesse. Si c'estoit à moy à me dresser à ma poste, il n'est aucune si bonne façon où je vouleusse estre planté pour ne m'en sçavoir destourner. La vie est un mouvement inegal, irregulier et multiforme. Ce n'est pas estre amy de soy, et moins encore maistre, c'est en estre esclave, de se suivre incessamment, et estre si pris à ses inclinations qu'on n'en puisse fourvoyer, qu'on ne les puisse tordre. Je le dy à cette heure, pour ne me pouvoir facilement despestrer de l'importunité de mon ame, en ce qu'elle ne sçait communément s'amuser sinon où elle s'empeche, ny s'employer que entiere. Pour leger subject qu'on luy donne, elle le grossit volontiers et l'estire jusques au poinct où elle ait à s'y embesongner de toute sa force. Son oysifveté m'est à cette cause une penible occupation, et qui offence ma santé. La plus part des esprits ont besoing de matiere estrangere pour se desgourdir et exercer; le mien en a besoing pour se rassoir plustost et sejourner, *vitia otii negotio discutienda sunt*, car son plus laborieux et principal estude, c'est s'estudier à soy. Aux premieres pensées qui lui viennent, il s'agite et fait preuve de sa vigueur à tout sens, exerce son maniement tantost vers la force, tantost vers l'ordre et la grace. Il a dequoy esveiller ses facultez par luy mesme; nature luy a donné, comme à tous, assez de matiere sienne pour son utilité, et de subjects propres assez où inventer et juger. Au pris de ce fruict et amendement essentiel auquel il vise, il faict peu de compte de l'estude qu'on employe à charger et meubler sa memoire de la suffisance d'autruy.

Peu d'entretiens doncq m'arretent sans vigueur et sans effort; il est vray que la gentillesse et la beauté me remplissent et occupent autant ou plus que le pois et la profondeur. Et d'autant que je sommeille en toute autre communication et que je n'y preste que l'escorce de mon attention, il m'advient souvent, en telle sorte de propos rompus et lâches, sans pois et sans grace, propos de contenance, de dire et respondre des songes et bestises indignes d'un enfant et ridicules, ou de me tenir obstiné en silence, plus ineptement encore et incivilement. J'ay une façon resveuse par fois qui me retire à moy, et d'autre part une lourde ignorance et puerile de plusieurs choses communes : par ces deux qualitez, j'ay gaigné qu'on puisse faire au vray cinq ou six contes de moy, aussi niais que d'autre, quel qu'il soit.

Or, suyvant mon propos, cette complexion difficile me rend delicat à la pratique des hommes, il me les faut trier sur le volet ; et me rend incommode aux actions communes. Nous vivons et negotions avec le peuple : si sa conversation nous importune, si nous desdaignons à nous appliquer aux ames basses et vulgaires, et les basses et vulgaires sont souvent aussi sages que les plus desliées, il ne nous faut plus entremettre ny de nos propres affaires ny de ceux d'autruy ; et les publiques et les privez se demeslent avec ces gens là. Les moins tandues et plus naturelles alleures de nostre ame sont les plus belles ; les meilleures occupations, les moins efforcées. Mon Dieu, que la sagesse faict un bon office à ceux de qui elle regle les desirs à leur puissance ! il n'est point de plus utile science. « Selon qu'on peut », c'estoit le refrein et le mot favory de Socrates, mot de grande substance : il faut addresser et arrester nos desirs aux choses les plus aysées et voisines. Ne m'est-ce pas une sotte humeur de disconvenir avec un milier à qui ma fortune me joint, de qui je ne me puis passer, pour me tenir à un ou deux qui sont hors de mon commerce, ou plustost à un desir fantastique de chose que je ne puis recouvrer ? Mes meurs molles, ennemies de toute aigreur et aspreté, peuvent aysément m'avoir deschargé d'envies et d'inimitiez : d'estre aimé, je ne dy, mais de n'estre point hay, jamais homme n'en donna plus d'occasion ; mais la froideur de ma conversation m'a desrobé, avec raison, la bien-veillance de plusieurs, qui sont excusables de l'interpreter à autre et pire sens.

Je suis trés-capable d'acquerir et maintenir des amitiez rares et exquises, d'autant que je me harpe avec si grande faim aux accointances qui reviennent à mon goust, je m'y produis, je m'y jette si avidement que je ne faux pas aysément de m'y attacher et de faire impression où je donne : j'en ay faict souvant heureuse preuve. Aux amitiez communes je suis aucunement sterile et mol, car mon aller n'est pas naturel s'il n'est à pleine voile : outre ce, que ma fortune, m'ayant duit et acoquiné dés jeunesse à une amitié seule et parfaicte, m'a à la verité aucunement desgouté des autres, et trop imprimé en la fantasie qu'elle est beste de compaignie, non pas de troupe, comme disoit cet antien ; aussi que j'ay naturellement peine à me communiquer à demy et avec modification, et cette servile prudence et soupçonneuse qu'on nous ordonne en la conversation de ces amitiés nombreuses et imparfaictes. Et nous l'ordonne l'on principalement en ce temps, qu'il ne se peut parler du monde que dangereusement ou faucement.

Si voy-je bien pourtant que qui a, comme moy, pour sa fin, les commoditez de sa vie (je dy les commoditez essentielles), doibt fuyr comme la peste ces difficultez et delicatesse d'humeur. Je louerois un'ame à divers estages, qui sçache et se tendre et se desmonter, qui soit bien partout où sa fortune la porte, qui puisse deviser avec son voisin de son bastiment, de sa chasse et de sa querelle, entretenir avec plaisir un charpentier et un jardinier ; j'envie ceux qui sçavent s'aprivoiser au moindre de leur suitte et dresser de l'entretien en leur propre train. Les autres s'estudient à eslancer et guinder leur esprit; moy, à le rabaisser et coucher : il n'est vicieux qu'en extantion.

> *Narras, et genus Æaci,*
> *Et pugnata sacro bella sub Ilio :*
> *Quo Chium pretio cadum*
> *Mercemur, quis aquam temperet ignibus,*
> *Quo præbente domum, et quota,*
> *Pelignis caream frigoribus, taces.*

Ainsi, comme la vaillance lacedemonienne avoit besoing de moderation et du son doux et gratieux du jeu des flutes pour la flatter en la guerre, depeur qu'elle ne se jettat à la temerité et à la furie, là où toutes autres nations ordinairement employent des sons et des voix aigues et fortes qui esmouvent et qui eschauffent à outrance le courage des soldats, il me semble de mesme, contre la forme ordinaire, qu'en l'usage de nostre esprit nous avons, pour la plus part, plus besoing de plomb que d'ailes, de froideur et de repos que d'ardeur et d'agitation. Sur tout, c'est à mon gré bien faire le sot que de faire l'entendu entre ceux qui ne le sont pas, parler tousjours bandé, *favellar in punta di forchetta*. Il faut se desmettre au train de ceux avec qui vous estes, et par fois affecter l'ignorance. Mettez à part la force et la subtilité : en l'usage commun, c'est assez d'y reserver l'ordre ; trainez vous au demeurant à terre s'ils veulent.

Les sçavans chopent volontiers à cette pierre ; ils font tousjours parade de leur magistere et sement leurs livres par tout ; ils en ont en ce temps entonné si fort les cabinets et oreilles des dames, que si elles n'en ont retenu la substance, au moins elles en ont la mine : à toute sorte de propos et matiere, pour basse et populaire qu'elle soit, elles se servent d'une façon de parler et d'escrire nouvelle et sçavante :

> *Hoc sermone pavent, hoc iram, gaudia, curas,*
> *Hoc cuncta effundunt animi secreta; quid ultra ?*
> *Concumbunt docte :*

et alleguent Platon et sainct Thomas aux choses ausquelles le premier rencontré serviroit aussi bien de tesmoing : la doctrine qui ne leur a peu arriver en l'ame leur est demeurée en la langue. Si les bien-nées me croient, elles se contenteront de faire valoir leurs propres et naturelles richesses. Elles cachent et couvrent leurs beautez soubs des beautez estrangeres : c'est grande simplesse d'estouffer sa clarté pour luire d'une lumiere empruntée; elles sont enterrées et ensevelies soubs l'art. C'est qu'elles ne se cognoissent point assez : le monde n'a rien de plus beau; c'est à elles d'honnorer les arts et de farder le fard. Que leur faut-il, que vivre aymées et honnorées? Elles n'ont et ne sçavent que trop pour cela. Il ne faut qu'esveiller un peu et rechauffer les facultez qui sont en elles. Quand je les voy attachées à la rhetorique, à la judiciaire, à la logique, et semblables drogueries si vaines et inutiles à leur besoing, j'entre en crainte que les hommes qui le leur conseillent le facent pour avoir loy de les regenter soubs ce tiltre. Car quelle autre excuse leur trouverois-je? Baste! qu'elles peuvent, sans nous, renger la grace de leurs yeux à la gaieté, à la severité et à la douceur, assaisonner un nenny de rudesse, de doubte et de faveur, et qu'elles ne cherchent point d'interprete aux discours qu'on faict pour leur service. Avec cette science, elles peuvent commander à baguette et regenter les regens de l'eschole. Si toutesfois il leur fache de nous ceder en quoy que ce soit, et veulent par curiosité avoir part aux livres, la poësie est un amusement propre à leur besoin : c'est un art follastre et subtil, desguisé, parlier, tout en plaisir, tout en montre, comme elles. Elles tireront aussi diverses commoditez de l'histoire. En la philosophie, de la part qui sert à la vie, elles prendront les discours qui les dressent à juger de nos humeurs et conditions, à se deffendre de nos trahisons, à regler la temerité de leurs propres desirs, à ménager leur liberté, alonger les plaisirs de la vie, et à porter humainement l'inconstance d'un serviteur, la rudesse d'un mary et l'importunité des ans et des rides, et choses semblables. Voilà, pour le plus, la part que je leur assignerois aux sciences.

Il y a des naturels particuliers, retirez et internes. Ma forme essentielle est propre à la communication et à la production : je suis tout au dehors et en evidence, nay à la societé et à l'amitié. La solitude que j'ayme et que je presche, ce n'est principallement que ramener à moy mes affections et mes pensées, restreindre et resserrer non mes pas, mais mes desirs et mon soing, resignant la solicitude estrangere et fuyant mortellement la servitude et l'obligation. La solitude locale, à dire verité, m'estant plustost et m'eslargit au dehors : je me jette aux affaires d'Estat et à l'univers plus volontiers quand je suis seul. Au Louvre et en la presse, je me resserre et contraincts en ma peau. La foule me repousse à moy; et ne m'entretiens jamais si folement, si licentieusement et particulierement qu'aux lieux de respect et de prudence ceremonieuse: nos folies ne me font pas rire, ce sont nos sagesses. De ma complexion, je ne suis pas ennemy de l'agitation des cours; j'y ay passé partie de la vie, et suis faict à me porter allegrement aux grandes compaignies, pourveu que ce soit par intervalle et à mon poinct. Mais cette mollesse de jugement, dequoy je parle, m'attache par force à la solitude: voire chez moy, au milieu d'une famille peuplée et maison des plus frequentées, j'y voy des gens assez, mais rarement ceux avecq qui j'ayme à communiquer; et je reserve là, et pour moy et pour les autres, une liberté inusitée. Il s'y faict trefve de ceremonie, d'assistance et convoiemens, et telles autres regles penibles de nostre courtoisie (ô la servile et importune usance!); chacun s'y gouverne à sa mode; y entretient qui veut ses pensées : je m'y tiens muet, resveur et enfermé, sans offence de mes hostes.

Les hommes de la societé et familiarité desquels je suis en queste sont ceux qu'on appelle honnestes et habiles hommes : l'image de ceux icy me degouste des autres. C'est, à le bien prendre, de nos formes la plus rare, et forme qui se doit principallement à la nature. La fin de ce commerce, c'est simplement la privauté, frequentation et conference, l'exercice des ames, sans autre fruit. En nos propos, tous subjets me sont égaux; il ne me chaut qu'il y ait ny pois ny profondeur; la grace et la pertinence y sont tousjours; tout y est teinct d'un jugement meur et constant, et meslé de bonté, de franchise, de gayeté et d'amitié.

Ce n'est pas au subject des substitutions seulement que nostre esprit monstre sa beauté et sa force, et aux affaires des roys ; il la monstre autant aux confabulations privées. Je connois mes gens au silence mesme et à leur soubsrire, et les descouvre mieux à l'advanture à table qu'au conseil. Hyppomachus disoit bien qu'il connoissoit les bons luicteurs à les voir simplement marcher par une ruë. S'il plaist à la doctrine de se mesler à nos devis, elle n'en sera point refusée, non magistrale, imperieuse et importune comme de coustume, mais suffragante et docile elle mesme. Nous n'y cherchons qu'à passer le temps ; à l'heure d'estre instruicts et preschez, nous l'irons trouver en son throsne. Qu'elle se demette à nous pour ce coup, s'il luy plaist : car, toute belle et desirable qu'elle est, je presuppose qu'encore au besoing nous en pourrions nous bien du tout passer, et faire nostre effect sans elle. Une ame bien née et exercée à la practique des hommes se rend plainement aggreable d'elle mesme. L'art n'est autre chose que le contrerolle et le registre des productions de telles ames.

C'est aussi pour moy un doux commerce que celuy des honnestes femmes et bien nées : si l'ame n'y a pas tant à jouyr qu'au premier, les sens corporels, qui participent aussi plus à cettuy-cy, le ramenent à une proportion voisine de l'autre, quoy que, selon moy, non pas esgalle. Mais c'est un commerce où il se faut tenir un peu sur ses gardes, et notamment ceux en qui le corps peut beaucoup, comme en moy. Je m'y eschauday en mon enfance, et y souffris toutes les rages que les poëtes disent advenir à ceux qui s'y laissent aller sans ordre et sans jugement. Il est vray que ce coup de fouet m'a servy depuis d'instruction :

> Quicunque Argolica de classe Capharea fugit,
> Semper ab Euboicis vela retorquet aquis.

C'est folie d'y attacher toutes ses pensées et s'y engager d'une affection furieuse et indiscrette; mais, d'autre part, de s'y mesler sans amour et sans obligation de volonté, en forme de comediens, pour jouer un rolle commun de l'aage et de la coustume et n'y mettre du sien que les parolles, c'est de vray pourvoyer à sa seureté, mais bien lâchement, comme celuy qui abandonneroit son honneur, ou son proffit, ou son plaisir, de peur du danger : car il est certain que, d'une telle pratique, ceux qui la dressent n'en peuvent esperer aucun fruict qui touche ou satisface une belle ame. Il faut avoir en bon escient desiré ce qu'on veut prendre en bon escient plaisir de jouyr; je dy quand injustement fortune favoriseroit leur masque, ce qui advient souvent à cause de ce qu'il n'y a aucune d'elles, pour malotruë qu'elle soit, qui ne pense estre bien aymable, et qui par consequent ne se laisse trop facilement persuader au premier serment qu'on luy faict de la servir. Or de cette trahison commune et ordinaire des hommes d'aujourd'huy il faut qu'il advienne ce que desja nous monstre l'experience, c'est qu'elles se r'alient et rejettent à elles mesmes, ou entre elles, pour nous fuyr; ou bien qu'elles se rengent aussi de leur costé à cet exemple que nous leur donnons, qu'elles jouent leur part de la farce et se prestent à cette negotiation, sans passion, sans soing et sans amour. Il en ira comme des comedies, le peuple y aura autant ou plus de plaisir que les comediens.

De moy, je ne connois non plus Venus sans Cupidon qu'une maternité sans engence : ce sont choses qui s'entreprestent et s'entredoivent leur essence. Ainsi cette pipperie rejallit sur celuy qui la faict; il ne luy couste guiere, mais il n'acquiert aussi rien qui vaille. Ceux qui ont faict Venus deesse ont regardé que sa principale beauté estoit incorporelle et spirituelle, mais celle que ces gens cy cerchent n'est pas seulement humaine ny mesme brutale. Les bestes ne la veulent si lourde et si terrestre. Nous voyons que l'imagination et le desir les eschauffe souvent et solicite, avant le corps; nous voyons en l'un et l'autre sexe, qu'en la presse elles ont du chois et du triage en leurs affections, et qu'elles ont entre-elles des accointances de longue bienveuillance. Celles mesmes à qui la vieillesse refuse la force corporelle fremissent encores, hannissent et tressaillent d'amour. Nous les voyons avant le faict plaines d'esperance et d'ardeur, et, quand le corps a joué son jeu, se chatouiller encor de la douceur de cette souvenance; et en voyons qui s'enflent de fierté au partir de là et qui en produisent des chants de feste et de triomphe, lasses et saoules. Qui n'a qu'à descharger le corps d'une necessité naturelle, n'a que faire d'y embesongner autruy à tout des apprests si curieux : ce n'est pas viande à une grosse et lourde faim.

Comme celuy qui ne demande point qu'on me tienne pour meilleur que je suis, je diray cecy des erreurs de ma jeunesse. Non seulement pour le danger qu'il y a, mais encores par mespris, je ne me suis guere adonné aux accointances venales et publiques : j'ay voulu esguiser ce plaisir par la difficulté, par le desir et par quelque gloire; et aymois la façon de l'empereur Tibere, qui se prenoit en ses amours autant par la modestie et noblesse que par autre qualité; et l'humeur de la courtisane Flora, qui ne se prestoit à moins que d'un dictateur ou consul, ou censeur, et prenoit son déduit en la dignité de ses amoureux. Certes le velours et le brocadel y conferent quelque chose, et les tiltres et le trein.

Au demeurant, je faisois grand conte de l'esprit, mais pourveu que le corps n'en fut pas à dire : car, à respondre en conscience, si l'une ou l'autre des deux beautez devoit necessairement y faillir, j'eusse choisi de quitter plustost la spirituelle : elle a son usage en meilleures choses; mais au subject de l'amour, subject qui principallement se rapporte à la veue et à l'atouchement, on faict quelque chose sans les graces de l'esprit, rien sans les graces corporelles. C'est le vray avantage des dames que le corps; les discours, la prudence et les offices d'amitié se trouvent mieux chez les hommes : pourtant gouvernent-ils les affaires du monde.

Ces deux commerces sont fortuites et despendans d'autruy; l'un est ennuyeux par sa rareté, l'autre se flestrit avec l'aage : ainsin ils n'eussent pas assez prouveu au besoing de ma vie. Celuy des livres, qui est le troisiesme, est bien plus seur et plus à nous. Il cede aux premiers les autres avantages, mais il a pour sa part la constance et facilité de son service. Cettuy-cy costoie tout mon cours et m'assiste par tout; il me console en la vieillesse et en la solitude ; il me descharge du pois d'une oisiveté ennuyeuse et me deffaict à toute heure des compaignies qui me faschent ; il emousse les pointures de la douleur, si elle n'est du tout extreme et maistresse. Pour me distraire d'une imagination importune, il n'est que de recourir aux livres, ils me destournent facilement à eux et me la desrobent : et si ne se mutinent point pour voir que je ne les recherche qu'au deffaut de ces autres commoditez, plus reelles, vives et naturelles ; ils me reçoivent tousjours de mesme visage.

Il a beau aller à pied, dit-on, qui meine son cheval par la bride ; et nostre Jacques, roy de Naples et de Sicile, qui, beau, jeune et sain, se faisoit porter par pays en civiere, couché sur un meschant oriller de plume, vestu d'une robe de drap gris et un bonnet de mesme, suyvy cependant d'une grande pompe royalle, lictieres, chevaux à main de toutes sortes, gentils-hommes et officiers, representoit une austerité tendre encores et chancellante : le malade n'est pas à plaindre qui a la guarison en sa manche. En l'experience et usage de cette sentence, qui est trés-veritable, consiste tout le fruict que je tire des livres. Je ne m'en sers, en effect, quasi non plus que ceux qui ne les cognoissent poinct. J'en jouys, comme les avaritieux des tresors, pour sçavoir que j'en jouyray quand il me plaira : mon ame se rassasie et contente de ce droict de possession. Je ne voyage sans livres, ny en paix, ny en guerre. Toutesfois il se passera plusieurs jours, et des mois, sans que je les employe : « Ce sera tantost, fais-je, ou demain, ou quand il me plaira. » Le temps court et s'en va ce pendant, sans me blesser : car il ne se peut dire combien je me repose et sejourne en cette consideration, qu'ils sont à mon costé pour me donner du plaisir à mon heure, et à reconnoistre combien ils portent de secours à ma vie. C'est la meilleure munition que j'aye trouvé à cet humain voyage, et plains extremement les hommes d'entendement qui l'ont à dire. J'accepte plustost toute autre sorte d'amusement, pour leger qu'il soit, d'autant que cettuy-cy ne me peut eschapper.

Chez moy, je me destourne un peu plus souvent à ma librairie, d'où tout d'une main je commande à mon mesnage ; je suis sur l'entrée et vois soubs moy mon jardin, ma basse court, ma court, et dans la pluspart des membres de ma maison. Là, je feuillette à cette heure un livre, à cette heure un autre, sans ordre et sans dessein, à pieces descousues ; tantost je resve, tantost j'enregistre et dicte, en me promenant, mes songes que voicy. Si quelqu'un me dict que c'est avillir les Muses de s'en servir seulement de jouet et de passetemps, il ne sçait pas comme moy combien vaut le plaisir : à peine que je ne die toute autre fin estre ridicule. Je vis du jour à la journée, et, parlant en reverence, ne vis que pour moy : mes desseins se terminent là. J'estudiay jeune pour l'ostentation ; depuis, un peu pour m'assagir ; à cette heure, pour m'esbatre ; jamais pour le gain. Une humeur vaine et despensiere que j'avois aprés cette sorte de meuble pour m'en tapisser et parer, je l'ay pieça abandonnée.

Les livres ont beaucoup de qualitez aggreables à ceux qui les sçavent choisir ; mais aucun bien sans peine :

c'est un plaisir qui n'est pas net et pur, non plus que les autres; il a ses incommoditez, et bien poisantes; l'ame s'y exerce, mais le corps, duquel je n'ay non plus oublié le soing, demeure ce pendant sans action, s'atterre et s'attriste. Je ne sçache excez plus dommageable pour moy, ni plus à eviter en cette declinaison d'aage.

Voilà mes trois occupations favorites et particulieres : je ne parle point de celles que je doibs au monde par obligation civile.

CHAPITRE IV.

De la Diversion.

J'ay autresfois esté emploié à consoler une dame vraiement affligée : car la plus part de leurs deuils sont artificiels et ceremonieux :

> *Uberibus semper lacrimis, semperque paratis*
> *In statione sua, atque expectantibus illam,*
> *Quo iubeat manare modo.*

On y procede mal quand on s'oppose à cette passion, car l'opposition les pique et les engage plus avant à la tristesse : on exaspere le mal par la jalousie du debat. Nous voyons, des propos communs, que ce que j'auray dict sans soing, si on vient à me le contester, je m'en formalise, je l'espouse ; beaucoup plus ce à quoy j'aurois interest. Et puis, en ce faisant, vous vous presentés à vostre operation d'une entrée rude, là où les premiers accueils du medecin envers son patient doivent estre gracieux, gays et aggreables : et jamais medecin laid et rechigné n'y fit œuvre. Au contraire doncq, il faut ayder d'arrivée et favoriser leur plaincte, et en tesmoigner quelque approbation et excuse. Par cette intelligence vous gaignez credit à passer outre, et, d'une facile et insensible inclination, vous vous coulez aus discours plus fermes et propres à leur guerison.

Moy, qui ne desirois principalement que de piper l'assistance qui avoit les yeux sur moy, m'advisay de plastrer le mal. Aussi me trouve-je par experience avoir mauvaise main et infructueuse à persuader quand il y a resistance. Ou je presente mes raisons trop pointues et trop seiches, ou trop brusquement, ou trop nonchalamment. Aprés que je me fus appliqué bonne piece à son tourment, je n'essayai pas de le guarir par fortes et vives raisons, par ce que j'en ay faute, ou que je pensois autrement faire mieux mon effect ; mais, declinant tout mollement noz propos et les gauchissant peu à peu aus subjects plus voisins, et puis un peu plus esloingnez, selon qu'elle se prestoit plus à moy, je luy desrobay imperceptiblement cette pensée douloureuse et la tins en bonne contenance et du tout r'apaisée autant que j'y fus. J'usay de diversion. Ceux qui me suyvirent à ce mesme service n'y trouverent aucun amendement : car je n'avois pas porté la coignée aux racines.

Ce fut un ingenieux destour, dequoy le sieur de Himbercourt sauva et soy et d'autres, en la ville du Liege, où le duc de Bourgoigne, qui la tenoit assiegée l'avoit fait entrer pour executer les convenances de leur reddition accordée. Ce peuple, assemblé de nuict pour y pourvoir, print à se mutiner contre ces accords passez ; et se delibererent plusieurs de courre sus aux negotiateurs qu'ils tenoyent en leur puissance. Luy, sentant le vent de la premiere ondée de ces gens qui venoyent se ruer en son logis, lâcha soudain vers eux deux des habitans de la ville (car il y en avoit aucuns avec luy), chargez de plus douces et nouvelles offres à proposer en leur conseil, qu'il avoit forgées sur le champ pour son besoing. Ces deux arresterent la premiere tempeste, ramenant cette tourbe esmeüe en la maison de ville pour ouyr leur charge et y deliberer. La deliberation fut courte : voicy desbonder un second orage, autant animé que l'autre ; et luy à leur despecher en teste quatre nouveaux et semblables intercesseurs, protestans avoir à leur declarer à ce coup des presentations plus grasses, du tout à leur contentement et satisfaction, par où ce peuple fut de rechef repoussé dans le conclave. Somme que, par telle dispensation d'amusemens divertissant leur furie et la dissipant en vaines consultations, il l'endormit en fin et gaigna le jour, qui estoit son principal affaire.

Cet autre compte est aussi de ce predicament. Atalante, fille de beauté excellente et de merveilleuse disposition, pour se deffaire de la presse de mille poursuivants qui la demandoient en mariage, leur donna cette loy, qu'elle accepteroit celuy qui l'egualeroit à la course, pourveu que ceux qui y faudroient en perdissent la vie. Il s'en trouva assez qui estimerent ce pris digne d'un tel hazard et qui encoururent la peine de ce cruel marché. Hyppomenes, ayant à faire son essay aprés les autres, s'adressa à la deesse tutrisse de cette amoureuse ardeur, l'appellant à son secours; qui, exauçant sa priere, le fournit de trois pommes d'or et de leur usage. Le champ de la course ouvert, à mesure que Hippomenes sent sa maistresse luy presser les talons, il laisse eschapper, comme par inadvertance, l'une de ces pommes. La fille, amusée de sa beauté, ne faut point de se destourner pour l'amasser,

*Obstupuit virgo, nitidique cupidine pomi
Declinat cursus, aurumque volubile tollit.*

Autant en fit-il, à son poinct, et de la seconde et de la tierce, jusques à ce que par ce fourvoyement et divertissement l'advantage de la course luy demeura. Quand les medecins ne peuvent purger le catarre, ils le divertissent et le desvoyent à une autre partie moins dangereuse. Je m'apperçoy que c'est aussi la plus ordinaire recepte aux maladies de l'ame. On luy faict peu choquer les maux de droit fil; on ne luy en faict ny soustenir ny rabatre l'ateinte, on la luy faict decliner et gauchir.

Cette autre leçon est trop haute et trop difficile. C'est à faire à ceux de la premiere classe de s'arrester purement à la chose, la considerer, la juger. Il apartient à un seul Socrates d'accointer la mort d'un visage ordinaire, s'en aprivoiser et s'en jouer. Il ne cherche point de consolation hors de la chose : le mourir luy semble accident naturel et indifferent ; il fiche là justement sa veüe, et s'y resoult sans regarder ailleurs. Les disciples de Hegesias, qui se font mourir de faim, eschauffez des beaux discours de son oraison, ceux là ne considerent point la mort en soy, ils ne la jugent point : ce n'est pas là où ils arrestent leur pensée ; ils courent, ils visent à un estre nouveau.

Ces pauvres gens qu'on void sur un eschafaut, remplis d'une ardente devotion, y occupant tous leurs sens autant qu'ils peuvent, les aureilles aux instructions qu'on leur donne, les yeux et les mains tendues au ciel, la voix à des prieres hautes, avec une esmotion aspre et continuelle, font certes chose louable et convenable à une telle necessité. On les doibt louer de religion, mais non proprement de constance. Ils fuyent la luicte ; ils destournent de la mort leur consideration, comme on amuse les enfans pendant qu'on leur veut donner le coup de lancette. J'en ay veu, si par fois leur veüe se ravaloit à ces horribles aprests de la mort qui sont autour d'eux, s'en transir et rejetter avec furie ailleurs leur pensée. A ceux qui passent une profondeur effroyable, on ordonne de clorre ou destourner leurs yeux.

Celuy qui meurt en la meslée, les armes à la main, il n'estudie pas lors la mort, il ne la sent ny ne la considere : l'ardeur du combat l'emporte. Un honneste homme de ma cognoissance, estant tombé en combatant en estacade et se sentant daguer à terre par son ennemy de neuf ou dix coups, chacun des assistans luy criant qu'il estoit mort et qu'il pensat à sa conscience, me dict depuis qu'encore que ces voix luy vinsent aux oreilles, elles ne l'avoient aucunement touché, et qu'il ne pensa jamais qu'à se descharger et à se venger : il tua son homme en ce mesme combat.

Nous pensons tousjours ailleurs : l'esperance d'une meilleure vie nous arreste et appuye, ou l'esperance de la valeur de nos enfans, ou la gloire future de nostre nom, ou la fuite des maux de cette vie, ou la vengeance qui menasse ceux qui nous causent la mort :

> *Spero equidem mediis, si quid pia numina possunt,*
> *Supplicia hausurum scopulis, et nomine Dido*
> *Sæpe vocaturum....*
> *Audiam, et hæc manes veniet mihi fama sub imos.*

Epicurus mesme se console en sa fin sur l'eternité et utilité de ses escrits ; et telles autres circonstances nous amusent, divertissent et destournent de la consideration de la chose en soy.

C'est une douce passion que la vengeance, de grande impression et naturelle : je le voy bien, encore que je n'en aye aucune experience. Pour en distraire dernierement un jeune prince, je ne luy allois pas disant qu'il falloit prester la jouë à celuy qui vous avoit frappé l'autre, pour le devoir de charité ; ny ne luy allois representer les tragiques evenemens que la poësie attribue à cette passion. Je la laissay là et m'amusay à luy faire gouster la beauté d'une image contraire : l'honneur, la faveur, la bien-veillance qu'il acquerroit par clemence 'et bonté ; je le destournay à l'ambition. Voylà comme on en faict.

Si vostre affection en l'amour est trop puissante,

dissipez la, disent ils; et disent vray, car je l'ay souvant essayé avec utilité : rompez la à divers desirs, desquels il y en ayt un regent et un maistre, si vous voulez ; mais, de peur qu'il ne vous gourmande et tyrannise, affoiblissez le, sejournez le, en le divisant et divertissant :

> *Cum morosa vago singultiet inguine vena,*
> *Conjicito humorem collectum in corpora quæque;*

et pourvoyez y de bonne heure, de peur que vous n'en soyez en peine, s'il vous a une fois saisi :

> *Si non prima novis conturbes vulnera plagis,*
> *Volgivagaque vagus venere ante recentia cures.*

Je fus autrefois touché d'un puissant desplaisir, selon ma complexion, et encores plus juste que puissant : je m'y fusse perdu à l'avanture si je m'en fusse simplement fié à mes forces. Ayant besoing d'une vehemente diversion pour m'en distraire, je me fis par art amoureux et par estude, à quoy l'aage m'aidoit : l'amour me soulagea et retira du mal qui m'estoit causé par l'amitié. Par tout ailleurs de mesme. Une aigre imagination me tient; je trouve plus court, que de la dompter, la changer ; je luy en substitue, si je ne puis une contraire, aumoins un' autre : tousjours la variation soulage, dissout et dissipe. Si je ne puis la combatre, je luy eschape, et en la fuyant je fourvoye, je ruse : muant de lieu, d'occupation, de compagnie, je me sauve dans la presse d'autres amusemens et pensées, où elle perd ma trace et m'esgare.

Nature procede ainsi par le benefice de l'inconstance : car le temps, qu'elle nous a donné pour souverain medecin de nos passions, gaigne son effaict principalement par là, que, fournissant autres et autres affaires à nostre imagination, il demesle et corrompt cette premiere apprehension, pour forte qu'elle soit. Un sage ne voit guiere moins son amy mourant, au bout de vint et cinq ans qu'au premier an ; mais tant d'autres cogitations traversent cette-cy qu'elle s'alanguit et se lasse en fin.

Pour destourner l'inclination des bruits communs, Alcibiades coupa les oreilles et la queue à son beau chien et le chassa en la place, afin que, donnant subject pour babiller au peuple, il laissat en repos ses autres actions. J'ay veu aussi, pour cet effect de divertir les opinions et conjectures du peuple et desvoyer les parleurs, des femmes couvrir leurs vrayes affections par des affections contrefaictes. Mais j'en ai veu telle qui en se contrefaisant s'est laissée prendre à bon escient et a quitté la vraye et originelle affection pour la feinte ; et aprins par elle que ceux qui se trouvent bien logez sont des sots de consentir à ce masque. Les acueils et entretiens publiques estans reservez à ce serviteur aposté, croyez qu'il n'est guere habile s'il ne se met en fin en vostre place et vous chasse en la sienne.

Peu de chose nous divertit et destourne, car peu de chose nous tient. Nous ne regardons gueres les subjects en gros et seuls ; ce sont des circonstances ou des images menues et superficieles qui nous frapent, et des vaines escorces qui rejalissent des subjects,

*Folliculos ut nunc teretes æstate cicadæ
Linquunt;*

Plutarque mesme regrette sa fille par des singeries de son enfance. Le souvenir d'un adieu, d'une action, d'une grace particuliere, d'une recommandation derniere, nous afflige. La robe de Cæsar troubla toute Romme, ce que sa mort n'avoit pas faict. Le son mesme des noms, qui nous tintoüine aux oreilles : Mon paûvre maistre! ou, Mon grand amy! Helas! mon cher pere! ou, Ma bonne fille! quand ces redites me pinsent et que j'y regarde de prés, je trouve que c'est une plainte grammairiene et que ce sont les mots qui me blessent, comme les exclamations des prescheurs esmouvent leur auditoire souvant plus que ne font leurs raisons, et comme nous frappe la voix piteuse d'une beste qu'on tue pour nostre service ; sans que je poise ou penetre cependant la vraye essence et massive de mon subject :

His se stimulis dolor ipse lacessit :

ce sont les fondemens de nostre deuil. Ainsi nous troublent l'ame les plaintes des fables; et les regrets de Didon et d'Ariadné passionnent ceux mesmes qui ne les croyent point en Virgile et en Catulle; et nulle sagesse ne va si avant de concevoir la cause d'une tristesse si vive et entiere par jugement, qu'elle ne souffre accession par la presence, quand les yeux et les oreilles y ont leur part, parties qui ne peuvent estre agitées que par vains et frivoles accidens.

Est-ce raison que les arts mesmes se servent et facent

leur proufit de nostre imbecilité et bestise naturelle? L'orateur, dict la rethorique, en cette farce de son plaidoier, s'esmouvera par le son de sa voix et par ses agitations feintes, et se lairra piper à la passion qu'il represente; il s'imprimera un vray deuil et essentiel, par le moyen de ce battelage qu'il joüe, pour le transmettre aux juges, à qui il touche encore moins : comme font ces personnes qu'on louë aus mortuaires pour ayder à la ceremonie du deuil, qui vendent leurs larmes à pois et à mesure et leur tristesse : car, encore qu'ils s'esbranlent en forme empruntée, toutesfois, en habituant et rengeant la contenance, il est certain qu'ils s'emportent souvant tous entiers et reçoivent en eux une vraye melancholie.

Je fus, entre plusieurs autres de ses amis, conduire à Soissons le corps de monsieur de Gramont, du siege de La Fere, où il fut tué. Je consideray que par tout où nous passions nous remplissions de lamentation et de pleurs le peuple que nous rencontrions, par la seule montre de l'appareil de nostre convoy, car seulement le nom du trepassé n'y estoit pas cogneu.

En une contrée prés de nos montaignes, les femmes font le prestre Martin : car, comme elles agrandissent le regret du mary perdu par la souvenance des bonnes et agreables conditions qu'il avoit, elles font tout d'un trein aussi recueil et publient ses imperfections, comme pour entrer d'elles mesmes en quelque compensation et se divertir de la pitié au desdain.

Qui demandera à celuy là : « Quel interest avez vous à ce siege? — L'interest de l'exemple, dira il, et de l'obeyssance commune du prince : je n'y pretens proffit quelconque ; et de gloire, je sçay la petite part qui en peut toucher un particulier comme moy : je n'ay icy ny passion ny querelle. » Voyez le pourtant le lendemain, tout changé, tout bouillant et rougissant de cholere en son ranc de bataille pour l'assaut : c'est la lueur de tant d'acier et le feu et tintamarre de nos canons et de nos tambours qui luy ont jetté cette nouvelle rigueur et hayne dans les veines. Frivole cause ! me direz vous. Comment cause ? il n'en faut point pour agiter nostre ame : une resverie sans corps et sans suject la regente et l'agite. Que je me mette à faire des chasteaux en Espaigne, mon imagination m'y forge des commoditez et des plaisirs desquels mon ame est reellement chatouillée et resjouye. Combien de fois embrouillons nous nostre esprit de cholere ou de tristesse par telles ombres, et nous inserons en des passions fantastiques qui nous alterent et l'ame et le corps ! Enquerez vous à vous où est l'object de cette mutation : est il rien, sauf nous, en nature, que l'inanité sustante, sur quoy elle puisse ?

Cambises, pour avoir songé en dormant que son frere devoit devenir roy de Perse, le fit mourir, un frere qu'il aimoit et duquel il s'estoit tousjours fié. Aristodemus, roy des Messeniens, se tua pour une fantasie qu'il print de mauvais augure de je ne sçay quel hurlement de ses chiens ; et le roy Midas en fit autant, troublé et faché de quelque mal plaisant songe qu'il avoit songé. C'est priser sa vie justement ce qu'elle est, de l'abandonner pour un songe.

Oyez nostre ame triompher de la misere du corps, de sa foiblesse, de ce qu'il est en butte à toutes offences et alterations : vrayement elle a raison d'en parler!

> *O prima infœlix fingenti terra Prometheo!*
> *Ille parum cauti pectoris egit opus.*
> *Corpora disponens, mentem non vidit in arte ;*
> *Recta animi primum debuit esse via.*

CHAPITRE V.

Sur des vers de Virgile.

A mesure que les pensemens utiles sont plus plains, plus graves et solides, ils sont aussi plus empeschans et plus onereux. Le vice, la mort, la pauvreté, les maladies, sont subjets penibles et qui lassent. Il faut avoir l'ame instruite des moyens de soustenir et combatre les maux et instruite des reigles de bien vivre et de bien croire, et souvent l'esveiller et exercer en cette belle estude ; mais à une ame de commune sorte, il faut que ce soit avec relâche et moderation : elle s'affole d'estre trop continuellement bandée.

J'avoy besoing en jeunesse de m'advertir et solliciter pour me tenir en office ; l'alegresse et la santé ne conviennent pas tant bien avec ces discours serieux et sages : je suis à present en un autre estat ; les conditions de la vieillesse ne m'advertissent que trop, m'as-

sagissent et me preschent. De l'excez de la gayeté je
suis tombé en celuy de la severité, plus fâcheus : parquoy je me laisse à cette heure aller un peu à la desbauche par dessein, et emploie par fois l'ame à des
pensemens fols et jeunes, où elle se sejourne. Je ne suis
meshuy que trop rassis, trop poisant et trop meur : les
ans me font leçon, tous les jours, de froideur et de temperance. Ce corps fuyt le desreiglement et le craint : il
est à son tour de guider l'esprit vers la reformation ; il
regente à son tour et plus rudement et imperieusement ; il ne me laisse pas une heure, ny dormant ny
veillant, chaumer d'instruction de mort, de patience
et de pœnitence. Je me deffens de la temperance,
comme j'ay faict autresfois de la volupté ; elle me tire
trop arriere, et jusques à la stupidité : or je veus estre
maistre de moy, à tout sens. La sagesse a ses excés, et
n'a pas moins de besoin de moderation que la folie.
Ainsi, de peur que je ne seche, tarisse et moysisse de
prudence, aus intervalles que mes maux me donnent,

Mens intenta suis ne siet usque malis,

je gauchis tout doucement, et desrobe ma veuë de ce
ciel orageux et nubileux que j'ay devant moy, lequel,
Dieu mercy, je considere bien sans effroy, mais non pas
sans contention et sans estude ; et me vois amusant en
la recordation des folies passées :

Animus quod perdidit optat,
Atque in præterita se totus imagine versat.

Que l'enfance regarde devant elle, la vieillesse derriere : estoit-ce pas ce que signifioit le double visage de Janus? Les ans m'entrainent s'ils veulent, mais à reculons! Autant que mes yeux peuvent encor reconnoistre cette belle saison passée, je les y destourne à secousses. Si elle eschappe de mon sang et de mes veines, aumoins n'en veus-je desraciner l'image de la memoire ;

*Hoc est
Vivere bis, vita posse priore frui.*

Je merquois autresfois les jours poisans et tenebreux comme extraordinaires : ceux-là sont tantost les miens ordinaires ; les extraordinaires sont les beaux et serains. Je m'en vay au train de tressaillir comme d'une nouvelle faveur quand aucune chose ne me deult. Que je me chatouille, je ne puis tantost plus arracher un pauvre rire de ce meschant corps. Je ne m'esgaye qu'en fantasie et en songe pour destourner par ruse le chagrin de la vieillesse ; mais certes il y faudroit autre remede qu'en songe : foible luicte de l'art contre la nature. C'est grand simplesse d'alonger et anticiper, comme chacun faict, les incommoditez humaines : j'ayme mieux estre moins long temps vieil que d'estre vieil avant que de l'estre ; jusques aux moindres occasions de plaisir que je puis rencontrer, je les empoigne. Je connois bien par ouy dire certaines voluptez prudentes, fortes et glorieuses ; mais l'opinion ne peut pas assez sur moy pour m'en mettre en appetit. Ma philosophie est en action et usage naturel, peu en fantasie : prinsse-je plaisir à jouer aux noisettes et à la topie !

Non ponebat enim rumores ante salutem.

La volupté est qualité peu ambitieuse : elle s'estime assez riche de soy sans y mesler le pris de la reputation, et s'ayme mieux à l'ombre. Il faudroit donner le fouët à un jeune homme qui s'amuseroit à choisir le goust du vin et des sauces : il n'est rien que j'aye moins sceu et moins prisé ; à cette heure je l'apprens. J'en ay grand honte, mais qu'y ferois-je ? J'ay encore plus de honte et de despit des occasions qui m'y poussent. C'est à nous à resver et baguenauder, et à la jeunesse à se tenir sur la reputation et sur le bon bout : elle va vers le monde, vers le credit ; nous en venons : les loix mesme nous envoyent au logis. Je ne puis moins, en faveur de cette chetive condition où mon aage me pousse, que de luy fournir de jouets et d'amusoires, comme à l'enfance : aussi y retombons nous. Et la sagesse et la folie auront prou à faire à m'estayer et secourir par offices alternatifs en cette calamité d'aage :

Misce stultitiam consiliis brevem.

Je fuis de mesme les plus legeres pointures ; et celles qui ne m'eussent pas autres-fois esgratigné me transpercent à cette heure : mon habitude commence de s'appliquer si volontiers au mal !

Mensque pati durum sustinet ægra nihil.

J'ay esté tousjours chatouilleux et delicat aux offences ; je suis plus tendre à cette heure, et ouvert par tout :

Et minimæ vires frangere quassa valent.

Mon jugement m'empesche bien de regimber et gronder contre les inconvenients que nature m'ordonne à souffrir, mais non pas de les sentir. Je courrois d'un bout du monde à l'autre chercher un bon an de tranquillité plaisante et enjouée, moy qui n'ay autre fin que vivre et me resjouir. La tranquillité sombre et stupide se trouve assez pour moy, mais elle m'endort et enteste : je ne m'en contente pas. S'il y a quelque personne d'honneur, quelque bonne compagnie aux champs, en la ville, en France ou ailleurs, resseante ou voyagere, à qui mes humeurs soient bonnes, de qui les humeurs me soient bonnes, il n'est que de siffler en paume, je leur iray fournir des Essays en cher et en os.

Puisque c'est le privilege de l'esprit, de se r'avoir de la vieillesse, je luy conseille, autant que je puis, de le faire : qu'il verdisse, qu'il fleurisse ce pendant, s'il peut, comme le guy sur un arbre mort. Je crains que c'est un traistre : il s'est si estroittement afferé au corps qu'il m'abandonne à tous coups pour le suyvre en sa necessité. Je le flatte à part, je le practique pour neant; j'ay beau essayer de le destourner de cette colligence, et luy presenter et Seneque et Catulle, et les dames et les dances royales; si son compagnon a la cholique, il semble qu'il l'ait aussi. Les operations mesmes qui luy sont particuliers et propres ne se peuvent lors souslever : elles sentent evidemment au morfondu. Il n'y a poinct d'allegresse en ses productions, s'il n'en y a quand et quand au corps :

Ad nullum consurgit opus, cum corpore languet;

et veut encores que je luy sois tenu dequoy il preste,

comme il dict, beaucoup moins à ce consentement que ne porte l'usage ordinaire des hommes. Aumoins, pendant que nous avons trefves, chassons les maux et difficultez de nostre commerce ;

Dum licet, obducta solvatur fronte senectus :

tetrica sunt amœnanda jocularibus. J'ayme une sagesse gaye et civile, et fuis l'aspreté des meurs et l'austerité, ayant pour suspecte toute mine rebarbative :

Et habet tristis quoque turba cinædos.

La vertu est qualité plaisante et voluptueuse. Je hay un esprit hargneux et triste qui glisse par dessus les plaisirs de sa vie et s'empoigne et paist aux malheurs : comme les mouches, qui ne peuvent tenir contre un corps bien poly et bien lissé, et s'attachent et reposent aux lieux scabreux et raboteux ; et comme les vantouses qui ne hument et appetent que le mauvais sang.

Au reste, je me suis ordonné d'oser dire tout ce que j'ose faire, et me desplais des pensées mesmes impubliables. La pire de mes actions et conditions ne me semble pas si laide comme je trouve laid et lâche de ne l'oser avouer. Chacun est discret en la confession, on le devoit estre en l'action : la hardiesse de faillir est aucunement compensée et bridée par la hardiesse de le confesser. Je souffre peine à me feindre, si que j'evite de prendre les secrets d'autruy en garde, n'ayant pas bien le cœur de desadvouer ma science : je puis la taire, mais la nyer je ne puis sans effort et desplaisir. Pour estre bien secret, il le faut estre par nature, non par obligation. C'est peu, au service des princes, d'estre secret, si on n'est menteur encore. Celuy qui s'enquestoit à Thalés Milesius s'il devoit solemnellement nier d'avoir paillardé, s'il se fut addressé à moy, je luy eusse respondu qu'il ne le devoit pas faire, car le mentir me semble encore pire que la paillardise. Thalés conseilla tout autrement, et qu'il jurast, pour garentir le plus, par le moins : toutesfois ce conseil n'estoit pas tant election de vice que multiplication.

Sur quoy, disons ce mot en passant, qu'on faict bon marché à un homme de conscience quand on luy propose quelque difficulté au contrepois du vice; mais quand on l'enferme entre deux vices, on le met à un rude chois, comme on fit Origene : ou qu'il idolatrast, ou qu'il se souffrit jouyr charnellement à un grand vilain Æthiopien qu'on luy presenta. Il subit la premiere condition, et vitieusement, dict on. Pourtant ne seroient pas sans goust, selon leur erreur, celles qui nous protestent, en ce temps, qu'elles aymeroient mieux charger leur conscience de dix hommes que d'une assistance de devotion à nostre forme.

Si c'est indiscretion de publier ainsi ses erreurs, il n'y a pas grand danger qu'elle passe en exemple et usage : car Ariston disoit que les vens que les hommes craignent le plus sont ceux qui les descouvrent. Il faut rebrasser ce sot haillon qui couvre nos meurs : ils envoyent leur conscience au bordel et tiennent leur contenance en regle. Jusques aux traistres et assassins, ils espousent les loix de la ceremonie et attachent là leur devoir : si n'est ce pas à l'injustice de se plaindre de l'incivilité.

En faveur des huguenots, qui accusent nostre confession privée et auriculaire, je me confesse en publiq, religieusement et purement. S. Augustin, Origene et Hippocrates ont publié les erreurs de leurs opinions; moy, de mes meurs. Je suis affamé de me faire connoistre, et ne me chaut à combien, pourveu que ce soit veritablement; ou, pour dire mieux, je n'ay faim de rien, mais je fuis mortellement d'estre pris en eschange par ceux à qui il arrive de connoistre mon nom.

Celuy qui faict tout pour l'honneur et pour la gloire, que pense-il gaigner en se produisant au monde en masque, desrobant son vray estre à la connoissance du peuple? Louez un bossu de sa belle taille, il le doit recevoir à injure; si vous estes couard et qu'on vous honnore pour un honneste homme, est-ce de vous qu'on parle? on vous prend pour un autre. J'aymeroy aussi cher que celuy-là se gratifiast des bonnetades qu'on luy faict, pensant qu'il soit maistre de la trouppe, luy qui est des moindres de la suitte. Archelaus, roy de Macedoine, passant par la ruë, quelqu'un versa de l'eau sur luy; les assistans disoient qu'il devoit le chastier. «Voire mais, fit-il, il n'a pas versé l'eau sur moy, mais sur celuy qu'il pensoit que je fusse.» Pour moy, qui me louëroit d'estre bon pilote, d'estre bien modeste, ou d'estre bien chaste, je ne luy en devrois nul grammercy; et pareillement, qui m'appelleroit traistre, voleur ou yvrongne, je me tiendroy aussi peu offencé. Ceux qui se mescognoissent se peuvent paistre de fauces approbations; non pas moy, qui me voy et qui me recherche jusques aux entrailles, qui sçay bien ce qui m'appartient. Il me plaist d'estre moins loué, pourveu que je soy mieux conneu.

Je m'ennuie que mes Essais servent les dames de meuble commun seulement, et de meuble de sale : ce chapitre me fera du cabinet. J'ayme leur commerce un peu privé, le publique est sans faveur et saveur. Aux adieus, nous eschauffons outre l'ordinaire l'affection envers les choses que nous abandonnons ; je prens l'extreme congé des jeux du monde, voicy nos dernieres caresses. Mais venons à mon theme.

Qu'a faict l'action genitale aux hommes, si naturelle, si necessaire et si juste, pour n'en oser parler sans vergongne et pour l'exclurre des propos serieux et reglez ? Nous prononçons hardiment : *tuer, desrober, trahir ;* et cela, nous n'oserions qu'entre les dents. Est-ce à dire que moins nous en exhalons en parole, d'autant nous avons loy d'en grossir la pensée ? Ces vers se preschent en l'escole ancienne, escole à laquelle je me tiens bien plus qu'à la moderne :

> Ceux qui par trop fuyant Venus estrivent
> Faillent autant que ceux qui trop la suivent.

> *Tu, Dea, tu rerum naturam sola gubernas,*
> *Nec sine te quicquam dias in luminis oras*
> *Exoritur, neque fit lætum nec amabile quicquam.*

Je ne sçay qui a peu mal mesler Pallas et les Muses avec Venus, et les refroidir envers l'Amour ; mais je ne voy aucunes deitez qui s'aviennent mieux, ny qui s'entredoivent plus. Qui ostera aux Muses les imaginations amoureuses leur desrobera le plus bel entretien qu'elles ayent et la plus noble matiere de leur ouvrage; et qui fera perdre à l'Amour la communication et service de la poësie l'affoiblira de ses meilleures armes : par ainsin on charge le dieu d'accointance et de bien vueillance, et les deesses protectrices d'humanité et de justice, du vice d'ingratitude et de mesconnoissance.

Je ne suis pas de si long temps cassé de l'estat et suitte de ce dieu que je n'aye la memoire informée de ses forces et valeurs :

> *Agnosco veteris vestigia flammæ.*

Il y a encore quelque demeurant d'emotion et chaleur aprés la fiévre,

> *Nec mihi deficiat calor hic, hiemantibus annis.*

Tout asseché que je suis et apesanty, je sens encore quelques tiedes restes de cette ardeur passée :

> Qual l'alto Ægeo, per che Aquilone o Noto
> Cessi, che tutto prima il vuolse e scosse,
> Non s'accheta ei pero : ma'l sono e'l moto,
> Ritien dell'onde anco agitate e grosse.

Mais de ce que je m'y entends, les forces et valeur de ce dieu se trouvent plus vives et plus animées en la peinture de la poesie qu'en leur propre essence,

> *Et versus digitos habet :*

elle represente je ne sçay quel air plus amoureux que

l'Amour mesme. Venus n'est pas si belle toute nue, et vive, et haletante, comme elle est icy chez Virgile :

> *Dixerat, et niveis hinc atque hinc Diva lacertis*
> *Cunctantem amplexu molli fovet. Ille repente*
> *Accepit solitam flammam, notusque medullas*
> *Intravit calor, et labefacta per ossa cucurrit :*
> *Non secus atque olim tonitru cum rupta corusco*
> *Ignea rima micans percurrit lumine nimbos.*
> *. . . . . Ea verba loquutus,*
> *Optatos dedit amplexus, placidumque petivit,*
> *Conjugis infusus gremio, per membra soporem.*

Ce que j'y trouve à considerer, c'est qu'il la peinct un peu bien esmeue pour une Venus maritale. En ce sage marché, les appetits ne se trouvent pas si aigus; ils sont sombres et plus mousses. L'amour hait qu'on se tienne par ailleurs que par luy, et se mesle lâchement aux accointances qui sont dressées et entretenues soubs autre titre, comme est le mariage : l'aliance, les moyens, y poisent par raison, autant ou plus que les graces et la beauté. On ne se marie pas pour soy, quoi qu'on die; on se marie autant ou plus pour sa posterité, pour sa famille. L'usage et interest du mariage touche nostre race bien loing pardelà nous : pourtant me plait cette façon, qu'on le conduise plustost par mains tierces que par les propres, et par le sens d'autruy que par le sien : tout cecy, combien à l'opposite des conventions amoureuses? Aussi est ce une espece d'inceste d'aller employer à ce parentage venerable et sacré les efforts et les extravagances de la licence amoureuse, comme il semble que j'ay dict ailleurs : « Il faut, dict Aristote, toucher sa femme prudemment et severement, depeur qu'en la chatouillant trop lascivement le plaisir ne la face sortir hors des gons de raison. » Ce qu'il dict pour la conscience, les medecins le disent pour la santé : qu'un plaisir excessivement chaut, voluptueux et assidu altere la semence et empesche la conception; disent, d'autre part, qu'à une congression languissante, comme celle là est de sa nature, pour la remplir d'une juste et fertile chaleur, il s'y faut presenter rarement et à notables intervalles,

Quo rapiat sitiens Venerem interiusque recondat.

Je ne vois point de mariages qui faillent plustost et se troublent que ceux qui s'acheminent par la beauté et desirs amoureux : il y faut des fondemens plus solides et plus constans, et y marcher d'aguet; cette bouillante allegresse n'y vaut rien.

Ceux qui pensent faire honneur au mariage pour y joindre l'amour, font, ce me semble, de mesme ceux qui, pour faire faveur à la vertu, tiennent que la noblesse n'est autre chose que vertu. Ce sont choses qui ont quelque cousinage; mais il y a beaucoup de diversité : on n'a que faire de mesler leurs noms et leurs titres; on faict tort à l'une ou à l'autre de les confondre. La noblesse est une belle qualité, et introduite avec raison; mais d'autant que c'est une qualité dependant d'autruy et qui peut tomber en un homme vicieux et de neant, elle est en estimation bien loing au dessoubs de la vertu : c'est une vertu, si ce l'est, artificiele et visible, dependant du temps et de la fortune, diverse en forme selon les contrées, vivante et mortelle, sans naissance non plus que la riviere du Nil, genealogique et commune, de suite et de similitude, tirée par consequence, et consequence bien foible. La science, la force, la bonté, la beauté, la richesse, toutes autres qualitez, tombent en communication et en commerce ; cette-cy se consomme en soi, de nulle en-ploite au service d'autruy.

On proposoit à l'un de nos roys le chois de deux competiteurs en une mesme charge, desquels l'un estoit gentilhomme, l'autre ne l'estoit point : il ordonna que, sans respect de cette qualité, on choisit celuy qui auroit le plus de merite ; mais où la valeur seroit entierement pareille, qu'en ce cas on eust respect à la noblesse : c'estoit justement luy donner son rang. Antigonus, à un jeune homme incogneu qui luy demandoit la charge de son pere, homme de valeur qui venoit de mourir : « Mon amy, fit il, en mes bien faicts je ne regarde pas tant la noblesse de mes soldats comme je fais leur prouësse. »

Ung bon mariage, s'il en est, refuse la compagnie et conditions de l'amour, il tache à representer celles de l'amitié. C'est une douce societé de vie, pleine de constance, de fiance, et d'ung nombre infiny d'utiles et solides offices et obligations mutuelles : aucune femme qui en savoure le goust,

Optato quam junxit lumine tæda,

ne voudroit tenir lieu de maistresse et d'amye à son mary. Si elle est logée en son affection comme femme, elle y est bien plus honorablement et seurement logée. Quand il faira l'esmeu ailleurs et l'empressé, qu'on luy demande pourtant lors à qui il aymeroit mieux arriver une honte, ou à sa femme ou à sa maistresse ; de qui la desfortune l'affligeroit le plus ; à qui il desire plus de grandeur : ces demandes n'ont aucun doubte en un mariage sain.

Ce qu'il s'en voit si peu de bons est signe de son pris et de sa valeur. A le bien façonner et à le bien prendre, il n'est pas de plus belle piece en nostre societé. Nous ne nous en pouvons passer, et l'allons avilissant. Il en advient ce qui se voit aux cages : les oyseaux qui en sont hors desesperent d'y entrer, et d'un pareil soing en sortir ceux qui sont au dedans. C'est une convention à laquelle se raporte bien à point ce qu'on dict, *Homo homini* ou *Deus* ou *lupus*. Il faut le rencontre de beaucoup de qualitez à le bastir. Il se trouve en ce temps plus commode aux ames simples et populaires, où les delices, la curiosité et l'oysiveté ne le troublent pas tant. Les humeurs desbauchées, comme est la mienne, qui hay toute sorte de liaison et d'obligation, n'y sont pas si propres,

Et mihi dulce magis resoluto vivere collo.

De mon dessein, j'eusse fuy d'espouser la Sagesse mesme, si elle m'eust voulu ; mais, nous avons beau dire, la coustume et l'exemple de la vie commune nous emporte. La plus part de mes actions se conduit par exemple, non par chois. Toutesfois je ne m'y conviay pas proprement, on m'y mena et y fus porté par des occasions estrangeres : car non seulement les choses incommodes, mais il n'en est aucune si laide et vitieuse et evitable qui ne puisse devenir acceptable par quelque condition et accident, tant l'humaine posture est vaine. Et y fus porté certes plus mal preparé lors et plus rebours que je ne suis à present aprés l'avoir essayé ; et, tout licencieux qu'on me tient, j'ay en verité plus severement observé les loix de mariage que je n'avois ny promis ny esperé. Il n'est plus temps de regimber quand on s'est laissé entraver : il faut prudemment mesnager sa liberté ; mais depuis qu'on s'est submis à l'obligation, il s'y faut tenir soubs les loix du debvoir commun, aumoins s'en efforcer. Ceux qui entreprennent ce marché pour s'y porter avec haine et mespris font injustement et incommodéement : et cette belle reigle que je voy passer de main en main entre elles comme un sainct oracle,

> Sers ton mary comme ton maistre,
> Et t'en guarde comme d'un traistre,

qui est à dire : « Porte toy envers luy d'une reverence contrainte, ennemie et deffiante, » cry de guerre et de deffi, est pareillement injurieuse et difficille. Je suis trop mol pour desseins si espineux. A dire vray, je ne suis pas encore arrivé à cette perfection d'habileté et gentillesse d'esprit que de confondre la raison avec l'injustice, et mettre en risée tout ordre et reigle qui n'accorde à mon appetit : pour hayr la superstition, je ne me jette pas incontinent à l'irreligion. Si on ne fait tousjours son debvoir, aumoins le faut il tousjours aymer et recognoistre. Passons outre.

Nostre poëte represente un mariage plein d'accord et de bonne convenance, auquel pourtant il n'y a pas beaucoup de loyauté. A il voulu dire qu'il ne soit pas impossible de se rendre aux efforts de l'amour, et ce neantmoins reserver quelque devoir envers le mariage; et qu'on le peut blesser sans le rompre tout à faict? La beauté, l'oportunité, la destinée (car la destinée y met aussi la main),

> *Fatum est in partibus illis*
> *Quas sinus abscondit : nam, si tibi sidera cessent,*
> *Nil faciet longi mensura incognita nervi,*

l'ont attachée à un estranger, non pas si entiere peut estre qu'il ne luy puisse rester quelque liaison par où elle tient encore à son mary. Ce sont deux desseins qui ont des routes distinguées et non confondues : une femme se peut rendre à tel personnage que nullement elle ne voudroit avoir espousé; je ne dy pas pour les conditions de la fortune, mais pour celles mesmes de la personne. Peu de gens ont espousé des amies qui ne s'en soyent repentis. J'ay veu de mon temps, en quelque bon lieu, guerir honteusement et deshonnestement l'amour par le mariage : les considerations sont trop autres. Nous aimons, sans nous empescher, deux choses diverses et qui se contrarient. Isocrates disoit que la ville d'Athenes plaisoit, à la mode que font les dames qu'on sert par amour : chacun aimoit à s'y venir promener et y passer son temps; nul ne l'aymoit pour l'espouser, c'est à dire pour s'y habituer et domicilier. J'ay avec despit veu des maris hayr leurs femmes de ce seulement qu'ils leur font tort : aumoins ne les faut il pas moins aymer de nostre faute; par repentance et compassion, elles nous en devoyent aumoins estre plus cheres.

Ce sont fins differentes et pourtant compatibles, dict il, en quelque façon. Le mariage a pour sa part l'utilité, la justice, l'honneur et la constance; un plaisir plat, mais plus universel. L'amour se fonde au seul plaisir, et l'a de vray plus chatouillant, plus vif et plus aigu; un plaisir attizé par la difficulté; il y faut de la piqueure et de la cuison : ce n'est plus amour s'il est sans fleches et sans feu. La liberalité des dames est trop profuse au mariage et esmousse la poincte de l'affection et du desir.

Les femmes n'ont pas tort du tout quand elles refusent les reigles de vie qui sont introduites au monde, d'autant que ce sont les hommes qui les ont faictes sans elles. Il y a naturellement de la brigue et riotte entre elles et nous; le plus estroit consentement que nous ayons avec elles, encores est-il tumultuaire et tempesteux. A l'advis de nostre autheur, nous les traictons inconsideréement en cecy : aprés que nous avons cogneu qu'elles sont, sans comparaison, plus capables et ardentes aux effects de l'amour que nous, et que ce prestre ancien l'a ainsi tesmoigné, qui avoit esté tantost homme, tantost femme,

Venus huic erat utraque nota;

et, en outre, que nous avons apris de leur propre bouche la preuve qu'en firent autrefois en divers siecles un empereur et une emperiere de Romme, maistres ouvriers et fameux en cette besongne; luy despucela bien en une nuict dix vierges sarmates, ses captives; mais elle fournit reelement en une nuit à vint et cinq entreprinses, changeant de compaignie selon son besoing et son goust,

*Adhuc ardens rigidæ tentigine vulvæ,
Et lassata viris, nondum satiata, recessit;*

et que, sur le different advenu à Cateloigne entre une femme se plaignant des efforts trop assiduelz de son mary, non tant, à mon advis, qu'elle en fut incommodée (car je ne crois les miracles qu'en foy), comme pour retrancher soubs ce pretexte et brider, en cela mesme qui est l'action fondamentale du mariage, l'authorité des maris envers leurs femmes, et pour monstrer que leurs hergnes et leur malignité passe outre la couche nuptiale et foule aus pieds les graces et douceurs mesmes de Venus; à laquelle plainte le mary respondoit, homme vrayement brutal et desnaturé, qu'aux jours mesme de jeune il ne s'en sçauroit passer à moins de dix par jour, intervint ce notable arrest de la royne d'Aragon, par lequel, aprés meure deliberation de conseil, cette bonne royne, pour donner reigle et exemple à tout temps de la moderation et modestie requise en un juste mariage, ordonna pour bornes legitimes et necessaires le nombre de six par jour, relâchant et condonnant beaucoup du besoing et desir de son sexe, pour establir, disoit elle, une forme aysée et par consequent constante et immuable : en quoy s'escrient les docteurs, « Que doit estre l'appetit et la concupiscence feminine, puisque leur raison, leur reformation et leur vertu se taille à ce pris? » aprés avoir creu et presché cela, nous sommes allez leur donner la continence peculierement en partage, et sur peines dernieres et extremes.

Il n'est passion plus pressante que cette cy, à laquelle nous voulons qu'elles resistent seules, non simplement comme à un vice de sa mesure, mais comme à l'abomination et execration, plus qu'à l'irreligion et au parricide; et nous nous y rendons cependant sans coulpe et reproche. Ceux mesme d'entre nous qui ont essayé d'en venir à bout ont assez avoué quelle difficulté ou plustost impossibilité il y avoit, usant de remedes materiels, à macerer, affoiblir et refroidir le corps. Nous, au contraire, les voulons saines, vigoreuses, en bon point, bien nourries, et chastes ensemble, c'est à dire et chaudes et froides : car le mariage, que nous disons avoir charge de les empescher de bruler, leur apporte peu de rafrechissement, selon nos meurs. Si elles en prennent un à qui la vigueur de l'aage boulst encores, il faira gloire de l'espandre ailleurs :

> *Sit tandem pudor, aut eamus in jus :*
> *Multis mentula millibus redempta,*
> *Non est hæc tua, Basse; vendidisti.*

Si c'est de ces autres cassez, les voylà, en plain mariage, de pire condition que vierges et vefves. Nous les tenons pour bien fournies parce que elles ont un homme auprés, comme les Romains tindrent pour violée Clodia Læta, vestale, que Calligula avoit approchée, encores qu'il fut averé qu'il ne l'avoit qu'aprochée; mais, au rebours, on recharge par là leur necessité, d'autant que l'atouchement et la compaignie de quelque masle que ce soit esveille leur chaleur, qui demeureroit plus paisible en la solitude. Et à cette fin, comme il est vray-semblable, de rendre par cette circonstance et consideration leur chasteté plus meritoire, Boleslaus et Kinge, sa femme, roys de Poulongne, la vouërent d'un commun accord, couchez ensemble, le jour mesme de leurs nopces, et la maintindrent à la barbe des commoditez maritales.

Nous les dressons dés l'enfance aus entremises de l'amour : leur grace, leur atiffeure, leur science, leur parole, toute leur instruction ne regarde qu'à ce but; leurs gouvernantes ne leur impriment autre chose que le visage de l'amour, ne fut qu'en le leur representant continuellement pour les en desgouster. Ma fille (c'est tout ce que j'ay d'enfans) est en l'aage auquel les loix excusent les plus eschauffées de se marier; elle est d'une complexion tardive, mince et molle, et a esté par sa mere eslevée de mesme d'une forme retirée et particuliere, si qu'elle ne commence encore qu'à se desniaiser de la nayfveté de l'enfance. Elle lisoit un livre françois devant moy. Le mot de *fouteau* s'y rencontra, nom d'un arbre cogneu; la femme qu'ell' a pour sa conduitte l'arresta tout court un peu rudement, et la fit passer par dessus ce mauvais pas. Je la laissay faire pour ne troubler leurs reigles, car je ne m'empesche aucunement de ce gouvernement : la police feminine a un trein mysterieux, il faut le leur quitter; mais, si je ne me trompe, le commerce de vingt laquays n'eust sceu imprimer en sa fantasie, de six moys, l'intelligence et usage et toutes les consequences du son de ces syllabes scelerées, comme fit cette bonne vieille par sa reprimande et interdiction.

> *Motus doceri gaudet Ionicos*
> *Matura virgo, et frangitur artubus,*
> *Jam nunc et incestos amores*
> *De tenero meditatur ungui.*

Qu'elles se dispensent un peu de la ceremonie, qu'elles entrent en liberté de discours, nous ne sommes qu'enfans au pris d'elles en cette science. Oyez leur representer nos poursuittes et nos entretiens, elles vous font bien cognoistre que nous ne leur apportons rien qu'elles n'ayent sceu et digeré sans nous. Mon oreille se rencontra un jour en lieu où elle pouvoit desrober aucun des discours faicts entre elles sans soubçon : que ne puis-je le dire? Nostredame! (fis-je) allons à cette heure estudier des frasēs d'Amadis et des registres de Boccace et de l'Aretin pour faire les habiles : nous employons vrayement bien nostre temps! Il n'est ny parole, ny exemple, ny démarche qu'elles ne sçachent mieux que nos livres : c'est une discipline qui naist dans leurs veines,

> *Et mentem Venus ipsa dedit,*

que ces bons maistres d'escole, nature, jeunesse et santé, leur soufflent continuellement dans l'ame. Elles n'ont que faire de l'apprendre, elles l'engendrent:

> *Nec tantum niveo gavisa est ulla columbo*
> *Compar, vel si quid dicitur improbius,*

> *Oscula mordenti semper decerpere rostro,*
> *Quantum præcipue multivola est mulier.*

Qui n'eut tenu un peu en bride cette naturelle violence de leur desir par la crainte et honneur dequoy on les a pourveues, nous estions affolez. Tout le mouvement du monde se resoult et rend à cet accoupplage : c'est une matiere infuse par tout, c'est un centre où toutes choses regardent. On void encore des ordonnances de la vieille et sage Romme faictes pour le service de l'amour, et les preceptes de Socrates à instruire les courtisanes :

> *Nec non libelli Stoici inter sericos*
> *Jacere pulvillos amant.*

Zenon, parmy ses loix, regloit aussi les escarquillemens et les secousses du depucelage. Cinquante deitez estoient, au temps passé, asservies à cet office ; et s'est trouvé nation où, pour endormir la concupiscence de ceux qui venoient à la devotion, on tenoit aux eglises des garses et des garsons à jouyr, et estoit acte de ceremonie de s'en servir avant venir à l'office.

En la plus part du monde, cette partie de nostre corps estoit deifiée. En mesme province, les uns se l'escorchoient pour en offrir et consacrer un lopin, les autres offroient et consacroient leur semence. En une autre, les jeunes hommes se le perçoient publiquement et ouvroient en divers lieux entre chair et cuir, et traversoient par ces ouvertures des brochettes, les plus longues et grosses qu'ils pouvoient souffrir ; et de ces brochettes faisoient aprés du feu pour offrande à leurs dieux, estimez peu vigoureux et peu chastes s'ils venoient à s'estonner par la force de cete cruelle douleur. Ailleurs, le plus sacré magistrat estoit reveré et reconneu par ces parties là, et en plusieurs ceremonies l'effigie en estoit portée en pompe à l'honneur de diverses divinitez. Les dames egyptiennes, en la feste des Bacchanales, en portoient au col un de bois, exquisement formé, grand et pesant, chacune selon sa force, outre ce que la statue de leur dieu en representoit qui surpassoit en mesure le reste du corps. Les femmes mariées, icy prés, en forgent de leur couvrechef une figure sur leur front pour se glorifier de la jouyssance qu'elles en ont, et, venant à estre vefves, le couchent en arriere et ensevelissent soubs leur coiffure. Les plus sages matrones, à Romme, estoient honnorées d'offrir des fleurs et des couronnes au dieu Priapus; et sur ses parties moins honnestes faisoit-on seoir les vierges au temps de leurs nopces : encore ne sçay-je si j'ay veu en mes jours quelque air de pareille devotion. Que vouloit dire cette ridicule piece de la chaussure de nos peres, qui se voit encore en nos Souysses? A quoy faire la monstre que nous faisons à cette heure de nos pieces en forme soubs nos gregues, et souvent, qui pis est, outre leur grandeur naturelle, par fauceté et imposture?

Ce bon homme qui, en ma jeunesse, chastra tant de belles et antiques statues en sa grande ville pour ne corrompre la veue des dames du pays, se devoit adviser, comme aux misteres de la bonne Deesse toute apparence masculine en estoit forclose, que ce n'estoit rien avancer, s'il ne faisoit encore chastrer et chevaux, et asnes, et nature en fin :

> *Omne adeo genus in terris hominumque ferarumque,*
> *Et genus æquoreum, pecudes, pictæque volucres,*
> *In furias ignemque ruunt.*

Et se devoit adviser aussi, qu'à l'avanture est-ce un plus chaste et fructueux usage de leur faire de bonne heure connoistre le vif que de le leur laisser deviner selon la liberté et chaleur de leur fantasie : au lieu des parties vrayes, elles en substituent, par desir et par esperance, d'autres extravagantes au triple.

Quel dommage ne font ces enormes pourtraicts que les enfans vont semant aux passages et escalliers des maisons royalles? De là leur vient un cruel mespris de nostre portée naturelle. Les Indiennes, qui voyent les hommes à crud, ont aumoins refroidy le sens de la veue. Aussi disoit Livia qu'à une femme de bien un homme nud n'est non plus qu'une image. On les leurre en somme et acharne par tous moyens ; nous eschauffons et incitons leur imagination sans cesse, et puis nous crions au ventre. Confessons le vray, il n'en est guere d'entre nous qui ne craingne plus la honte qui luy vient des vices de sa femme que des siens ; qui ne se soigne plus (charité esmerveillable) de la conscience de sa bonne espouse que de la sienne propre ; qui n'aymast mieux estre voleur et sacrilege, et que sa femme fust meurtriere et heretique, que si elle n'estoit plus chaste que son mary.

Et elles offriront volontiers d'aller au palais querir du gain, et à la guerre de la reputation, plustost que d'avoir, au milieu de l'oisiveté et des delices, à faire une si difficile garde. Voyent-elles pas qu'il n'est ny marchant, ny procureur, ny soldat, qui ne quitte sa besoigne pour courre à cette autre, et le crocheteur, et le savetier, tous harassez et hallebrenez qu'ils sont de travail et de faim ?

> *Num tu, quæ tenuit dives Achæmenes,*
> *Aut pinguis Phrygiæ Mygdonias opes,*
> *Permutare velis crine Licymniæ,*
>   *Plenas aut Arabum domos,*
> *Dum fragrantia detorquet ad oscula*
> *Cervicem, aut facili sævitia negat,*
> *Quæ poscente magis gaudeat eripi,*
>   *Interdum rapere occupet?*

Je ne sçay si les exploicts de Cæsar et d'Alexandre surpassent en aspreté la resolution d'une belle jeune femme nourrie à nostre façon, à la lumiere et commerce du monde, battue de tant d'exemples contraires, se maintenant entiere au milieu de mille continuelles et fortes poursuittes. Il n'y a poinct de faire plus espineux qu'est ce non faire, ny plus actif. Je treuve plus aisé de porter une cuirasse toute sa vie qu'un pucelage ; et est le vœu de la virginité le plus noble de tous les vœus, comme estant le plus aspre.

Certes, le plus ardu et le plus vigoureus des humains devoirs, nous l'avons resigné aux dames, et leur en quittons la gloire. Cela leur doit servir d'un singulier esguillon à s'y opiniastrer ; c'est une belle matiere à nous braver et à fouler aux pieds cette vaine præeminence de valeur et de vertu que nous pretendons sur elles. Elles trouveront, si elles s'en prennent garde, qu'elles en seront non seulement trés-estimées, mais aussi plus aymées. Un galant homme n'abandonne point sa poursuitte pour estre refusé, pourveu que ce soit un refus de chasteté, non de chois. Nous avons beau jurer et menasser, et nous plaindre; nous mentons, nous les en aymons mieux : il n'est point de pareil leurre que la sagesse non rude et renfroignée. C'est stupidité et lâcheté de s'opiniatrer contre la hayne et le mespris; mais contre une resolution vertueuse et constante, meslée d'une volonté recognoissante, c'est l'exercice d'une ame noble et genereuse. Elles peuvent reconnoistre nos services jusques à certaine mesure, et nous faire sentir honnestement qu'elles ne nous desdaignent pas. Les limites de l'honneur ne sont pas retranchez du tout si court : il a dequoy se relâcher, il peut se dispenser aucunement sans s'affoler; au bout de sa frontiere il y a quelque estendue libre, indifferente et neutre. Qui l'a peu chasser et acculer à force jusques dans son coin et son fort, c'est un mal habile homme s'il n'est satisfaict de sa fortune : le pris de la victoire se considere par la difficulté. Voulez vous sçavoir quelle impression a faict en son cœur vostre servitude et vostre merite : mesurez le à ses meurs. Telle peut donner plus qui ne donne pas tant. L'obligation du bien-faict se rapporte entierement à la volonté de celuy qui donne; les autres circonstances qui tombent au bien faire sont muettes, mortes et fortuites : ce peu luy couste plus à donner, qu'à sa compaigne son tout. Si en quelque chose la rareté sert d'estimation, ce doit estre en cecy; ne regardez pas combien peu c'est, mais combien peu l'ont. La valeur de la monnoye se change selon le coin et la merque du lieu.

Quoy que le despit et indiscretion d'aucuns leur puisse faire dire sur l'excez de leur mescontentement, tousjours la vertu et la verité regaigne son avantage. J'en ay veu, desquelles la reputation a esté long temps interessée par injure, s'estre remises en l'approbation universelle des hommes par leur seule constance, sans soing et sans artifice : chacun se repent et se desment de ce qu'il en a creu ; de filles un peu suspectes, elles tiennent le premier rang entre les dames de bien et d'honneur. Quelqu'un disoit à Platon : « Tout le monde mesdit de vous. — Laissez les dire, fit-il ; je vivray de façon que je leur feray changer de langage. » Outre la crainte de Dieu et le pris d'une gloire si rare qui les doibt inciter à se conserver, la corruption de ce siecle les y force ; et si j'estois en leur place, il n'est rien que je ne fisse plustost que de commettre ma reputation en mains si dangereuses. De mon temps, le plaisir d'en compter (plaisir qui ne doit guere en douceur à celuy mesme de l'effect) n'estoit permis qu'à ceux qui avoient quelque amy fidelle et unique ; à present les entretiens ordinaires des assemblées et des tables, ce sont les vanteries des faveurs receuës et liberalité secrette des dames. Vrayement c'est trop d'abjection et de bassesse de cœur de laisser ainsi fierement persecuter, pestrir et fourrager ces divines graces à des personnes ingrates, indiscretes et si volages.

Cette nostre exasperation immoderée et illegitime contre ce vice naist de la plus vaine et tempesteuse maladie qui afflige les ames humaines, qui est la jalousie.

*Quis vetat apposito lumen de lumine sumi?
Dent licet assidue; nil tamen inde perit.*

Celle-là et l'envie, sa sœur, me semblent des plus ineptes de la trouppe. De cette-cy je n'en puis guere parler : cette passion, qu'on peinct si forte et si puissante, n'a de sa grace aucune addresse en moy. Quand à l'autre, je la cognois aumoins de veue. Les bestes en ont ressentiment : le pasteur Cratis estant tombé en l'amour d'une chevre, son bouc, ainsi qu'il dormoit, luy vint par jalousie choquer la teste de la sienne et la luy escraza. Nous avons monté l'excez de cette fiévre à l'exemple d'aucunes nations barbares; les mieux disciplinées en ont esté touchées, c'est raison, mais non pas transportées :

*Ense maritali nemo confossus adulter
Purpureo Stygias sanguine tinxit aquas.*

Lucullus, Cæsar, Pompeius, Antonius, Caton et d'autres braves hommes furent cocus, et le sceurent sans en exciter tumulte. Il n'y eust, en ce temps là, qu'un sot de Lepidus qui en mourut d'angoisse.

*Ah ! tum te miserum malique fati,
Quem attractis pedibus, patente porta,
Percurrent raphanique mugilesque.*

Et le dieu de nostre poëte, quand il surprint avec sa femme l'un de ses compaignons, se contenta de leur en faire honte,

*Atque aliquis de diis non tristibus optat
Sic fieri turpis;*

et ne laisse pourtant de s'eschauffer des douces caresses qu'elle luy offre, se plaignant qu'elle soit pour cela entrée en deffiance de son affection :

> *Quid causas petis ex alto? fiducia cessit*
> *Quo tibi, diva, mei?*

Voire elle luy faict requeste pour un sien bastard,

> *Arma rogo genitrix nato,*

qui luy est liberalement accordée; et parle Vulcan d'Æneas avec honneur.

> *Arma acri facienda viro,*

d'une humanité à la verité plus qu'humaine. Et cet excez de bonté, je consens qu'on le quitte aux dieux :

> *Nec divis homines componier æquum est.*

Quand à la confusion des enfans, elle ne touche pas les femmes, où cette passion est, je ne sçay comment, encore mieux en son siege :

> *Sæpe etiam Juno, maxima cælicolum,*
> *Conjugis in culpa flagravit quotidiana.*

Lors que la jalousie saisit ces pauvres ames foibles et sans resistance, c'est pitié comme elle les tirasse et tyrannise cruellement : elle s'y insinue sous tiltre d'amitié; mais, depuis qu'elle les possede, les mesmes causes qui servoient de fondement à la bienvueillance servent de fondement de hayne capitale. La vertu, la santé, le merite, la reputation du mary, sont les boutefeus de leur maltalent et de leur rage :

Nullæ sunt inimicitiæ, nisi amoris, acerbæ.

Cette fiévre laidit et corrompt tout ce qu'elles ont de bel et de bon d'ailleurs ; et d'une femme jalouse, quelque chaste qu'elle soit et mesnagere, il n'est action qui ne sente à l'aigre et à l'importun. C'est une monstrueuse agitation, qui les rejecte à une extremité du tout contraire à sa cause. Il fut bon d'un Octavius à Romme : ayant couché avec Pontia Posthumia, il augmenta son affection par la jouyssance, et poursuyvit à toute instance de l'espouser ; ne la pouvant persuader, cet amour extreme le precipita aux effects de la plus cruelle et mortelle inimitié, il la tua. Pareillement les symptomes ordinaires de cette autre maladie amoureuse, ce sont haynes intestines, monopoles, conjurations,

Notumque furens quid fæmina possit,

et une rage qui se ronge d'autant plus qu'elle est contraincte de s'excuser du pretexte de bien-vueillance.

Or le devoir de chasteté a une grande estendue. Est-ce la volonté que nous voulons qu'elles brident ? C'est une piece bien soupple et active, elle a beaucoup de promptitude pour la pouvoir arrester. Comment, si les songes les engagent par fois si avant qu'elles ne s'en puissent desdire ? Il n'est pas en elles, ny à l'advanture en la Temperance mesme, puis qu'elle est femelle, de se deffendre des concupiscences et du desirer. Si leur volonté seule nous interesse, où en sommes nous ? Imaginez la grande presse, à qui auroit ce privilege d'estre porté tout empenné, sans yeux et sans langue, sur le poing de chacune qui l'accepteroit.

O le furieux advantage que l'opportunité ! Qui me demanderoit la premiere partie en l'amour, je responderois que c'est sçavoir prendre le temps ; la seconde de mesme, et encore la tierce : c'est un poinct qui peut tout. J'ay eu faute de fortune souvant, mais par fois aussi d'entreprise : Dieu gard de mal qui a encores à s'en moquer. Il y faut en ce siecle plus de temerité, laquelle nos jeunes hommes excusent sous pretexte de chaleur ; mais, si elles y regardoyent de prés, elles trouveroyent que elle vient plustost de mespris. Je craignois superstitieusement d'offenser, et respecte volontiers ce que j'ayme ; outre ce qu'en cette marchandise, qui en oste la reverence en efface le lustre. J'ayme qu'on y face un peu l'enfant, le craintif et le serviteur. Si ce n'est du tout en cecy, j'ay d'ailleurs quelques airs de la sotte honte dequoy parle Plutarque, et en a esté le cours de ma vie blessé et taché diversement ; qualité bien malavenante à ma forme universelle : qu'est-il de nous aussi, que sedition et discrepance ? J'ay les yeux tendres à soustenir un refus, comme à refuser ; et me poise tant de poiser autruy que, és occasions où le devoir me force d'essayer la volonté de quelqu'un en chose doubteuse et qui luy couste, je le fois maigrement et envis ; et, pour moy, commets volontiers à un tiers de rougir en ma place, et esconduis ceux qui m'emploient de pareille difficulté, si qu'il m'est advenu par fois d'avoir la volonté de nier, que je n'en avois pas la force.

C'est donc folie d'essayer à brider aux femmes un desir qui leur est si naturel. Et quand je les oy se vanter d'avoir leur volonté si vierge et si froide, je me moque d'elles, elles se reculent trop arriere. Si c'est une vieille esdentée et decrepite ou une jeune seche et pulmonique, s'il n'est du tout croyable, aumoins elles ont apparence de le dire; mais celles qui se meuvent et qui respirent encores, elles en empirent leur marché, d'autant que les excuses inconsiderées servent d'accusation : comme un gentil'homme de mes voisins, qu'on soubçonnoit d'impuissance,

> *Languidior tenera cui pendens sicula beta*
> *Nunquam se mediam sustulit ad tunicam,*

trois ou quatre jours aprés ses nopces, alla jurer tout hardiment, pour se justifier, qu'il avoit faict vingt postes la nuict precedente, dequoy on s'est servy depuis à le convaincre de pure ignorance et à le desmarier; outre que ce n'est rien dire qui vaille, car il n'y a ny continence ny vertu s'il n'y a de l'effort au contraire. Il est vray, faut il dire, mais je ne suis pas preste à me rendre. Les saincts mesme parlent ainsi. S'entant de celles qui se vantent en bon escient de leur froideur et insensibilité et qui veulent en estre creües, car quand c'est d'un visage affeté, où les yeux dementent leurs parolles, et du jargon de leur profession qui porte coup à contrepoil, je le trouve bon. Je suis fort serviteur de la nayfveté et de la liberté, mais il n'y a remede : si elle n'est du tout niaise ou enfantine, elle est inepte aus dames et messeante en ce commerce; elle gauchit incontinent sur l'impudence. Leurs desguisements et leurs figures ne trompent que les sots; le mentir y est en siege d'honneur : c'est un destour qui nous conduit à la verité par une fauce porte. Si nous ne pouvons contenir leur imagination, que voulons nous d'elles ? Les effects ? il en est assez qui eschappent à toute communication estrangere, par lesquels la chasteté peut estre corrompue :

Illud sæpe facit, quod sine teste facit;

et ceux que nous craignons le moins sont à l'avanture les plus à craindre : leurs pechez muets sont les pires :

Offendor mœcha simpliciore minus.

Nous ne sçaurions leur circonscrire precisement les actions que nous leur deffendons. Il faut concevoir nostre loy soubs parolles generales et incertaines. L'idée mesme que nous forgeons à leur chasteté est ridicule : car, entre les extremes patrons que j'en aye, c'est Fatua, femme de Faunus, qui ne se laissa voir oncques puis ses nopces à masle quelconque, et la femme de Hieron, qui ne sentoit pas son mary punais, estimant que ce fut une commune qualité à tous hommes. Il faut qu'elles deviennent insensibles et invisibles pour nous satisfaire.

Or confessons que le neud du jugement de ce devoir gist principallement en la volonté. Il y a eu des maris qui ont souffert cet accident, non seulement sans reproche et offence envers leurs femmes, mais avec singuliere obligation et recommandation de leur vertu. Telle, qui aymoit mieux son honneur que sa vie, l'a prostitué à l'appetit forcené d'un mortel ennemy pour sauver la vie à son mary, et a faict pour luy ce qu'elle n'eust aucunement faict pour soy. Ce n'est pas icy le lieu d'estendre ces exemples : ils sont trop hauts et trop riches pour estre representez en ce lustre, gardons les à un plus noble siege. Telle a les meurs desbordées, qui a la volonté plus reformée que n'a cett' autre qui se conduit soubs une apparence reiglée. Comme nous en voyons qui se plaignent d'avoir esté vouées à chasteté avant l'aage de cognoissance, j'en ay veu aussi se plaindre veritablement d'avoir esté vouées à la desbauche avant l'aage de cognoissance; le vice des parens en peut estre cause, ou la force du besoing, qui est un rude conseillier. Aus Indes orientales, la chasteté y estant en singuliere recommandation, l'usage pourtant souffroit qu'une femme mariée se peut abandonner à qui luy presentoit un elephant; et cela avec quelque gloire d'avoir esté estimée à si haut pris. Et puis quel fruit de cette penible solicitude ? car, quelque justice qu'il y ait en cette passion, encores faudroit il veoir si elle nous charrie utilement. Est-il quelqu'un qui les pense boucler par son industrie ?

> *Pone seram, cohibe; sed quis custodiet ipsos*
> *Custodes? Cauta est, et ab illis incipit uxor.*

Quelle commodité ne leur est suffisante en un siecle si sçavant?

La curiosité est vicieuse par tout, mais elle est pernicieuse icy. C'est folie de vouloir s'esclaircir d'un mal auquel il n'y a point de medecine qui ne l'empire et le rengrege; duquel la honte s'augmente et se publie principalement par la jalousie; duquel la vanjance blesse plus ses enfans qu'elle ne le guerit à luy? Vous assechez et mourez à la queste d'une si obscure verification. Combien piteusement y sont arrivez ceux de mon temps qui en sont venus à bout! Si l'advertisseur n'y presente quand et quand le remede et son secours, c'est un advertissement injurieux et qui merite mieux un coup de poignard que ne faict un dementir. On ne se moque pas moins de celuy qui est en peine d'y pourvoir que de celuy qui l'ignore. Le caractere de la cornardise est indelebile : à qui il est une fois attaché, il l'est tousjours; le chastiement l'exprime plus que la faute. Il faict beau voir arracher de l'ombre et du doubte nos malheurs privés, pour les trompeter en eschaffaux tragiques; et mal'heurs qui ne pinsent que par le raport : car bonne femme et bon mariage se dict non de qui l'est, mais duquel on se taist. Il faut estre ingenieux à eviter cette ennuyeuse et inutile cognoissance. Et avoyent les Romains en coustume, revenans de voyage, d'envoyer au devant en la maison faire sçavoir leur arrivée aus femmes, pour ne les surprendre. Et pourtant a introduit certaine nation que le prestre ouvre le pas à l'espousée, le jour des nopces, pour oster au marié le doubte et la curiosité de cercher en ce premier essay si elle vient à luy vierge ou blessée d'un'amour estrangere.

Mais le monde en parle. Je sçay cent honestes hommes coqus, honnestement et peu indecemment : un galant homme en est pleint, non pas desestimé. Faites que vostre vertu estouffe vostre mal'heur, que les gens de bien en maudissent l'occasion, que celuy qui vous offence tremble seulement à le penser. Et puis, de qui ne parle on en ce sens, depuis le petit jusques au plus grand?

> *Tot qui legionibus imperitavit,*
> *Et melior quam tu multis fuit, improbe, rebus :*

voys tu qu'on engage en ce reproche tant d'honnestes hommes en ta presence? pense qu'on ne t'espargne non plus ailleurs. Mais jusques aux dames, elles s'en moqueront: et dequoy se moquent elles en ce temps plus volontiers que d'un mariage paisible et bien composé? La frequence de cet accident en doibt meshuy avoir moderé l'aigreur : le voylà tantost passé en coustume. Miserable passion! qui a cecy encore, d'estre incommunicable,

> *Fors etiam nostris invidit questibus aures :*

car à quel amy osez vous faire vos doleances, qui, s'il ne s'en rit, ne s'en serve d'acheminement et d'instruction pour prendre luy-mesme sa part à la curée?

De leur donner mesme conseil à elles pour les desgouster de la jalousie, ce seroit temps perdu : leur essence est si confite en soubçon, en vanité et en curiosité, que de les guarir par voye legitime, il ne faut pas l'esperer. Elles s'amendent souvant de cet inconvenient par une forme de santé beaucoup plus à craindre que n'est la maladie mesme : car, comme il y a des enchantemens qui ne sçavent pas oster le mal qu'en le rechargeant à un autre, elles rejettent ainsi volontiers cette fievre à leurs maris quand elles la perdent. Toutesfois, à dire vray, je ne sçay si on peut souffrir d'elles pis que la jalousie : c'est la plus dangereuse de leurs conditions, comme de leurs membres la teste. Pittacus disoit que chacun avoit son defaut; que le sien estoit la mauvaise teste de sa femme, sans laquelle il s'estimeroit de tout poinct heureux. C'est un bien poisant inconvenient, duquel un personnage si juste, si sage, si vaillant, sentoit tout l'estat de sa vie alteré : que devons nous faire nous autres hommenets? Celuy là s'y entendoit, ce me semble, qui dict qu'un bon mariage se dressoit d'une femme aveugle avec un mary sourd.

Regardons aussi que cette grande et violente aspreté d'obligation que nous leur enjoignons ne produise deux effects contraires à nostre fin, asçavoir qu'elle esguise les poursuyvants et face les femmes plus faciles à se rendre : car, quand au premier point, montant le pris de la place, nous montons le pris et le desir de la conqueste. Seroit-ce pas Venus mesme qui eut ainsi finement haussé le chevet à sa marchandise par le maquerelage des loix, cognoissant combien c'est un sot desduit qui ne le feroit valoir par fantasie et par cherté? En fin c'est tout chair de porc que la sauce diversifie, comme disoit l'hoste de Flaminius. Cupidon est un dieu ambitieux : il faict son jeu à luitter la devotion et la justice; c'est sa gloire, que sa puissance choque tout'autre puissance, et que toutes autres regles cedent aux siennes,

Materiam culpæ prosequiturque suæ.

Et quant au second poinct, serions nous pas moins

coqus si nous craignons moins de l'estre, suyvant la complexion des femmes, car la deffence les incite et convie?

Ubi velis, nolunt; ubi nolis, volunt ultro :

Concessa pudet ire via.

Quelle meilleure interpretation trouverions nous au faict de Messalina? Elle fit au commencement son mary coqu à cachetes, comme il se faict; mais, conduisant ses parties trop ayséement par la stupidité qui estoit en luy, elle desdaigna soudain cet usage. La voylà à faire l'amour à la descouverte, advoüer des serviteurs, les entretenir et les favoriser à la veüe d'un chacun : elle vouloit qu'il s'en ressentit. Cet animal ne se pouvant esveiller pour tout cela, et luy rendant ses plaisirs mols et fades par cette trop lâche facilité par laquelle il sembloit qu'il les advouat et legitimat, que fit elle? Femme d'un empereur sain et vivant, et à Romme, au theatre du monde, en plein midy, en feste et ceremonie publique, et avec Silius, duquel elle jouyssoit long temps devant, elle se marie un jour que son mary estoit hors de la ville. Semble il pas qu'elle s'acheminast à devenir chaste par la nonchallance de son mary, ou qu'elle ne cerchast un autre mary qui luy esguisast l'appetit par sa jalousie? Mais la premiere difficulté qu'elle rencontra fut aussi la derniere. Cette beste s'esveilla en sursaut. On a souvent pire marché de ces sourdaus endormis. J'ay veu par experience que cette extreme souffrance, quand elle vient à se desnouër, produit des vengeances plus aspres : car, prenant feu tout à coup, la cholere et la fureur s'emmoncelant en un, esclate tous ses efforts à la premiere charge,

> *Irarumque omnes effundit habenas.*

Il la fit mourir et grand nombre de ceux de son intelligence, jusques à tel qui n'en pouvoit mais et qu'elle avoit convié à son lict à coups d'escorgée.

Ce que Virgile dict de Venus et de Vulcan, Lucrece l'avoit dict plus sortablement d'une jouissance desrobée d'elle et de Mars :

> *Belli fera mœnera Mavors*
> *Armipotens regit, in gremium qùi sæpe tuum se*
> *Rejicit, æterno devinctus vulnere amoris...*
> *Pascit amore avidos inhians in te, Dea, visus,*
> *Eque tuo pendet resupini spiritus ore :*
> *Hunc tu, diva, tuo recubantem corpore sancto*
> *Circumfusa super, suaveis ex ore loquelas*
> *Funde.*

Quand je rumine ce *rejicit, pascit, inhians, molli, fovet, medullas, labefacta, pendet, percurrit,* et cette noble *circumfusa,* mere du gentil *infusus,* j'ay desdain de ces menues pointes et allusions verballes qui nasquirent depuis. A ces bonnes gens, il ne falloit pas d'aiguë et subtile rencontre : leur langage est tout plein et gros d'une vigueur naturelle et constante ; ils sont tout epigramme, non la queuë seulement, mais la teste, l'estomac et les pieds. Il n'y a rien d'efforcé, rien de treinant, tout y marche d'une pareille teneur. Ce n'est pas une eloquence molle et seulement sans offence : elle est nerveuse et solide, qui ne plaict pas tant comme elle remplit et ravit ; et ravit le plus les plus forts espris. Quand je voy ces braves formes de s'expliquer, si vifves, si profondes, je ne dicts pas que c'est bien dire, je dicts que c'est bien penser. C'est la gaillardise de l'imagination qui esleve et enfle les parolles. Nos gens appellent jugement langage, et beaux mots les plaines conceptions. Cette peinture est conduitte non tant par dexterité de la main comme pour avoir l'object plus vifvement empreint en l'ame. Gallus parle simplement, par ce qu'il conçoit simplement. Horace ne se contente point d'une superficielle expression, elle le trahiroit : il voit plus cler et plus outre dans la chose ; son esprit crochette et furette tout le magasin des mots et des figures pour se representer ; et les luy faut outre l'ordinaire, comme sa conception est outre l'ordinaire. Plutarque dit qu'il veid le langage latin par les choses ; icy de mesme : le sens esclaire et produict les parolles, non plus de vent, ains de chair et d'os. Les imbecilles sentent encores quelque image de cecy : car en Italie je disois ce qu'il me plaisoit en devis communs, mais aus propos roides je n'eusse osé me fier à un idiome que je ne pouvois plier ny contourner outre son alleure commune. J'y veux pouvoir quelque chose du mien.

Le maniement et emploite des beaux espris donne pris à la langue, non pas l'innovant tant comme la remplissant de plus vigoreux et divers services, l'estirant et ployant ; ils n'y aportent point des mots, mais ils enrichissent les leurs, appesantissent et enfoncent leur signification et leur usage, luy aprenent des mouvements inaccoustumés, mais prudemment et ingenieusement. Et combien peu cela soit donné à tous, il se voit par tant d'escrivains françois de ce siecle. Ils sont assez hardis et dédaigneux pour ne suyvre la route commune ; mais faute d'invention et de discretion les pert. Il ne s'y voit qu'une miserable affectation d'estrangeté, des déguisements froids et absurdes qui, au lieu d'eslever, abbattent la matiere. Pourveu qu'ils se gorgiasent en la nouvelleté, il ne leur chaut de l'efficace : pour saisir un nouveau mot, ils quittent l'ordinaire, souvent plus fort et plus nerveux.

En nostre langage je trouve assez d'estoffe, mais un peu faute de façon : car il n'est rien qu'on ne fit du jargon de nos chasses et de nostre guerre, qui est un genereux terrein à emprunter ; et les formes de parler, comme les herbes, s'amendent et fortifient en les transplantant. Je le trouve suffisamment abondant, mais non pas vigoureux suffisamment : il succombe ordinairement à une puissante conception. Si vous allez tendu, vous sentez souvent qu'il languit soubs vous et fleschit, et qu'à son deffaut le latin se presente au secours, et le grec à d'autres. D'aucuns de ces mots que je viens de trier, nous en apercevons plus malaisément l'energie, d'autant que l'usage et la frequence nous en ont aucunement avily et rendu vulgaire la grace : comme en nostre commun, il s'y rencontre des frases excellentes et des metaphores desquelles la beauté flestrit de vieillesse, et la couleur se ternit par maniement trop ordinaire. Mais cela n'oste rien du goust à ceux qui ont bon nez, ny ne desroge à la gloire de ces anciens autheurs qui, comme il est vraysemblable, mirent premierement ces mots en ce lustre.

Les sciences traictent les choses trop finement, d'une mode trop artificielle et differente à la commune et naturelle. Mon page faict l'amour et l'entend : lisez luy Leon Hebreu et Ficin ; on parle de luy, de ses pensées et de ses actions, et si il n'y entend rien. Je ne recognois pas chez Aristote la plus part de mes mouvemens ordinaires : on les a couverts et revestus d'une autre robbe pour l'usage de l'eschole. Dieu leur doint bien faire! Si j'estois du mestier, je traiteroy l'art le plus naturellement que je pourrois. Laissons là Bembo et Equicola.

Quand j'escris, je me passe bien de la compaignie et souvenance des livres, de peur qu'ils n'interrompent ma forme; aussi que, à la verité, les bons autheurs m'abattent par trop et rompent le courage. Je fais volontiers le tour de ce peintre, lequel, ayant miserablement representé des coqs, deffendoit à ses garçons qu'ils ne laissassent venir en sa boutique aucun coq naturel. Mais je me puis plus malaiséement deffaire de Plutarque : il est si universel et si plain qu'à toutes occasions, et quelque suject extravagant que vous ayez pris, il s'ingere à vostre besongne et vous tend une main liberale et inespuisable de richesses et d'embellissemens. Il m'en faict despit d'estre si fort exposé au pillage de ceux qui le hantent.

Pour ce mien dessein, il me vient aussi à propos d'escrire chez moy en pays sauvage, où personne ne m'ayde ny me releve, où je ne hante communéement homme qui entende le latin de son patenostre, et de françois un peu moins. Je l'eusse faict meilleur ailleurs, mais l'ouvrage eust esté moins mien : et sa fin principale et perfection, c'est d'estre exactement mien. Je corrigerois volontiers une erreur accidentale, dequoy je suis plain, ainsi que je cours inadvertemment ; mais les imperfections qui sont en moy ordinaires et constantes, ce seroit trahison de les oster. Quand on m'a dit ou que moy-mesme me suis dict : « Tu es trop espais en figures. Voilà un mot du cru de Gascoingne. Voilà une frase dangereuse (je n'en refuis aucune de celles qui s'usent emmy les rues françoises ; ceux qui veulent combatre l'usage par la grammaire se mocquent). Voilà un discours ignorant ; voilà un discours paradoxe ; en voilà un trop fol. — Ouy, fais-je, mais je corrige les fautes d'inadvertence, non celles de coustume. Est-ce pas ainsi que je parle par tout ? me represente-je pas vivement ? suffit. J'ay faict ce que j'ay voulu : tout le monde me reconnoit en mon livre, et mon livre en moy. »

Or j'ay une condition singeresse et imitatrice : quand je me meslois de faire des vers, et n'en fis jamais que des latins, ils accusoient evidemment le poete que je venois dernierement de lire ; et de mes premiers Essays, aucuns puent un peu l'estranger. Qui que je regarde avec attention m'imprime facilement quelque chose du sien. Ce que je considere, je l'usurpe : une sotte contenance, une desplaisante grimace, une forme de parler ridicule ; les vices, plus : d'autant qu'ils me poingnent, ils s'acrochent à moy et ne s'en vont pas sans secouer. On m'a veu plus souvent jurer par similitude que par complexion. Je suis aisé à recevoir ces impressions superficielles : si j'ay eu en la bouche Sire ou Altesse trois jours de suite, huict jours aprés ils m'eschappent pour

Excellence ou pour Seigneurie. Et ce que j'auray pris à dire en battellant et en me moquant, je le diray lendemain serieusement. Parquoy, à escrire, j'accepte plus envis les arguments battus, de peur que je les traicte aux despens d'autruy. Tout argument m'est egallement fertile. Je les prens sur une mouche, et Dieu veuille que celuy que j'ay icy en main n'ait pas esté pris par le commandement d'une volonté autant volage! Que je commence par celle qu'il me plaira, car les matieres se tiennent toutes enchesnées les unes aux autres.

Mais mon ame me desplait de ce qu'elle produict ordinairement ses plus profondes resveries, plus folles et qui me plaisent le mieux, à l'improuveu et lors que je les cerche moins, lesquelles s'esvanouissent soudain, n'ayant sur le champ où les attacher : à cheval, à table, au lit, mais plus à cheval, où sont mes plus larges entretiens. J'ay le parler un peu delicatement jaloux d'attention et de silence, si je parle de force. Qui m'interrompt m'arreste. En voiage, la necessité mesme des chemins couppe les propos ; outre ce, que je voyage plus souvent sans compaignie propre à ces entretiens de suite : par où je prens tout loisir de m'entretenir moy-mesme. Il m'en advient comme de mes songes : en songeant, je les recommande à ma memoire (car je songe volontiers que je songe), mais le lendemain je me represente bien leur couleur comme elle estoit, ou gaye, ou triste, ou estrange ; mais quels ils estoient au reste, plus j'ahane à le trouver, plus je l'enfonce en l'oubliance. Aussi de ces discours fortuites qui me tombent en fantasie, il ne m'en reste en memoire qu'une vaine image, autant seulement qu'il m'en faut pour me faire ronger et despiter aprés leur queste inutilement.

Or donc, laissant les livres à part, parlant plus materiellement et simplement, je trouve aprés tout que l'amour n'est autre chose que la faim de cette jouyssance. Et, considerant maintesfois la ridicule titillation de ce plaisir par où il nous tient, les absurdes mouvemens escervelez et estourdis dequoy il agite Zenon et Cratippus, céte rage indiscrette, ce visage enflammé de fureur et de cruauté au plus doux effect de l'amour, et puis cette morgue grave, severe et ecstatique en une action si fole, et que la supreme volupté aye du transy et du plaintif comme la douleur, je crois qu'on se joue de nous,

> . . . . . . *Quænam ista jocandi*
> *Sævitia !*

et que c'est par industrie que nature nous a laissé la plus trouble de nos actions la plus commune, pour nous esgaller par là, et apparier les fols et les sages, et nous et les bestes. Le plus contemplatif et prudent homme, quand je l'imagine en cette assiette, je le tiens pour un affronteur de faire le prudent et le contemplatif : ce sont les pieds du paon qui abbatent son orgueuil.

> . . . . *Ridentem dicere verum*
> *Quid vetat ?*

Nous mangeons bien et beuvons comme les bestes, mais ce ne sont pas actions qui empeschent les operations de nostre ame. En celles-là nous gardons nostre

CHAPITRE V

avantage sur elles ; cette-cy met toute autre pensée soubs le joug, abrutit et abestit par son imperieuse authorité toute la theologie et philosophie qui est en Platon, et si il ne s'en plaint pas. Par tout ailleurs vous pouvez garder quelque decence : toutes autres operations souffrent des reigles d'honnesteté, cette-cy ne se peut pas seulement imaginer que vitieuse ou ridicule ; trouvez y, pour voir, un proceder sage et discret. Alexandre disoit qu'il se connoissoit principallement mortel par cette action et par le dormir : le sommeil suffoque et supprime les facultez de nostre ame ; la besongne les absorbe et dissipe de mesme. Certes c'est une marque non seulement de nostre corruption originelle, mais aussi de nostre vanité et deformité.

D'un costé, nature nous y pousse, ayant attaché à ce desir la plus noble, utile et plaisante de toutes ses operations ; et la nous laisse, d'autre part, accuser et fuyr comme insolente et deshonneste, en rougir et recommander l'abstinence. Les peuples, és religions, se sont rencontrez en plusieurs convenances, comme sacrifices, luminaires, encensements, jeusnes, offrandes, et entre autres en la condemnation de cette action. Toutes les opinions y viennent, outre l'usage si estendu des circoncisions. Nous avons à l'avanture raison de nous blasmer de faire une si sotte production que l'homme ; d'appeller l'action honteuse, et honteuses les parties qui y servent. Chacun desdaigne à le voir naistre, chacun court à le voir mourir et ensevelir. C'est le devoir de se cacher pour le faire, et c'est gloire ; et naissent plusieurs vertus de le sçavoir deffaire. L'un est injure, l'autre est faveur : car Aristote dict que bonifier quelqu'un, c'est le tuer, en certaine frase de son pays. *Nostri nosmet pœnitet.*

Nous accusons en mille choses les conditions de nostre estre. Il y a des nations qui se couvrent en mangeant. Je sçay une dame, et des plus grandes en toute sorte de grandeur, qui a cette mesme opinion, que c'est une contenance desagreable de macher qui rabat beaucoup de leur grace et de leur beauté, et ne se presente pas volontiers en public avec appetit; et sçay un homme qui ne peut souffrir de voir manger ny qu'on le voye, et fuyt toute assistance plus quand il s'emplit que s'il se vuide. Quel animal desnaturé, qui se fait horreur à soymesme! Il y en a qui cachent leur vie,

Exilioque domos et dulcia limina mutant,

et la desrobent de la veuë des autres hommes ; qui evitent la santé et l'allegresse comme qualitez ennemies et dommageables. Non seulement plusieurs sectes, mais plusieurs peuples, maudissent leur naissance et benissent leur mort. Nous ne sommes ingenieux qu'à nous mal mener ; c'est le vray gibbier de la force de nostre esprit :

O miseri! quorum gaudia crimen habent.

Hé! pauvre homme, tu as assez d'incommoditez naturelles sans les augmenter par ton invention, et es assez miserable de condition sans l'estre par art; tu as des laideurs reelles et essentielles à suffisance sans en forger d'imaginaires. Trouves tu que tu ayes remply tous les offices necessaires à quoy nature t'engage, et qu'elle soit oisive chez toy, si tu ne t'obliges à nouveaux offices? Tu ne crains point d'offencer ses loix, universelles et indubitables, et te piques aux tiennes, partisanes et fantastiques ; et d'autant plus qu'elles sont particulieres et plus contredictes, d'autant plus tu fais là ton effort. Cours un peu par les exemples de cette consideration, ta vie en est toute.

Les vers de ces deux poëtes, traitant ainsi reservéement et discrettement de la lasciveté comme ils font, me semblent la descouvrir et esclairer de plus prés. Les dames couvrent leur sein d'un reseu, les prestres plusieurs choses sacrées ; les peintres ombragent leur ouvrage pour luy donner plus de lustre ; et dict-on que le coup du soleil et du vent est plus poisant par reflexion qu'à droit fil. L'Ægyptien respondit sagement à celuy qui luy demandoit : « Que portes tu là caché soubs ton manteau ?—Il est caché soubs mon manteau affin que tu ne sçaches pas que c'est. » Mais il y a certaines autres choses qu'on cache pour les montrer. Oyez cet autre plus ouvert,

Et nudam pressi corpus adusque meum:

il me semble qu'il me chapone. Que Martial retrousse Venus à sa poste, il n'arrive pas à la faire paroistre si entiere. Celuy qui dict tout, il nous saoule et nous desgouste ; celuy qui craint à s'exprimer nous achemine à en penser plus qu'il n'en y a. Il y a de la trahison en cette sorte de modestie, et notamment nous entr'ouvrant, comme font ceux cy, une si belle route à l'imagination. Et l'action et la peinture doivent sentir au larrecin.

L'amour des Espagnols et des Italiens, plus respectueuse et craintifve, plus mineuse et couverte, me plaist. Je ne sçay qui, anciennement, desiroit le gosier allongé comme le col d'une gruë pour gouster plus long temps ce qu'il avalloit. Ce souhait est mieux à propos en cette volupté viste et precipiteuse, mesmes à telles natures comme est la mienne, qui suis vitieux en soudaineté. Pour arrester sa fuitte et l'estendre en preambules, entre eux tout sert de faveur et de recompense, une œillade, une inclination, une parolle, un signe. Qui se pourroit disner de la fumée du rost feroit-il pas une belle espargne? C'est une passion qui mesle à bien peu d'essence solide beaucoup plus de vanité et resverie fievreuse : il la faut payer et servir de mesme. Apprenons aux dames à se faire valoir, à s'estimer, à nous amuser et à nous piper. Nous faisons nostre charge extreme la premiere : il y a tousjours de l'impetuosité françoise. Faisant filer leurs faveurs et les estallant en detail, chacun, jusques à la vieillesse miserable, y trouve quelque bout de lisiere, selon son vaillant et son merite. Qui n'a jouyssance qu'en la jouyssance, qui ne gaigne que du haut poinct, qui n'aime la chasse qu'en la prinse, il ne luy appartient pas de se mesler à nostre escole. Plus il y a de marches et degrez, plus il y a de hauteur et d'honneur au dernier siege. Nous nous devrions plaire d'y estre conduicts, comme il se faict aux palais magnifiques, par divers portiques et passages, longues et plaisantes galleries et plusieurs destours. Cette dispensation reviendroit à nostre commodité ; nous y arresterions et nous y aymerions plus long temps : sans esperance et sans desir, nous n'allons plus qui vaille. Nostre maistrise et entiere possession leur est infiniement à craindre : depuis qu'elles sont du tout rendues à la mercy de nostre foy et constance, elles sont mal. Ce sont vertus rares et difficiles : soudain qu'elles sont à nous, nous ne sommes plus à elles ;

> *Postquam cupidæ mentis satiata libido est,*
> *Verba nihil metuere, nihil perjuria curant.*

La cherté donne goust à la viande. Voyez combien la forme des salutations, qui est particuliere à nostre nation, abastardit par sa facilité la grace des baisers, lesquels Socrates dit estre si puissans et dangereux à voler nos cueurs. C'est une desplaisante coustume, et injurieuse aux dames, d'avoir à prester leurs lévres à quiconque a trois valets à sa suitte, pour mal plaisant qu'il soit,

> *Cujus livida naribus caninis*
> *Dependet glacies rigetque barba...*
> *Centum occurrere malo culilingis.*

Et nous mesme n'y gaignons guere : car, comme le monde se voit party, pour trois belles il nous en faut baiser cinquante laides ; et à un estomac tendre, comme sont ceux de mon aage, un mauvais baiser en surpaie un bon.

Ils font les poursuyvans, en Italie, et les transis de celles mesmes qui sont à vendre ; et se defendent ainsi : « qu'il y a des degrez en la jouyssance, et que par services ils veulent obtenir pour eux celle qui est la plus entiere. Elles ne vendent que le corps ; la volonté ne peut estre mise en vente, elle est trop libre et trop sienne. » Ainsi ceux cy disent que c'est la volonté qu'ils entreprennent, et ont raison ; c'est la volonté qu'il faut servir et practiquer. J'ay horreur d'imaginer mien un corps privé d'affection ; et me semble que cette rage est voisine à celle de ce garçon qui alla sallir par amour la belle image de Venus que Praxiteles avoit faicte, ou de ce furieux Ægyptien eschauffé aprés la charongne d'une morte qu'il embaumoit et ensueroit : lequel donna occasion à la loy, qui fut faicte depuis en Ægypte, que les corps des belles et jeunes femmes et de celles de bonne maison seroyent gardez trois jours avant qu'on les mit entre les mains de ceux qui avoyent charge de prouvoir à leur enterrement. Periander fit plus monstrueusement, qui estendist l'affection conjugale (plus reiglée et legitime) à la jouyssance de Melissa, sa femme trespassée. Je dis pareillement qu'on ayme un corps sans ame quand on ayme un corps sans son consentement et sans son desir. Toutes jouyssances ne sont pas unes ; il y a des jouyssances ethiques et languissantes : mille autres causes que la bien-veuillance nous peuvent acquerir cet octroy des dames. Ce n'est suffisant tesmoignage d'affection ; il y peut eschoir de la trahison comme ailleurs : elles n'y vont par fois que d'une fesse,

> *Tanquam thura merumque parent...*
> *Absentem marmoreamve putes.*

J'en sçay qui ayment mieux prester cela que leur coche et qui ne se communiquent que par là. Il faut regarder si vostre compaignie leur plaist pour quelque autre fin encores ou pour celle là seulement, comme d'un gros garson d'estable; en quel rang et à quel pris vous y estes logé,

> *Tibi si datur uni,*
> *Quo lapide illa diem candidiore notet.*

Quoy, si elle mange vostre pain à la sauce d'une plus agreable imagination?

> *Te tenet, absentes alios suspirat amores.*

Comment! avons nous pas veu quelqu'un en nos jours s'estre servy de cette action à l'usage d'une horrible vengence, pour tuer par là et empoisonner, comme il fit, une honneste femme?

Ceux qui cognoissent l'Italie ne trouveront jamais estrange si pour ce subject je ne cerche ailleurs des exemples, car cette nation se peut dire regente du reste du monde en cela. Ils ont plus communement des belles femmes et moins de laydes que nous; mais des rares et excellentes beautez, j'estime que nous allons à pair. Et en juge autant des esprits: de ceux de la commune façon, ils en ont beaucoup plus, et evidemment la brutalité y est sans comparaison plus rare; d'ames singulieres et du plus haut estage, nous ne leur en devons guere. Si j'avois à estendre cette similitude, il me sembleroit pouvoir dire de la vaillance qu'au rebours elle est, au pris d'eux, populaire chez nous et naturelle; mais on la voit par fois en leurs mains si plaine et si vigoreuse qu'elle surpasse tous les plus roides exemples que nous en ayons. Les mariages de ce pays là clochent en cecy : leur coustume donne communement la loy si rude aus femmes et si serve que la plus esloignée accointance avec l'estranger leur est autant capitale que la plus voisine. Cette loy faict que toutes les approches se rendent necessairement substantieles ; et, puis que tout leur revient à mesme compte, elles ont le chois bien aysé. Il leur faut un peu lâcher les resnes :

> *Vidi ego nuper equum, contra sua frena tenacem,*
> *Ore reluctanti fulminis ire modo.*

On alanguit le desir de la compaignie en luy donnant quelque course et quelque liberté. Ayant tant de pieces à mettre en communication, on les achemine à y employer tousjours la derniere, puisque c'est tout d'un pris.

Nous courons à peu prés mesme fortune : ils sont trop extremes en contrainte, nous en licence. C'est un bel usage de nostre nation, que aux bonnes maisons nos enfans soyent receuz pour y estre nourris et eslevez comme en une escole de noblesse ; et est discourtoisie, dict-on, et injure d'en refuser un gentil'homme. J'ay aperceu (car autant de maisons, autant de divers stiles et formes) que les dames qui ont voulu donner aux filles de leur suite les reigles plus austeres n'y ont pas eu meilleure fortune. Il y faut de la moderation, il faut laisser bonne partye de leur conduite à leur propre discretion : car, ainsi comme ainsi, n'y a il discipline qui les sceut brider de toutes parts. Mais il est bien vray que celle qui est eschappée bagues sauves d'un escolage libre aporte bien plus de fiance que celle qui sort saine d'une escole severe et prisonniere.

Nos peres dressoyent la contenance de leurs filles à la honte et à la crainte (les courages et les desirs estoyent pareils); nous, à l'asseurance : nous n'y entendons rien. A moy, qui n'y ay droit que par les oreilles, c'est assez si elles me retiennent pour le conseil, suyvant le privilege de mon aage. Je leur conseille donc l'abstinence, mais, si ce siecle en est trop ennemy, aumoins la discretion et la modestie. Qui ne veut exempter sa conscience, qu'elle exempte son nom : si le fons n'en vaut guiere, que l'apparence tienne bon.

Je louë la gradation et la longueur en la dispensation de leurs faveurs. C'est un traict de gourmandise et de faim, laquelle il faut qu'elles couvrent de toute leur art, de se rendre ainsi temerairement en gros et tumultuairement. Se conduisant en leur dispensation ordonéement et mesuréement, elles pipent bien mieux nostre desir et cachent le leur. Qu'elles fuyent tousjours devant nous, je dis celles mesmes qui ont à se laisser atraper : elles nous battent mieux en fuyant, comme les Scythes. De vray, selon la loy que nature leur donne, ce n'est pas proprement à elles de vouloir et desirer; leur rolle est souffrir, obeir, consentir : c'est pourquoy nature leur a donné une perpetuelle capacité, à nous rare et incertaine ; elles ont tousjours leur heure, afin qu'elles soyent tousjours prestes à la nostre. Et où elle a voulu que nos appetis eussent montre et declaration prominante, ell' a faict que les leurs fussent occultes et intestins, et les a garnies simplement pour la defensive.

Nous sommes quasi en tout iniques juges de leurs actions, comme elles sont des nostres. J'advoüe la verité lors qu'elle me nuict, de mesme que si elle me sert. C'est un vilain desreiglement qui les pousse si souvant au change et les empesche de fermir leur affection en quelque subject que ce soit, comme on voit de cette deesse à qui l'on donne tant de changemens et d'amis. Mais si est-il vray que c'est contre la nature de l'amour s'il n'est violant, et contre la nature de la violance s'il est constant. Et ceux qui s'en estonnent, s'en escrient et cerchent les causes de cette maladie en elles comme desnaturée et monstrueuse, que ne voyent ils combien souvent ils la reçoyvent en eux sans espouvantement et sans miracle! Il seroit, à l'adventure, plus estrange d'y veoir de l'arrest. Ce n'est pas une passion simplement corporelle. Si on ne trouve point de bout en l'avarice et en l'ambition, il n'y en a non plus en la paillardise. Elle vit encore aprés la satieté; et ne luy peut on prescrire ny satisfaction constante ny fin : elle va tousjours outre sa possession; et si, l'inconstance leur est à l'adventure aucunement plus pardonnable qu'à nous. Elles peuvent alleguer comme nous l'inclination qui nous est commune à la varieté et à la nouvelleté; et alleguer secondement, sans nous, qu'on achete chat en poche, que l'action a plus d'effort que n'a la souffrance : ainsi, que de leur part tousjours aumoins il est pourveu à la necessité; de nostre part, il peut avenir autrement. En nous essayant, elles ne nous trouvent, à l'adventure, pas dignes de leur chois :

Experta latus, madidoque simillima loro
Inguina, nec lassa stare coacta manu,
Deserit imbelles thalamos.

Ce n'est pas tout que la volonté charrie droict. La foiblesse et l'incapacité rompent legitimement un mariage,

> *Et quærendum aliunde foret nervosius illud,*
> *Quod posset zonam solvere virgineam :*

pourquoy non? et, selon sa mesure, une intelligence amoureuse plus licentieuse et plus active,

> *Si blando nequeat superesse labori.*

Mais n'est-ce pas grande impudence d'apporter nos imperfections et foiblesses en lieu où nous desirons plaire, et y laisser bonne estime de nous et recommandation? Pour ce peu qu'il m'en faut à cette heure,

> *. . . . . . . Ad unum*
> *Mollis opus,*

je ne voudrois importuner une personne d'honneur que j'ay à reverer et craindre :

> *Fuge suspicari,*
> *Cujus undenum trepidavit ætas*
> *Claudere lustrum.*

Nature se devoit contenter d'avoir rendu cet aage miserable, sans le rendre encore ridicule. Je hay de le voir, pour un pouce de chetive vigueur qui l'eschaufe trois fois la semaine, s'empresser et se gendarmer de pareille aspreté, comme s'il avoit quelque grande et legitime journée dans le ventre : un vray feu d'estoupe. Fiez vous y, pour voir, à seconder cett' ardeur indefatigable, pleine, constante et magnanime qui est en vous, il vous la lairra vrayement en beau chemin ! Renvoiez le hardiment plustost vers quelque enfance molle, estonnée et ignorante, qui tremble encore soubs la verge et en rougisse,

> *Indum sanguineo veluti violaverit ostro*
> *Si quis ebur, vel mixta rubent ubi lilia multa*
> *Alba rosa.*

Qui peut attendre, le lendemain, sans mourir de honte, le desdain de ces beaux yeux consens de sa lâcheté et impertinence,

> *Et taciti fecere tamen convitia vultus,*

il n'a jamais senty le contentement et la fierté de les leur avoir battus et ternis par le vigoreux exercice d'une nuict officieuse et active. Quand j'en ay veu quelqu'une s'ennuyer de moy, je n'en ay point incontinent accusé sa legereté; j'ay mis en doubte si je n'avois pas raison de m'en prendre à nature plustost. Certes, elle m'a traitté illegitimement et incivilement,

> *Si non longa satis, si non bene mentula crassa :*
> *Nimirum sapiunt, videntque parvam*
> *Matronæ quoque mentulam illibenter.*

Aussi, d'où peut venir cette usurpation d'authorité souveraine que vous prenez sur celles qui vous favorisent à leurs despens,

> *Si furtiva dedit nigra munuscula nocte,*

que vous en investissez incontinent l'interest, la froi-

deur et une auctorité maritale ? C'est une convention
libre : que ne vous y prenez vous comme vous les y
voulez tenir ? C'est contre la forme ; mais il est vray
pourtant que j'ay en mon temps conduict ce marché,
selon que sa nature peut souffrir, aussi conscientieusement qu'autre marché et avec quelque air de justice,
et que je ne leur ay tesmoigné de mon affection que ce
que j'en sentois, et leur en ay representé naïfvement la
decadence, la vigueur et la naissance, les accez et les
remises : on n'y va pas tousjours un train. J'ay esté si
espargnant à promettre, que je pense avoir plus tenu
que promis ny deu. Elles y ont trouvé de la fidelité
jusques au service de leur inconstance : je dis inconstance advouée et par foys multipliée. Je n'ay jamais
rompu avec elles tant que j'y tenois, ne fut que par le
bout d'un filet ; et, quelques occasions qu'elles m'en
ayent donné, n'ay jamais rompu jusques au mespris et
à la haine : car telles privautez, lors mesme qu'on les
acquiert par les plus viles conventions, encores m'obli-
gent elles à quelque bien-veuillance. De cholere et
d'impatience un peu indiscrete, sur le poinct de leurs
ruses et desfuites et de nos contestations, je leur en ay
faict voir par fois : car je suis de ma complexion subject à des emotions brusques qui nuisent souvent à mes
marchez, quoy qu'elles soyent legieres et courtes. Si
elles ont voulu essayer la liberté de mon jugement,
je ne me suis pas feint à leur donner des advis pater-
nels et mordans et à les pinser où il leur cuysoit. Si je
leur ay laissé à se plaindre de moy, c'est plustost d'y
avoir trouvé un amour, selon l'usage moderne, sottement consciencieux. J'ay observé ma parolle és choses

dequoy on m'eut ayséement dispensé; elles se rendoyent lors par fois avec reputation et soubs des capitulations ceremonieuses qu'elles souffroyent ayséement estre faucées par le vaincueur. J'ay faict caler, soubs l'interest de leur honneur, le plaisir en son plus grand effort plus d'une fois; et où la raison me pressoit, les ay armées contre moy, si qu'elles se conduisoyent plus seurement et severement par mes reigles, quand elles s'y estoyent franchement remises, qu'elles n'eussent faict par les leurs propres. Jamais homme n'eust ses approches plus impertinemment genitales.

Cette voye d'aymer est plus selon la discipline; mais combien elle est ridicule et peu effectuelle, qui le sçait mieux que moy? si ne m'en viendra point le repentir : je n'y ay plus que perdre :

> *Me tabula sacer*
> *Votiva paries indicat uvida*
> *Suspendisse potenti*
> *Vestimenta maris deo.*

Il est à cette heure temps d'en parler ouvertement. Mais tout ainsi comme à un autre je dirois à l'avanture, « Mon amy, tu resves; l'amour, de ton temps, a peu de commerce avec la foy et la preud'hommie;

> *Hæc si tu postules*
> *Ratione certa facere, nihilo plus agas,*
> *Quam si des operam, ut cum ratione insanias :* »

aussi, au rebours, si c'estoit à moy à recommencer, ce seroit certes le mesme train et par mesme progrez, pour infructueux qu'il me peut estre. Autant que je m'esloingne de leur humeur en cela, je m'approche de la mienne.

Au demeurant, en ce marché, je ne me laissois pas tout aller; je m'y plaisois, mais je ne m'y oubliois pas: je reservois en son entier ce peu de sens et de discretion que nature m'a donné, pour leur service et pour le mien; un peu d'esmotion, mais point de resverie. Ma conscience s'y engageoit aussi jusques à la desbauche et dissolution; mais jusques à l'ingratitude, trahison, malignité et cruauté, non. Je n'achetois pas le plaisir de ce vice à tout pris, et me contentois de son propre et simple coust. Je hay quasi à pareille mesure une oysiveté croupie et endormie comme un embesongnement espineux et penible. L'un me pince, l'autre m'assopit; j'ayme autant les blesseures comme les meurtrisseures, et les coups trenchans comme les coups orbes. J'ay trouvé en ce marché, quand j'y estois plus propre, une juste moderation entre ces deux extremitez. L'amour est une agitation esveillée, vive et gaye; je n'en estois ny troublé ny affligé, mais j'en estois eschauffé et encores alteré : il s'en faut arrester là; elle n'est nuisible qu'aux fols.

Un jeune homme demandoit au philosophe Panetius s'il sieroit bien au sage d'estre amoureux : « Laissons là le sage, respondit-il; mais toy et moy, qui ne le sommes pas, ne nous engageons en chose si esmeuë et violente qui nous esclave à autruy et nous rende contemptibles à nous. » Il disoit vray, qu'il ne faut pas fier chose de soy si precipiteuse à une ame qui n'aie dequoy en soustenir les venues, et dequoy rabatre par effect la parole d'Agesilaus, que « la prudence et l'amour ne peuvent ensemble ». C'est une vaine occupation, il est vray, messeante, honteuse et vitieuse; mais, à la conduire en cette façon, je l'estime salubre, propre à desgourdir un esprit et un corps poisant; et, comme medecin, l'ordonnerois à un homme de ma forme et condition, autant volontiers qu'aucune autre recepte, pour l'esveiller et tenir en vigueur bien avant dans les ans et le retarder des prises de la vieillesse. Pendant que nous n'en sommes qu'aux fauxbourgs, que le pouls bat encores,

> *Dum nova canities, dum prima et recta senectus,*
> *Dum superest Lachesi quod torqueat, et pedibus me*
> *Porto meis, nullo dextram subeunte bacillo,*

nous avons besoing d'estre sollicitez et chatouillez par quelque agitation mordicante comme est cette-cy. Voyez combien elle a rendu de jeunesse, de vigueur et de gaieté au bon homme Anacreon. Et Socrates, plus vieil que je ne suis, parlant d'un subject amoureux : « M'estant, dict-il, appuyé contre son espaule de la mienne et approché ma teste à la sienne ainsi que nous regardions ensemble dans un livre, je senty, sans mentir, soudain une piqueure dans l'espaule comme de quelque morsure de beste, et fus plus de cinq jours depuis qu'elle me fourmilloit, et m'escoula dans le cœur une demangeaison continuelle. » Un attouchement, et fortuite, et par une espaule, aller eschauffer et alterer une ame refroidie et esnervée par l'aage, et la premiere de toutes les humaines en regle et en reformation !

La philosophie n'estrive gueres contre les voluptez

naturelles, pourveu que la regle y soit joincte; l'effort de sa resistance s'employe contre les estrangeres et bastardes. Elle dict que les appetits du corps ne doivent pas estre augmentez par l'esprit, et nous advertit ingenieusement d'eviter toute viande et boisson qui nous altere et qui nous affame, c'est à dire qui nous face desirer nouvelle faim : comme, au service de l'amour, de prendre un object qui satisface simplement au besoing du corps; qui n'esmeuve point l'ame, laquelle n'en doit pas faire son faict, mais suyvre nuement et assister le corps. Mais ay-je pas raison d'estimer que ces preceptes, qui ont pourtant d'ailleurs, selon moy, un peu de rigueur et d'inhumanité, regardent un corps qui face son office, et qu'à un corps abattu, comme un estomac prosterné, il est excusable de le rechauffer et soustenir par art, et par l'entremise de la fantasie luy faire revenir l'appetit et l'allegresse, puis que de soy il l'a perdue?

Pouvons nous pas dire qu'il n'y a rien en nous, pendant cette prison terrestre, purement ny corporel ny spirituel, et que injurieusement nous desmembrons un homme tout vif; et qu'il semble y avoir raison que nous nous portions envers l'usage du plaisir autant favorablement au moins que nous faisons envers la douleur? Elle estoit (pour exemple) vehemente jusques à la perfection en l'ame des sainets par la pœnitence; le corps y avoit naturellement part par le droict de leur colligance, et si pouvoit avoir peu de part à la cause : si ne se sont ils pas contentez qu'il suyvit nuement et assistat l'ame affligée; ils l'ont affligé luymesme de peines atroces et propres, affin qu'à l'envy l'un de l'autre l'ame et le corps plongeassent l'homme dans la douleur, d'autant plus salutaire que plus aspre.

Je n'ay point autre passion qui m'exerce. Ce que l'avarice, l'ambition, les querelles, les procés, font à l'endroit des autres qui, comme moy, n'ont point de vacation assignée, l'amour le feroit plus commodéement : il me rendroit la vigilance, la sobrieté, le soing de ma personne; r'asseureroit ma contenance à ce que les grimaces de la vieillesse, ces grimaces difformes et pitoiables, ne vinssent à la corrompre; me divertiroit de mille pensées ennuyeuses que l'oisiveté nous charge en tel aage; reschauferoit, aumoins en songe, ce sang que nature abandonne; soustiendroit le menton et allongeroit un peu l'alaine à ce pauvre homme qui s'en va le grand train vers sa ruine. Mais j'entens bien que c'est une commodité bien mal aisée à recouvrer : par foiblesse et longue experience, nostre goust est devenu plus tendre et plus exquis; nous demandons plus, lors que nous aportons moins; nous voulons le plus choisir, lors que nous meritons le moins d'estre acceptez; nous cognoissans tels, nous sommes moins hardis et plus deffians; rien ne nous peut asseurer d'estre aymez, sçachants nostre condition et la leur. J'ay honte de me trouver parmy cette verte et bouillante jeunesse,

> *Cujus in indomito constantior inguine nervus,*
> *Quam nova collibus arbor inhæret.*

Qu'irions nous presenter nostre misere parmy cette allegresse,

Possint ut juvenes visere fervidi,
Mulio non sine risu,
Dilapsam in cineres facem?

Ils ont la force et la raison pour eux; faisons leur place, nous n'avons plus que tenir. Or c'est un commerce qui a besoin de relation et de correspondance : les autres plaisirs que nous recevons se peuvent recognoistre par recompenses de nature diverse; mais cettuy-cy ne se paye que de mesme espece de monnoye. Or celuy n'a rien de genereux qui ne peut recevoir plaisir où il n'en donne point : c'est une vile ame, qui veut tout devoir et qui se plaist de nourrir de la conference avec les personnes ausquels il est en charge. Il n'y a beauté, ny grace, ny privauté si exquise, qu'un galant homme deut desirer à ce prix. Si elles ne nous peuvent faire du bien que par pitié, j'ayme bien plus cher ne vivre point que de vivre d'aumosne. Je voudrois avoir droit de le leur demander, au stile auquel j'ay veu quester en Italie : *Fate ben per voi.* Raliez vous, me dira l'on, à celles de vostre condition que la compaignie de mesme fortune vous rendra plus aisées. O le sot meslange et insipide !

Nolo
Barbam vellere mortuo leoni.

Je resigne cet appetit fantastique à l'empereur Galba, qui ne s'adonnoit qu'aux chairs dures et vieilles; et à ce pauvre miserable,

O ego di' faciant talem te cernere possim,
Charaque mutatis oscula ferre comis,
Amplectique meis corpus non pingue lacertis !

Le diray-je? pourveu qu'on ne m'en prenne à la gorge : l'amour ne me semble proprement et naturellement en sa saison qu'en l'aage voisin de l'enfance,

> *Quem si puellarum insereres choro,*
> *Mire sagaces falleret hospites*
> *Discrimen obscurum, solutis*
> *Crinibus ambiguoque vultu.*

En la virilité, je le trouve desjà aucunement hors de son siege, non qu'en la vieillesse :

> *Importunus enim transvolat aridas*
> *Quercus.*

Plus courte possession nous luy donnons sur nostre aage, mieux nous en valons. Voyez son port : c'est un menton puerile. Qui ne sçait, en son eschole, combien on procede au rebours de tout ordre? L'estude, l'exercitation, l'usage, sont voies à l'insuffisance : les novices y regentent. Certes, sa conduicte a plus de garbe quand elle est meslée d'inadvertance et de trouble; les fautes, les succez contraires, y donnent poincte et grace : pourveu qu'elle soit aspre et affamée, il chaut peu qu'elle soit prudente. Voyez comme il va chancelant, chopant et aveugle; on le met aux ceps quand on le guide par art et par sagesse, et contraint on sa divine liberté quand on le submet à ces mains barbues et rassises.

Au demeurant, je leur oy souvent peindre cette intelligence toute spirituelle, et desdaigner de mettre en consideration l'interest que les sens y ont. Tout y sert; mais je puis dire avoir veu souvent que nous avons excusé la foiblesse de leurs esprits en faveur de leurs beautez corporelles, mais que je n'ay point encore veu qu'en faveur de la beauté de l'esprit, tant prudent et meur soit-il, elles vueillent prester la main à un corps qui tombe tant soit peu en decadence. Que ne prend il envie à quelqu'une d'entrer en cette noble troque du corps à l'esprit, et de præoccuper sur ses compaignes la gloire de cet amour chaste? chaste, dis-je bien,

> *Nam si quando ad prælia ventum est,*
> *Ut quondam in stipulis magnus sine viribus ignis*
> *Incassum furit.*

Les vices qui s'estouffent en la pensée ne sont des pires.

Pour finir ce notable commentaire, qui m'est eschappé d'un flux de caquet, flux impetueux par fois et nuisible,

> *Ut missum sponsi furtivo munere malum*
> *Procurrit casto virginis e gremio;*
> *Quod miseræ oblitæ molli sub veste locatum,*
> *Dum adventu matris prosilit, excutitur,*
> *Atque illud prono præceps agitur decursu;*
> *Huic manat tristi conscius ore rubor :*

je dis que les masles et femelles sont jettez en mesme moule : sauf l'institution et l'usage, la difference n'y est pas grande. Il est bien plus aisé d'accuser l'un sexe que d'excuser l'autre. C'est ce qu'on dict, « Le fourgon se moque de la paele. »

CHAPITRE VI.

Des Coches.

Il est bien aisé à verifier que les grands autheurs, escrivant des causes, ne se servent pas seulement de celles qu'ils estiment estre vraies, mais de celles encores qu'ils ne croient pas, pourveu qu'elles ayent quelque rencontre ou quelque beauté. Ils disent assez veritablement et utilement, s'ils disent ingenieusement. Nous ne pouvons nous asseurer de la maistresse cause; nous en entassons plusieurs, voir si par rencontre elle se trouvera en ce nombre,

*Namque unam dicere causam
Non satis est, verum plures, unde una tamen sit.*

Me demandez vous d'où vient cette coustume de benir ceux qui estrenuent? Nous produisons trois sortes de vent : celuy qui sort par embas est trop sale ; celuy qui sort par la bouche porte quelque reproche de gourmandise; le troisiesme est l'estrenuement, et parce qu'il vient de la teste et est sans blasme, nous luy faisons cet honneste recueil. Ne vous moquez pas de cette subtilité; elle est (dict-on) d'Aristote.

Il me semble avoir veu en Plutarque (qui est de tous les autheurs que je cognoisse celuy qui a mieux meslé l'art à la nature et le jugement à la science), rendant la cause du souslevement d'estomac qui advient à ceux qui voyagent en mer, que cela leur arrive de crainte, ayant trouvé quelque raison par laquelle il prouve que la crainte peut produire un tel effect. Moy, qui y suis fort subjet, sçay bien que cette cause ne me touche pas, et le sçay non par argument, mais par necessaire experience. Sans alleguer ce qu'on m'a dict, qu'il en arrive de mesme souvent aux bestes, et notamment aux pourceaux, sans apprehension de danger; et ce qu'un mien connoissant m'a tesmoigné de soy, qu'y estant fort subjet, l'envie de vomir luy estoit passée deux ou trois fois se trouvant pressé de fraieur en grande tourmente : je n'eus jamais peur sur l'eau, comme je n'ay aussi ailleurs (et s'en est assez souvent offert de justes, si la mort l'est) qui m'ait troublé ou esblouy. Elle naist par fois de faute de jugement comme de faute de cœur. Tous les dangers que j'ay veu, ç'a esté les yeux ouverts, la veuë libre, saine et entiere : encore faut-il du courage à craindre. Il me servit autrefois, au pris d'autres, pour conduire et tenir en ordre ma fuite, qu'elle fut sans effroy et sans estonnement. Elle estoit esmeue, mais non pas estourdie et esperdue.

Les grandes ames vont bien plus outre, et representent des fuites non rassises seulement et saines, mais fieres. Disons celle qu'Alcibiades recite de Socrates, son compagnon d'armes : « Je le trouvay (faict-il) aprés la route de nostre armée, luy et Lachez, des derniers entre les fuyans; et le consideray tout à mon aise et en seureté, car j'estois sur un bon cheval et luy à pied, et avions ainsi combatu. Je remerquay premierement combien il montroit d'avisement et de resolution au pris de Lachez, et puis la braverie de son marcher nullement different du sien ordinaire, sa veue ferme et reglée, considerant et jugeant ce qui se passoit autour de luy, regardant tantost les uns, tantost les autres, amis et ennemis, d'une façon qui encourageoit les uns et signifioit aux autres qu'il estoit pour vendre bien cher son sang et sa vie à qui essayeroit de la luy oster; et se sauverent ainsi : car volontiers on n'ataque pas ceux-cy; on court aprés les effraiez. » Voilà le tesmoignage de ce grand capitaine, qui nous apprend, ce que nous essayons tous les jours, qu'il n'est rien qui nous jette tant aux dangers qu'une faim inconsiderée de nous en mettre hors. Nostre peuple a tort de dire que celuylà craint la mort, quand il veut exprimer qu'il y songe et qu'il la prevoit. La prevoyance convient egallement à ce qui nous touche en bien et en mal. Considerer et juger le danger est aucunement le rebours de s'en estonner.

Je ne me sens pas assez fort pour soustenir le coup et l'impetuosité de cette passion de la peur, ny d'autre vehemente. Si j'en estois un coup vaincu et atterré, je ne m'en releverois jamais bien entier. Qui auroit fait perdre pied à mon ame ne la remettroit jamais droicte en sa place; elle se retaste et recherche trop vifvement et profondement, et pourtant ne lairroit jamais consolider la plaie qui l'auroit percée. Il m'a bien pris qu'aucune maladie ne me l'ayt encore desmise. A chaque charge qui me vient, je me presente et oppose en mon haut appareil. Ainsi, la premiere qui m'emporteroit me mettroit sans resource. Je n'en fais poinct à deux : par quelque endroict que le ravage fauçast ma levée, me voylà ouvert et noyé sans remede. Dieu donne le froid selon la robe, et me donne les passions selon le moien que j'ay de les soustenir. Nature, m'ayant descouvert d'un costé, m'a couvert de l'autre; m'ayant peu garny de force, m'a garny d'insensibilité et d'une apprehension reiglée ou mousse.

Or je ne puis souffrir long temps (et les souffrois plus difficilement en jeunesse) ny coche, ny littiere, ny bateau, et hay toute autre voiture que de cheval, et en la ville et aux champs; mais je puis souffrir la lictiere moins qu'un coche, et par mesme raison plus aiséement une agitation rude sur l'eau, d'où se produict la peur, que le mouvement qui se sent en temps calme. Par cette legere secousse que les avirons donnent, desrobant le vaisseau soubs nous, je me sens brouiller, je ne sçay comment, la teste et l'estomac, comme je ne puis souffrir soubs moy un siege tremblant. Quand la voile ou le cours de l'eau nous emporte esgalement ou qu'on nous toue, cette agitation unie ne me blesse aucunement : c'est un remuement interrompu qui m'offence, et plus quand il est languissant. Je ne sçaurois autrement peindre sa forme. Les medecins m'ont ordonné de me presser et sangler d'une serviette le bas du ventre pour pourveoir à cet accident; ce que je n'ay point essayé, ayant accoustumé de luicter les deffauts qui sont en moy et les dompter par moymesme.

Marc Antoine fut le premier qui se fit trainer à Romme, et une garse menestriere quand et luy, par des lyons attelez à un coche. Heliogabalus en fit depuis autant, se disant Cibelé, la mere des dieux, et aussi par des tigres, contrefaisant le dieu Bacchus; il attela aussi par fois deux cerfs à son coche, et une autre fois quatre chiens, et encore quatre garses nues, se faisant trainer par elles en pompe tout nud. L'empereur Firmus attela à son coche des autruches de merveilleuse grandeur, de maniere qu'il sembloit plus voler que rouler.

L'estrangeté de ces inventions me met en teste cett' autre fantasie : que c'est une espece de pusillanimité aux monarques, et un tesmoignage de ne sentir point assez ce qu'ils sont, de travailler à se faire valloir et paroistre par despences excessives. Ce seroit chose excusable en pays estranger ; mais parmy ses subjects, où il peut tout, il tire de sa dignité le plus extreme degré d'honneur où il puisse arriver : comme à un gentil homme, il me semble qu'il est superflu de se vestir curieusement en son privé ; sa maison, son trein, sa cuysine, respondent assez de luy. J'aymois à me parer quand j'estoy cabdet, à faute d'autre parure, et me sioit bien : il en est sur qui les belles robes pleurent. Nous avons des comptes merveilleux de la frugalité de nos roys au tour de leur personne et en leurs dons ; grands roys en credit, en valeur et en fortune. Demostenes combat à outrance la loy de sa ville qui assignoit les deniers publics aux pompes des jeux et de leurs festes ; il veut que leur grandeur se monstre en quantité de vaisseaux bien equipez et bonnes armées bien fournies. Outre ce, qu'il semble aus subjects, spectateurs de ces triomphes, qu'on leur faict monstre de leurs propres richesses et qu'on les festoye à leurs despens : car les peuples presument volontiers des roys, comme nous faisons de nos valets, qu'ils doivent prendre soing de nous aprester en abondance tout ce qu'il nous faut, mais qu'ils n'y doyvent aucunement toucher de leur part. Et pourtant l'empereur Galba, ayant pris plaisir à un musicien pendant son souper, se fit aporter sa boëte et luy donna en sa main une poignée d'escus qu'il y pescha, avec ces paroles : « Ce n'est pas du public, c'est du mien. » Tant y a qu'il advient le plus souvant que le peuple a raison, et qu'on repaist ses yeux de ce dequoy il avoit à paistre son ventre.

La liberalité mesme n'est pas bien en son lustre en mains souveraines ; les privez y ont plus de droict : car, à le prendre exactement, un roy n'a rien proprement sien ; il se doibt soy-mesmes à autruy. Parquoy les gouverneurs de l'enfance des princes, qui se piquent à leur imprimer cette vertu de largesse, et les preschent de ne sçavoir rien refuser et n'estimer rien si bien employé que ce qu'ils donront (instruction que j'ay veu en mon temps fort en usage), ou ils regardent plus à leur proufit qu'à celuy de leur maistre, ou ils entendent mal à qui ils parlent. Il est trop aysé d'imprimer la liberalité en celuy qui a dequoy y fournir autant qu'il veut aus despens d'autruy. Pourtant est elle de peu de recommandation au pris d'autres vertus royalles, et la seule, comme disoit le tyran Dionysius, qui se comporte bien avec la tyrannie mesme. Je leur apprendroy plustost ce verset du laboureur ancien : Τῇ χειρὶ δεῖ σπείρειν, ἀλλὰ μὴ ὅλῳ τῷ θυλάκῳ, « qu'il faut, à qui en veut retirer fruict, semer de la main, non pas verser du sac » ; et qu'ayant à donner, ou, pour mieux dire, à paier et rendre à tant de gens selon qu'ils l'ont deservy, il en doibt estre loyal et avisé dispensateur. Si la liberalité d'un prince est sans discretion et sans mesure, je l'aime mieux avare.

La vertu royalle semble consister le plus en la justice; et de toutes les parties de la justice celle là remarque mieux les roys qui accompaigne la liberalité : car ils l'ont particulierement reservée à leur rolle, là où toute autre justice ils l'exercent volontiers par l'entremise d'autruy. L'immoderée largesse est un moyen foible à leur acquerir bien-veuillance : car elle rebute plus de gens qu'elle n'en practique, et, si elle est employée sans respect du merite, fait vergoingne à qui la reçoit et se reçoit sans grace. Des tyrans ont esté sacrifiez à la hayne du peuple par les mains de ceux mesme lesquels ils avoyent iniquement avancez, bouffons, maquereaux, menestriers et telle racaille d'hommes, estimans asseurer la possession des biens indeuement receuz en monstrant avoir à mespris et hayne celuy de qui ils les tenoyent, et se raliant au jugement et opinion commune en cela.

Les subjects d'un prince excessif en dons se rendent excessifs en demandes; ils se taillent non à la raison, mais à l'exemple. Il y a certes souvant dequoy rougir de nostre impudence; nous sommes surpayez selon justice quand la recompence esgalle nostre service, car n'en devons nous rien à nos princes d'obligation naturelle? S'il porte nostre despence, il faict trop; c'est assez qu'il l'ayde : le surplus s'appelle bienfaict, lequel ne se peut exiger, car le nom mesme de la Liberalité sonne Liberté. A nostre mode, ce n'est jamais faict; le receu ne se met plus en compte; on n'ayme la liberalité que future : parquoy plus un prince s'espuise en donnant, plus il s'apouvrit d'amys.

Les empereurs prenoyent excuse à la superfluité de

leurs jeux et montres publiques de ce que leur authorité dependoit aucunement (aumoins par apparence) de la volonté du peuple romain, lequel avoit de tout temps accoustumé d'estre flaté par telle sorte de spectacles et excez. Mais c'estoyent particuliers qui avoyent nourry cette coustume de gratifier leurs concitoyens et compaignons, sur leur bourse, par telle profusion et magnificence : elle eust tout autre goust quand ce furent les maistres qui vindrent à l'imiter.

C'estoit pourtant une belle chose d'aller faire apporter et planter en la place aus arenes une grande quantité de gros arbres, tous branchus et tous verts, representans une grande forest ombrageuse despartie en belle symmetrie; et, le premier jour, jetter là dedans mille austruches, mille cerfs, mille sangliers et mille dains, les abandonnant à piller au peuple; le lendemain, faire assomer en sa presence cent gros lions, cent leopards et trois cens ours; et, pour le troisiesme jour, faire combatre à outrance trois cens paires de gladiateurs, comme fit l'empereur Probus. C'estoit aussi belle chose à voir ces grands amphitheatres encroustez de marbre au dehors, labouré d'ouvrages et statues, le dedans reluisant de plusieurs rares enrichissemens,

Baltheus en gemmis, en illita porticus auro;

tous les coustez de ce grand vuide remplis et environnez, depuis le fons jusques au comble, de soixante ou quatre vingts rangs d'eschelons, aussi de marbre, couvers de carreaus,

> *Exeat, inquit,*
> *Si pudor est, et de pulvino surgat equestri,*
> *Cujus res legi non sufficit;*

où se peut renger cent mille hommes assis à leur aise ; et la place du fons, où les jeux se jouoyent, la faire premierement, par art, entr'ouvrir et fendre en crevasses representant des antres qui vomissoient les bestes destinées au spectacle ; et puis secondement l'innonder d'une mer profonde, qui charioit force monstres marins, chargée de vaisseaux armez, à representer une bataille navalle ; et tiercement l'aplanir et assecher de nouveau pour le combat des gladiateurs ; et pour la quatriesme façon la sabler de vermillon et de storax, au lieu d'arene, pour y dresser un festin solemne à tout ce nombre infiny de peuple, le dernier acte d'un seul jour :

> *Quoties nos descendentis arenæ*
> *Vidimus in partes, ruptaque voragine terræ*
> *Emersisse feras, et iisdem sæpe latebris*
> *Aurea cum croceo creverunt arbuta libro !*
> *Nec solum nobis silvestria cernere monstra*
> *Contigit, æquoreos ego cum certantibus ursis*
> *Spectavi vitulos, et equorum nomine dignum,*
> *Sed deforme pecus.*

Quelquefois on y a faict naistre une haute montaigne plaine de fruitiers et arbres verdoyans, rendans par son feste un ruisseau d'eau, comme de la bouche d'une vive fontaine. Quelquefois on y promena un grand navire qui s'ouvroit et desprenoit de soy-mesmes, et, aprés avoir rendu de son ventre quatre ou cinq cens bestes à combat, se resserroit et s'esvanouissoit sans ayde. Autresfois, du bas de cette place ils faisoyent eslancer des surgeons et filets d'eau qui rejalissoyent contremont, et, à cette hauteur infinie, alloyent arrousant et embaumant cette grande multitude. Pour se couvrir de l'injure du temps, ils faisoient tendre cette immense capacité, tantost de voiles de pourpre labourez à l'eguille, tantost de soye d'une ou autre couleur, et les avançoyent et retiroyent en un moment, comme il leur venoit en fantasie :

> *Quamvis non modico caleant spectacula sole,*
> *Vela reducuntur, cum venit Hermogenes.*

Les rets aussi qu'on mettoit au devant du peuple, pour le defendre de la violence de ces bestes eslancées, estoyent tyssus d'or :

> . . . . . *Auro quoque torta refulgent*
> *Retia.*

S'il y a quelque chose qui soit excusable en tels excez, c'est où l'invention et la nouveauté fournit d'admiration, non pas la despence. En ces vanitez mesme, nous descouvrons combien ces siecles estoyent fertiles d'autres espris que ne sont les nostres. Il va de cette sorte de fertilité comme il faict de toutes autres productions de la nature. Ce n'est pas à dire qu'elle y ayt lors employé son dernier effort : il est vray-semblable que nous n'allons ny en avant ny à reculons, mais roulant plustost, tournoyant et changeant. Je crains que nostre cognoissance soit foible en tous sens, nous ne voyons ny gueres loin ny gueres arriere ; elle embrasse peu et vit peu, courte et en estandue de temps et en estandue de matiere :

> *Vixere fortes ante Agamemnona*
> *Multi, sed omnes illachrymabiles*
> *Urgentur, ignotique longa*
> *Nocte.*

> *Et supera bellum Thebanum et funera Trojæ,*
> *Multi alias alii quoque res cecinere poetæ.*

Quand tout ce qui est venu du passé jusques à nous seroit vray et seroit sceu par quelqu'un, ce seroit moins que rien au pris de ce qui est ignoré. Et de cette mesme image du monde, qui coule pendant que nous y sommes, combien chetive et racourcie est la cognoissance des plus curieux ! Non seulement des evenemens particuliers que fortune rend souvant exemplaires et poisans, mais de l'estat des grandes polices et nations, il nous en eschappe cent fois plus qu'il n'en vient à nostre science. Nous nous escriïons du miracle de l'invention de nostre artillerie, de nostre impression : d'autres hommes, un autre bout du monde, à la Chine, en jouyssoit mille ans auparavant. Si nous voyions autant du monde comme nous n'en voyons pas, nous apercevrions, comme il est à croire, une perpetuele vicissitude de formes. Il n'y a rien de seul et de rare, eu esgard à nature, ouy bien eu esgard à nostre cognoissance, qui est un miserable fondement de nos regles et qui nous represente volontiers une trésfauce image des choses. Comme vainement nous concluons aujourd'huy l'inclination et la decrepitude du monde par les arguments que nous tirons de nostre propre foiblesse et decadence :

Jamque adeo affecta est ætas, effœtaque tellus :

ainsi vainement concluoit cet autre sa naissance et jeunesse, par la vigueur qu'il voyoit aux esprits de son temps, abondans en nouvelletez et inventions de divers arts :

*Verum, ut opinor, habet novitatem summa, recensque
Natura est mundi, neque pridem exordia cepit :
Quare etiam quædam nunc artes expoliuntur,
Nunc etiam augescunt, nunc addita navigiis sunt
Multa.*

Nostre monde vient d'en trouver un autre (et qui nous respond si c'est le dernier de ses freres, puisque les dæmons, les sybilles et nous, avons ignoré cettuy-cy jusqu'asture?) non moins grand, plain et membru que luy, toutesfois si nouveau et si enfant qu'on luy aprend encore son a, b, c : il n'y a pas cinquante ans qu'il ne sçavoit ny lettres, ny pois, ny mesure, ny vestements, ny bleds, ny vignes; il estoit encore tout nud au giron et ne vivoit que des moyens de sa mere nourrice. Si nous concluons bien de nostre fin, et ce poëte de la jeunesse de son siecle, cet autre monde ne faira qu'entrer en lumiere quand le nostre en sortira : l'univers tombera en paralisie ; l'un membre sera perclus, l'autre en vigueur. Bien crains-je que nous aurons bien fort hasté sa declinaison et sa ruyne par nostre contagion, et que nous luy aurons bien cher vendu nos opinions et nos arts. C'estoit un monde enfant ; si ne l'avons nous pas foité et soubmis à nostre discipline par l'avantage de nostre valeur et forces naturelles, ny ne l'avons practiqué par nostre justice et bonté, ny subjugué par nostre magnanimité. La plus part de leurs responces et des negotiations faictes avec eux tesmoignent qu'ils ne nous devoyent rien en clarté d'esprit naturelle et en pertinence. L'espouventable magnificence des villes de Cusco et de Mexico, et, entre plusieurs choses pareilles, le jardin de ce roy où tous les arbres, les fruicts et toutes les herbes, selon l'ordre et grandeur qu'ils sont en un jardin naturel, estoyent excellemment formez en or, comme en son cabinet tous les animaux qui naissoient en son estat et en ses mers, et la beauté de leurs ouvrages en pierrerie, en plume, en cotton, en la peinture, montrent qu'ils ne nous devoyent non plus en l'industrie. Mais quant à la devotion, observance des loix, bonté, liberalité, loyauté, franchise, il nous a bien servy de n'en avoir pas tant qu'eux : ils se sont perdus par cet advantage, et vendus et trahis eux mesme.

Quant à la hardiesse et courage, quant à la fermeté, constance, resolution contre les douleurs et la faim et la mort, je ne craindrois pas d'opposer les exemples que je trouverois parmy eux aux plus nobles exemples anciens que nous ayons aus memoires de nostre monde par deça. Car pour ceux qui les ont subjuguez, qu'ils ostent les ruses et batelages dequoy ils se sont servis à les piper, et le juste estonnement qu'aportoit à ces nations là de voir arriver si inopinéement des gens barbus, divers en langage, religion, en forme et en contenance, d'un endroict du monde si esloigné et où ils n'avoyent jamais imaginé qu'il y eust habitation quelconque; montez sur des grands monstres incogneuz, contre ceux qui n'avoyent non seulement jamais veu de cheval, mais beste quelconque duicte à porter et soustenir homme ny autre charge; garnis d'une peau luysante et dure et d'une arme trenchante et resplendissante, contre ceux qui pour le miracle de la lueur d'un miroir ou d'un cousteau alloyent eschangeant une grande richesse en or et en perles, et qui n'avoient ny science, ny matiere par où tout à loisir ils sceussent percer nostre acier; adjoustez y les foudres et tonnerres de nos pieces et harquebouses, capables de troubler Cæsar mesme, qui l'en eust surpris autant inexperimenté et à cett' heure, contre des peuples nuds, si ce n'est où l'invention estoit arrivée de quelque tissu de cotton, sans autres armes pour le plus que d'arcs, pierres et bastons; des peuples surpris, soubs couleur d'amitié et de bonne foy, par la curiosité de veoir des choses estrangeres et incogneues : contez, dis-je, aux conquerans cette disparité, vous leur ostez toute l'occasion de tant de victoires. Quand je regarde à céte ardeur indomptable dequoy tant de milliers d'hommes, femmes et enfans, se presentent et rejettent à tant de fois aux dangers inevitables, pour la deffence de leurs dieux et de leur liberté; céte genereuse obstination de souffrir toutes extremitez et difficultez, et la mort, plus volontiers que de se soubmettre à la domination de ceux de qui ils ont esté si honteusement abusez, et aucuns choisissans plustost de se laisser defaillir par faim et par jeune, estans pris, que d'accepter le vivre des mains de leurs ennemis, si vilement victorieuses : je prevois que, à qui les eust attaquez pair à pair, et d'armes, et d'experience, et de nombre, il y eust faict autant dangereux, et plus, qu'en autre guerre que nous voyons.

Que n'est tombée soubs Alexandre ou soubs ces anciens Grecs et Romains une si noble conqueste, et une si grande mutation et alteration de tant d'empires et de peuples soubs des mains qui eussent doucement poly et defriché ce qu'il y avoit de sauvage, et eussent conforté et promeu les bonnes semences que nature y avoit produit, meslant non seulement à la culture des terres et ornement des villes les arts de deçà, en tant qu'elles y eussent esté necessaires, mais aussi meslant les vertus grecques et romaines aux originelles du pays! Quelle reparation eust-ce esté, et quel amendement à toute cette machine, que les premiers exemples et deportemens nostres qui se sont presentés par delà eussent appellé ces peuples à l'admiration et imitation de la vertu et eussent dressé entre eux et nous une fraternele societé et intelligence! Combien il eust esté aisé de faire son profit d'ames si neuves, si affamées d'apprentissage, ayant pour la plus part de si beaux commencens naturels! Au rebours, nous nous sommes servis de leur ignorance et inexperience à les plier plus facilement vers la trahison, luxure, avarice et vers toute sorte d'inhumanité et de cruauté, à l'exemple et patron de nos meurs. Qui mit jamais à tel pris le service de la mercadence et de la trafique? Tant de villes rasées, tant de nations exterminées, tant de millions de peuples passez au fil de l'espée, et la plus riche et belle partie du monde bouleversée pour la negotiation des perles et du poivre : mechaniques victoires ! Jamais l'ambition, jamais les inimitiez publiques ne pousserent les hommes les uns contre les autres à si horribles hostilitez et calamitez si miserables.

En costoyant la mer à la queste de leurs mines, aucuns Espagnols prindrent terre en une contrée fertile et plaisante, fort habitée, et firent à ce peuple leurs remonstrances accoustumées : qu'ils estoient gens paisibles, venans de loingtains voyages, envoyez de la part du roy de Castille, le plus grand prince de la terre habitable, auquel le pape, representant Dieu en terre, avoit donné la principauté de toutes les Indes; que, s'ils vouloient luy estre tributaires, ils seroient trésbenignement traictez : leur demandoient des vivres pour leur nourriture et de l'or pour le besoing de quelque medecine; leur remonstroient au demeurant la creance d'un seul Dieu et la verité de nostre religion, laquelle ils leur conseilloient d'accepter, y adjoustans quelques menasses. La responce fut telle : que, quand à estre paisibles, ils n'en portoient pas la mine, s'ils l'estoient; quand à leur roy, puis qu'il demandoit, il devoit estre indigent et necessiteux, et celuy qui luy avoit faict cette distribution, homme aymant dissention, d'aller donner à un tiers chose qui n'estoit pas sienne, pour le mettre en debat contre les anciens possesseurs; quant aux vivres, qu'ils leur en fourniroient : d'or, ils en avoient peu, et que c'estoit chose qu'ils mettoient en peu d'estime, d'autant qu'elle estoit inutile au service de leur vie, là où tout leur soin regardoit seulement à la passer heureusement et plaisamment; pourtant ce qu'ils en pourroient trouver, sauf ce qui estoit employé au service de leurs dieux, qu'ils le prinssent hardiment ; quant à un seul Dieu, le discours leur en avoit pleu, mais qu'ils ne vouloient changer leur religion, s'en estans si utilement servis si long temps, et qu'ils n'avoient accoustumé prendre conseil que de leurs amis et connoissans ; quant aux menasses, c'estoit signe de faute de jugement d'aller menassant ceux desquels la nature et les moyens estoient inconneux : ainsin qu'ils se despeschassent promptement de vuyder leur terre, car ils n'estoient pas accoustumez de prendre en bonne part les honnestetez et remonstrances de gens armez et estrangers ; autrement, qu'on feroit d'eux comme de ces autres, leur monstrant les testes d'aucuns hommes justiciez autour de leur ville. Voilà un exemple de la balbucie de cette enfance. Mais tant y a que ny en ce lieu-là ny en plusieurs autres, où les Espagnols ne trouverent les marchandises qu'ils cerchoient, ils ne feirent arrest ny entreprise, quelque autre commodité qu'il y eust, tesmoing mes Cannibales.

Des deux les plus puissans monarques de ce monde là, et à l'avanture de cettuy-cy, roys de tant de roys, les derniers qu'ils en chasserent : celuy du Peru, ayant esté pris en une bataille et mis à une rançon si excessifve qu'elle surpasse toute creance, et celle là fidellement payée, et avoir donné par sa conversation signe d'un courage franc, liberal et constant, et d'un entendement net et bien composé, il print envie aux vainqueurs, aprés en avoir tiré un million trois cens vingt cinq mille cinq cens poisant d'or, outre l'argent et autres choses qui ne monterent pas moins, si que leurs chevaux n'alloient plus ferrez que

CHAPITRE VI

d'or massif, de voir encores, au pris de quelque desloyauté que ce fut, quel pouvoit estre le reste des thresors de ce roy. On luy appresta une fauce accusation et preuve, qu'il desseignoit de faire souslever ses provinces pour se remettre en liberté : surquoy, par beau jugement de ceux mesme qui luy avoient dressé cette trahison, on le condemna à estre pendu et estranglé publiquement, luy ayant faict racheter le tourment d'estre bruslé tout vif par le baptesme qu'on luy donna au supplice mesme; accident horrible et inouy, qu'il souffrit pourtant sans se démentir ny de contenance ny de parole, d'une forme et gravité vrayement royalle. Et puis, pour endormir les peuples estonnez et transis de chose si estrange, on contrefit un grand deuil de sa mort, et luy ordonna l'on des somptueuses funerailles.

L'autre, roy de Mexico, ayant long temps defendu sa ville assiegée et montré en ce siege tout ce que peut et la souffrance et la perseverance, si onques prince et peuple le monstra, et son malheur l'ayant rendu vif entre les mains des ennemis, avec capitulation d'estre traité en roy (aussi ne leur fit-il rien voir, en la prison, indigne de ce tiltre); ne trouvant poinct aprés cette victoire tout l'or qu'ils s'estoient promis, aprés avoir tout remué et tout fouillé, se mirent à en cercher des nouvelles par les plus aspres geines dequoy ils se peurent adviser sur les prisonniers qu'ils tenoient. Mais, n'ayant rien profité, trouvant des courages plus forts que leurs tourments, ils en vindrent en fin à telle rage que, contre leur foy et contre tout droict des gens, ils condamnerent le roy mesme et l'un des principaux seigneurs de sa court à la geine en presence l'un de l'autre.

Ce seigneur, se trouvant forcé de la douleur, environné de braziers ardens, tourna sur la fin piteusement sa veue vers son maistre, comme pour luy demander congé de dire ce qu'il en sçavoit pour se redimer de cette peine insupportable. Le roy, plantant fierement et rigoureusement les yeux sur luy, pour reproche de sa lascheté et pusillanimité, luy dict seulement ces mots, d'une voix rude et ferme : « Et moy, suis-je dans un bain? suis-je pas plus à mon aise que toy? » Celuy-là soudain aprés succomba aux douleurs et mourut sur la place. Le roy, à demy rosty, fut emporté de là, non tant par pitié (car quelle pitié toucha jamais des ames qui, pour la doubteuse information de quelque vase d'or à piller, fissent griller devant leurs yeux un homme, non qu'un roy si grand et en fortune et en merite), mais ce fut que sa constance rendoit de plus en plus vaine leur cruauté. Ils le pendirent depuis, ayant courageusement entrepris de se delivrer par armes d'une si longue captivité et subjection, où il fit sa fin digne d'un magnanime prince.

A une autre fois, ils mirent brusler pour un coup, en mesme feu, quatre cens soixante hommes tous vifs : les quatre cens du commun peuple, les soixante des principaux seigneurs d'une province, prisonniers de guerre simplement. Nous tenons d'eux-mesmes ces narrations, car ils ne les advouent pas seulement, ils les preschent et publient. Seroit-ce pour tesmoignage de leur justice ou zele envers la religion? Certes, ce sont voyes trop diverses et ennemies d'une si saincte fin. S'ils se fussent proposés d'estendre nostre foy, ils eussent consideré que ce n'est pas en possession de terres qu'elle s'amplifie, mais en possession d'hommes, et se fussent contentez des meurtres que la necessité de la guerre apporte, sans y mesler indifferemment une boucherie, comme sur des bestes sauvages, universelle, autant que le fer et le feu y ont peu attaindre, n'en ayant, ce semble, conservé par leur dessein qu'autant qu'ils en ont voulu faire de miserables esclaves pour l'ouvrage et service de leurs minieres : si que plusieurs des chefs ont esté punis à mort, sur les lieux de leur conqueste, par ordonnance des rois d'Espaigne, justement offencez de l'horreur de leurs deportemens, et quasi tous desestimez et mal-voulus. Dieu a meritoirement permis que ces grands pillages se soient absorbez par la mer en les transportant, ou par les guerres intestines dequoy ils se sont entremangez entre eux; et la plus part s'enterrerent sur les lieux sans aucun fruict de leur victoire.

Quant à ce que la recepte, et entre les mains d'un prince mesnager et prudent, respond si peu à l'esperance qu'on en donna à ses predecesseurs, et à cette premiere abondance de richesses qu'on rencontra à l'abord de ces nouvelles terres (car, encore qu'on en retire beaucoup, nous voyons que ce n'est rien au pris de ce qui s'en devoit attendre), c'est que l'usage de la monnoye estoit entierement inconneu, et que par consequent leur or se trouva tout assemblé, n'estant en autre service que de montre et de parade, comme un meuble reservé de pere en fils par plusieurs puissants roys, qui espuisoient tousjours leurs mines pour faire ce grand monceau de vases et statues à l'ornement de leurs palais et de leurs temples; au lieu que nostre or est tout en emploite et en commerce. Nous le menuisons et alterons en mille formes, l'espandons et dispersons. Imaginons que nos roys amoncelassent ainsi tout l'or qu'ils pourroient trouver en plusieurs siecles et le gardassent immobile.

Ceux du royaume de Mexico estoient aucunement plus civilisez et plus artistes que n'estoient les autres nations de là : aussi jugeoient-ils, ainsi que nous, que l'univers fut proche de sa fin, et en prindrent pour signe la desolation que nous y apportames. Ils croyoyent que l'estre du monde se depart en cinq aages et en la vie de cinq soleils consecutifs, desquels les quatre avoient desjà fourny leur temps, et que celuy qui leur esclairoit estoit le cinquiesme. Le premier perit avec toutes les autres creatures par universelle inondation d'eaux; le second, par la cheute du ciel sur nous, qui estouffa toute chose vivante, auquel aage ils assignent les geants, et en firent voir aux Espagnols des ossements à la proportion desquels la stature des hommes revenoit à vingt paumes de hauteur; le troisiesme, par feu qui embrasa et consuma tout; le quatriesme, par une émotion d'air et de vent qui abbatit jusques à plusieurs montaignes : les hommes n'en moururent poinct, mais ils furent changez en magots (quelles impressions ne souffre la lâcheté de l'humaine creance!). Aprés la mort de ce quatriesme soleil, le monde fut vingt-cinq ans en perpetuelles tenebres, au quinziesme desquels fut creé un homme et une femme qui refeirent l'humaine race. Dix ans aprés, à certain de leurs jours, le soleil parut nouvellement creé; et commence, depuis, le compte de leurs années par ce jour là. Le troisiesme jour de sa creation, moururent les dieux anciens; les nouveaux sont nays depuis, du jour à la journée. Ce qu'ils estiment de la maniere que ce dernier soleil perira, mon autheur n'en a rien appris; mais leur nombre de ce quatriesme changement rencontre à cette grande conjonction des astres qui produisit, il y a huict cens tant d'ans, selon que les astrologiens estiment, plusieurs grandes alterations et nouvelletez au monde.

Quant à la pompe et magnificence, par où je suis entré en ce propos, ny Græce, ny Romme, ny Ægypte, ne peut, soit en utilité, ou difficulté, ou noblesse, comparer aucun de ses ouvrages au chemin qui se voit au Peru, dressé par les roys du pays, depuis la ville de Quito jusques à celle de Cusco (il y a trois cens lieuës), droict, uny, large de vingt-cinq pas, pavé, garny de costé et d'autre de belles et hautes murailles, et le long d'icelles, par le dedans, deux ruisseaux perennes bordez de beaux arbres qu'ils nomment *molly*. Où ils ont trouvé des montaignes et rochers, ils les ont taillez et applanis, et comblé les fondrieres de pierre et chaux. Au chef de chasque journée, il y a de beaux palais fournis de vivres, de vestements et d'armes, tant pour les voyageurs que pour les armées qui ont à y passer. En l'estimation de cet ouvrage, j'ay compté la difficulté, qui est particulierement considerable en ce lieu là. Ils ne bastissoient poinct de moindres pierres que de dix pieds en carré; ils n'avoient autre moyen de charrier qu'à force de bras en trainant leur charge; et pas seulement l'art d'eschafauder, n'y sçachant autre finesse que de hausser autant de terre contre leur bastiment comme il s'esleve, pour l'oster aprés.

Retombons à nos coches. En leur place, et de toute autre voiture, ils se faisoient porter par les hommes et sur leurs espaules. Ce dernier roy du Peru, le jour qu'il fut pris, estoit ainsi porté sur des brancars d'or et assis dans une cheze d'or au milieu de sa bataille. Autant qu'on tuoit de ces porteurs pour le faire choir à bas, car on le vouloit prendre vif, autant d'autres, et à l'envy, prenoient la place des morts, de façon qu'on ne le peut onques abbatre, quelque meurtre qu'on fit de ces gens là, jusques à ce qu'un homme de cheval l'alla saisir au corps et le porta par terre.

CHAPITRE VII.

De l'Incommodité de la grandeur.

PUISQUE nous ne la pouvons aveindre, vengeons nous à en mesdire : si n'est pas entierement mesdire de quelque chose d'y trouver des deffauts ; il s'en trouve en toutes choses, pour belles et desirables qu'elles soyent. En general, elle a cet evident avantage qu'elle se ravalle quand il luy plaist, et qu'à peu prés elle a le chois de l'une et l'autre condition : car on ne tombe pas de toute hauteur ; il en est plus desquelles on peut descendre sans tomber. Bien me semble il que nous la faisons trop valoir, et trop valoir aussi la resolution de ceux que nous avons ou veu ou ouy dire l'avoir mesprisée, ou s'en estre desmis de leur propre dessein. Son essence n'est pas si evidemment commode qu'on ne la puisse refuser sans miracle. Je trouve l'effort bien difficile à la souffrance des maux, mais au contentement d'une mediocre mesure de fortune et fuite de la grandeur, j'y trouve fort peu d'affaire. C'est une vertu, ce me semble, où moy, qui ne suis qu'un oyson, arriverois sans beaucoup de contention. Que doivent faire ceux qui mettroyent encores en consideration la gloire qui accompaigne ce refus, auquel il peut eschoir plus d'ambition qu'au desir mesme et jouyssance de la grandeur? d'autant que l'ambition ne se conduit jamais mieux selon soy que par une voye esgarée et inusitée.

J'esguise mon courage vers la patience, je l'affoiblis vers le desir. Autant ay-je à souhaiter qu'un autre, et laisse à mes souhaits autant de liberté et d'indiscretion; mais pourtant si ne m'est-il jamais advenu de souhaiter ny empire ny royauté, ny l'eminence de ces hautes fortunes et commenderesses. Je ne vise pas de ce costé là, je m'ayme trop. Quand je pense à croistre, c'est bassement, d'une accroissance contrainte et coüarde, proprement pour moy, en resolution, en prudence, en santé, en beauté, et en richesse encore. Mais ce credit, cette auctorité si puissante, foule mon imagination; et, tout à l'opposite de l'autre, m'aimerois à l'avanture mieux deuxiesme ou troisiesme à Perigeus que premier à Paris; au moins, sans mentir, mieux troisiesme à Paris que premier en charge. Je ne veux ny debattre avec un huissier de porte, miserable inconu, ny faire fendre en adoration les presses où je passe. Je suis duit à un estage moyen, comme par ma fortune, aussi par mon goust. J'ay ainsi l'ame poltrone, que je ne mesure pas la bonne fortune selon sa hauteur, mais selon sa facilité. Je suis desgousté de maistrise et active et passive.

Le plus aspre et difficile mestier du monde, à mon gré, c'est faire dignement le roy. J'excuse plus de leurs fautes qu'on ne faict communéement, en consideration de l'horrible poix de leur charge, qui m'estonne. Il est difficile de garder mesure à une puissance si desmesurée : si est-ce que c'est, envers ceux mesme qui sont de moins excellente nature, une singuliere incitation à la vertu d'estre logé en tel lieu où vous ne faciez aucun bien qui ne soit mis en registre et en conte, et où le moindre bien faire porte sur tant de gens, et où vostre suffisance, comme celle des prescheurs, s'adresse principalement au peuple, juge peu exacte, facile à piper, facile à contenter. Il est peu de choses ausquelles nous puissions donner le jugement syncere, parce qu'il en est peu ausquelles, en quelque façon, nous n'ayons particulier interest. La superiorité et inferiorité, la maistrise et la subjection, sont obligées à une naturelle envie et contestation ; il faut qu'elles s'entrepillent perpetuellement. Je n'en crois ny l'une ny l'autre des droicts de sa compaigne : laissons en dire à la raison, qui est inflexible et impassible, quand nous en pourrons finer. Je feuilletois, il n'y a pas un mois, deux livres escossois se combattans sur ce subject : le populaire rend le roy de pire condition qu'un charretier, le monarchique le loge quelques brasses au dessus de Dieu en puissance et souveraineté.

Or l'incommodité de la grandeur, que j'ay pris icy à

remarquer par quelque occasion qui vient de m'en advertir, est cette cy : il n'est à l'avanture rien plus plaisant au commerce des hommes que les essays que nous faisons les uns contre les autres, par jalousie d'honneur et de valeur, soit aux exercices du corps ou de l'esprit, ausquels la grandeur souveraine n'a aucune vraye part. A la verité, il m'a semblé souvent qu'à force de respect on y traicte les princes desdaigneusement et injurieusement : car ce dequoy je m'offençois infiniement en mon enfance, que ceux qui s'exerçoyent avec moy espargnassent de s'y employer à bon escient pour me trouver indigne contre qui ils s'efforçassent, c'est ce qu'on voit leur advenir tous les jours, chacun se trouvant indigne de s'efforcer contre eux. Si on recognoist qu'ils ayent tant soit peu d'affection à la victoire, il n'est celuy qui ne se travaille à la leur prester et qui n'aime mieux trahir sa gloire que d'offenser la leur : on n'y employe qu'autant d'effort qu'il en faut pour servir à leur honneur. Quelle part ont ils à la meslée, en laquelle chacun est pour eux? Il me semble voir ces paladins du temps passé se presentans aus joustes et aus combats avec des corps et des armes faëes. Brisson, courant contre Alexandre, se feingnit en la course; Alexandre l'en tança, mais il luy en devoit faire donner le foet. Pour cette consideration, Carneades disoit que « les enfans des princes n'apprennent rien à droict qu'à manier des chevaux, d'autant que en tout autre exercice chacun fleschit soubs eux et leur donne gaigné; mais un cheval, qui n'est ny flateur ny courtisan, verse le fils du roy à terre comme il feroit le fils d'un crocheteur. »

Homere a esté contrainct de consentir que Venus fut blessée au combat de Troye, une si douce saincte et si delicate, pour luy donner du courage et de la hardiesse, qualitez qui ne tombent aucunement en ceux qui sont exempts de danger. On faict courroucer, craindre, fuyr les dieux, se douloir et se passionner, pour les honorer des vertus qui se bastissent entre nous de ces imperfections. Qui ne participe au hazard et difficulté ne peut pretendre interest à l'honneur et plaisir qui suit les actions hazardeuses. C'est pitié de pouvoir tant, qu'il advienne que toutes choses vous cedent. Vostre fortune rejecte trop loing de vous la societé et la compaignie, elle vous plante trop à l'escart. Cette aysance et lâche facilité de faire tout baisser soubs soy est ennemye de toute sorte de plaisir : c'est glisser cela, ce n'est pas aller ; c'est dormir, ce n'est pas vivre. Concevez l'homme accompaigné d'omnipotence, vous l'abismez : il faut qu'il vous demande par aumosne de l'empeschement et de la resistance ; son estre et son bien est en indigence.

Leurs bonnes qualitez sont mortes et perdues, car elles ne se sentent que par comparaison, et on les en met hors ; ils ont peu de cognoissance de la vraye loüange, estans batus d'une si continuele approbation et uniforme. Ont ils affaire au plus sot de leurs subjects, ils n'ont aucun moyen de prendre advantage sur luy : en disant : « C'est pour ce qu'il est mon roy », il luy semble avoir assez dict qu'il a presté la main à se laisser vaincre. Cette qualité estouffe et consomme les autres qualitez vrayes et essentielles, elles sont enfoncées dans la royauté, et ne leur laisse à eux faire valoir que les actions qui la touchent directement et qui luy servent, les offices de leur charge : c'est tant estre roy qu'il n'est que par là. Cette lueur estrangere qui l'environne le cache et nous le desrobe ; nostre veüe s'y rompt et s'y dissipe, estant remplie et arrestée par cette forte lumiere. Le senat ordonna le pris d'eloquence à Tybere : il le refusa, n'estimant pas que d'un jugement si peu libre, quand bien il eust esté veritable, il s'en peut ressentir.

Comme on leur cede tous avantages d'honneur, aussi conforte l'on et auctorise les deffauts et vices qu'ils ont, non seulement par approbation, mais aussi par imitation. Chacun des suyvans d'Alexandre portoit comme luy la teste à costé ; et les flateurs de Dionysius s'entrehurtoyent en sa presence, poussoyent et versoyent ce qui se rencontroit à leurs pieds, pour dire qu'ils avoyent la veuë aussi courte que luy. Les greveures ont aussi par fois servy de recommandation et faveur. J'en ay veu la surdité en affectation ; et par ce que le maistre hayssoit sa femme, Plutarque a veu les courtisans repudier les leurs qu'ils aymoyent. Qui plus est, la paillardise s'en est veüe en credit, et toute dissolution, comme aussi la desloyauté, les blasphemes, la cruauté, comme l'heresie, comme la superstition, l'irreligion, la mollesse, et pis, si pis il y a ; par un exemple encores plus dangereux que celuy des flateurs de Mithridates, qui, d'autant que leur maistre envioit l'honneur de bon medecin, luy portoyent à inciser et cautheriser leurs membres : car ces autres souffrent cautheriser leur ame, partie plus delicate et plus noble.

Mais, pour achever par où j'ay commencé, Adrian

l'empereur, debatant avec le philosophe Favorinus de l'interpretation de quelque mot, Favorinus luy en quicta bientost la victoire. Ses amys se plaignans à luy : « Vous vous moquez, fit-il ; voudriez-vous qu'il ne fut pas plus sçavant que moy, luy qui commande à trente legions ? » Auguste escrivit des vers contre Asinius Pollio : « Et moy, dict Pollio, je me tais : ce n'est pas sagesse d'escrire à l'envy de celuy qui peut proscrire. » Et avoyent raison : car Dionysius, pour ne pouvoir esgaller Philoxenus en la poësie et Platon en discours, en condemna l'un aus carrieres et envoya vendre l'autre esclave en l'isle d'Ægine.

TABLE

DU TOME TROISIÈME

Pages.

LIVRE SECOND. — XIII. De juger de la mort d'autruy. 1
XIV. Comme nostre esprit s'empesche soy-mesmes. 9
XV. Que nostre desir s'accroit par la malaisance. . . 10
XVI. De la Gloire. 16
XVII. De la Præsumption. 31
XVIII. Du Dementir. 67
XIX. De la Liberté de conscience 72
XX. Nous ne goustons rien de pur. 78
XXI. Contre la Fainéantise. 81
XXII. Des Postes. 82
XXIII. Des mauvais moyens employez à bonne fin . 84
XXIV. De la Grandeur romaine. 89
XXV. De ne contrefaire le malade. 90
XXVI. Des Pouces 94
XXVII. Couardise, mere de la cruauté. 95
XXVIII. Toutes choses ont leur saison. 104
XXIX. De la Vertu. 106
XXX. D'un Enfant monstrueux 114

XXXI. De la Colere. 116
XXXII. Defence de Seneque et de Plutarque. . . . 126
XXXIII. L'Histoire de Spurina. 135
XXXIV. Observations sur les moyens de faire la guerre, de Julius Cæsar 144
XXXV. De trois bonnes femmes. 156
XXXVI. Des plus excellens hommes 168
XXXVII. De la Ressemblance des enfans aux peres. 176

LIVRE TROISIESME. — I. De l'Utile et de l'honneste. 217
II. Du Repentir. 234
III. De trois commerces. 249
IV. De la Diversion. 263
V. Sur des vers de Virgile. 274
VI. Des Coches. 340
VII. De l'Incommodité de la grandeur. 362

www.ingramcontent.com/pod-product-compliance
Lightning Source LLC
Chambersburg PA
CBHW050539170426
43201CB00011B/1485